Ten Lessons on
Instructional Psychology

教学心理十讲

钟启泉 ——— 编著

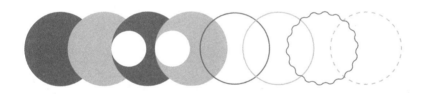

华东师范大学出版社

·上海·

图书在版编目（CIP）数据

教学心理十讲/钟启泉编著. —上海：华东师范
大学出版社，2020
ISBN 978 - 7 - 5760 - 0315 - 4

Ⅰ.①教… Ⅱ.①钟… Ⅲ.①课堂教学-教学心理学
Ⅳ.①G441

中国版本图书馆 CIP 数据核字（2020）第 087569 号

教学心理十讲

编　著　钟启泉
责任编辑　彭呈军
审读编辑　朱小钗
责任校对　杨　丽　时东明
装帧设计　刘怡霖

出版发行　华东师范大学出版社
社　　址　上海市中山北路 3663 号　邮编 200062
网　　址　www.ecnupress.com.cn
电　　话　021 - 60821666　行政传真 021 - 62572105
客服电话　021 - 62865537　门市(邮购)电话 021 - 62869887
地　　址　上海市中山北路 3663 号华东师范大学校内先锋路口
网　　店　http://hdsdcbs.tmall.com/

印 刷 者　上海展强印刷有限公司
开　　本　787×1092　16 开
印　　张　14.75
字　　数　213 千字
版　　次　2020 年 8 月第 1 版
印　　次　2022 年 1 月第 3 次
书　　号　ISBN 978 - 7 - 5760 - 0315 - 4
定　　价　52.00 元

出 版 人　王　焰

（如发现本版图书有印订质量问题，请寄回本社客服中心调换或电话 021 - 62865537 联系）

目　录

引 言
拓 展 教 学 心 理 学 的 视 界

　　学校的课堂教学是学校教育的核心环节。教师借助教学活动展开对话性实践,使每一个学生习得基础学力,形成健全的人格。在我国"改革开放"之初,笔者翻译日本大桥正夫编著的《教育心理学》(上海教育出版社,1980 年版),短期内就行销了 8 万册,足见当时我国教育界一股强烈的"知识饥饿感"。这是一本大学教材,简明扼要地梳理了西方教育心理学研究的进展。该书的出版打破了苏俄心理学垄断我国心理学教学阵地的局面。伴随着我国"改革开放"的步伐,除了谢切诺夫(I. M. Sechenov)、巴甫洛夫(I. P. Pavlov)等代表人物之外,维果茨基(L. S. Vygotsky)、列昂节夫(A. N. Leontyev)等一批苏俄心理学先锋人物,还有皮亚杰(J. Piaget)、斯金纳(B. F. Skinner)、布鲁纳(J. S. Bruner)、布卢姆(B. S. Bloom)、加涅(R. M. Gagne)、奥苏伯尔(D. P. Ausubel)、马斯洛(A. H. Maslow)、加德纳(H. Gardner)、恩格斯托姆(Y. Engestrom)、索耶(R. K. Sawyer)等西方心理学各色流派的代表人物,相继进入我国教育学术界的视野。如今整整 40 年过去了。百年来国际心理学研究从"行为主义"到"认知主义"再到"社会建构主义"的进展,势如破竹。我国的心理学研究,特别是教学心理学研究也有了长足的发展。近期华东师范大学出版社出版的《当代中国心理科学文库》,就是一个明证。

　　学校的教育与教学需要心理学研究的支撑,如何在心理学研究与学校的教学实践之间架起一座桥梁,成为一个世界性的课题。心理学的创始者冯特(W. Wundt)于 1879 年在德国的莱比锡大学创建了世界上第一座心理学实验室,倡导借助内省法研究意识(经验)的内容、结构与要素,谓之"构造(要素主义)心理学"。尔后经由华生（J. B. Watson）的"行为主义心理学"，韦特海默（M. Wertheimer）、苛勒（W.Kohler）、考夫卡（K.Koffka）的"格式塔心理学"到弗洛伊德（S.Freud）的"精神分析学"，心理学的研究得以发展起来，这些流派与代表性人物都是同教育心理学的产生息息相关的。冯特的门生梅伊曼（E.Meumann）把实验心理学用于教育学的研究，著有《实验教育学纲要》（1903 年）等，涉及发展、学习与个别差异的研究，被视为名副其实的教育心理学著作，冯特的另一个门生霍尔（G.S.Hall）于 1893 年在美国建立儿童研究协会，从心理学、教育学、医学的视点出发，综合地研究儿童。他所倡导的"儿童研究运动"引领了尔后儿童发展的科学研究的潮流。教育心理学的创始者当推桑代克（E.L.Thorndike）。他在 1903 年出版的《教育心理学》倡导科学地、量化地测量教育与学习的"测验理论"，他所进行的动物尝试错误的学习研究为现代的学习理论奠定了基础。此外，斯金纳的操作性作用条件研究，高尔顿（F.Galton）的个别差异研究，弗农（P.E.Vernon）的遗传与环境关系的研究，比奈（A.Binet）的智力与智力测验研究，瓦隆（H.Wallon）的思维、认知、性格的研究，以及皮亚杰的智能与德性发展阶段的研究，都是独树一帜的，各自开创了教育心理学研究的新领域。20 世纪 50 年代末，一批科学家与数学家领衔开始关注学校课程与教学改革的议题。布鲁纳的《教育过程》（1960 年）就是从认知心理学的角度探讨课程设计的代表作之一。1969 年，加涅等人在《美国心理学年鉴》中率先提出了"教学心理学"（instructional psychology）的术语。1978 年，美国教育心理学家格拉泽（R.Glaser）主编《教学心理学进展》丛书，宣告了这门新的心理学分支学科的诞生。教学心理学不仅阐述了学习者个人的心理，而且说明了"学习"是在怎样的教育体制与人际交互作用的彼此影响之中形成的。因此，教学心理学被视为一门有助于消弭心理学与教学实践之间的鸿沟的"桥梁"学科。

　　20 世纪 80 年代以来，"学习科学"作为学习研究的新疆域日渐扩张，极大地推动了教学心理学的研究。"学习科学"意味着集合认知科学、教育心理学、计算机科学、文化人类学、社会学、信息科学、神经科学、教育学、课堂研究、程序设计等领域的研究者，展开跨学科的协同研究，旨在"揭示促进学习的认知性、社会性条件，重新设计学校的课堂与其他的学习环境。借助研究所得的知见,学习者得以更深刻、更有效地进行学习"①。这是一种指向"学习"的新的观念、新的方法、新的思考,是在实现更好的教育的社会需求背景之下,基于认知过程的研究、研究现实的人的学习(诸如学校教育中儿童的学习),并在教育实践中运用现代技术,形成有效教育体制的新兴研究潮流。如果说,教学心理学是从心理学的角度出发,以揭示"学科素养"(领域的知识与能力)形成的方略、探讨有关教学活动的课题作为中心课题的,那么,学习科学则是从教育现场中应用认知模型的研究开始,晚近正在确立起新的研究方法论——设计具体的学习环境,再基于这种设计,通过教学的实践与反思,设计更优的学习环境。教学心理学也关注内在的认知过程,在学习科学中则指向细致地阐述认知过程的变化。学习科学还借助长跨度的研究,探讨教学实践的种种要素之间的关联性,据此来揭示实际的学习活动及其产生的学习成果。学习科学并不是着眼于作为个人表象的知识,而是着眼于每一个人参与的共同体的知识生成的系统。因此,它不同于以往的学习研究,拥有其独特的"情境学习论"的立场与背景,在这种学习理论中重视"合法的边缘性参与"的学习形态。可以说,我们跨进了一个新的时代——只要是从事学习研究,就得关注教学心理学与学习科学的关联性及其异同的新时代。

我国新世纪初开启的"新课程改革"集中体现了新时代"课堂转型"的诉求,也对教学心理学的研究提出了诸多挑战性的课题。长期以来我国的"素质教育"与"应试教育"之争,说白了,是"发展第一"还是"分数第一"之争。布卢姆在他的《教育评价》(1971 年)中开宗明义地提出了一个严峻的问题——学校教育究竟是为了"选拔"还是为了学生的"发展"? 他斩钉截铁地说:"教育必须使儿童获得最好的发展,寻求每一个儿童能够达到自己潜能的最高水准的学习条件,是学校的责任"。然而在我国基础教育界,"应试教育"的观念与体制盘根错节、根深蒂固,而应试教育的话语与实践是同当今时代的学习科学背道而驰的。我们亟须动用学

① R.K.Sawyer,主编.学习科学指南(第二版第 2 卷)[M].大岛纯,等,主译.京都:京都北大路书房,2016:1.

习科学的武器，去扫灭"应试教育"的种种神话。教学并不是单纯旨在获取信息与知识，教学的核心功能不在于此。优质的教学不是提供"解答"，而是触发"质疑"与"思考"，拓展每一个学习者的自我的世界。"应试教育的泛滥无异于真正的'学习'的破灭，也是'希望'的破灭。在现今时代恢复'学习'的本来面貌，亦即恢复对未来的'希望'"①。

爱因斯坦(A.Einstein)指出，"让年轻人拥有创造性的表现与发现知识的喜悦，是教育者的最高技艺"②。教学心理学的研究及其成果的应用，将有助于我们摆脱"应试教育"的枷锁，为创造"素质教育"的明天扫清道路。为了践行优质的教学，教师就得学会教学，研究者也需要探究优质教学得以产生的理论与技术，展开理论性与实证性的分析。在这种问题意识的背景之下，本书针对学校课堂教学的种种要素与课堂转型的愿景，从认知心理学的基础研究，以及学习科学引出的教学方法的前沿研究的视角，围绕儿童的发展与学习的特征、能动学习的方式、教师应有的姿态，阐述"课堂转型"过程中不可回避的一系列教学理论与实践的课题。笔者相信，越来越多的研究者一定会走出狭小的实验室、奔向广阔的学校现场，研究学校教育情境中的心理活动，积累新鲜的案例与见识，从而拓展教学心理学的视界。

---

① 佐伯胖.学习的意涵[M].东京：岩波书店,2001：212.
② 21世纪编辑部.爱因斯坦150名句[M].东京：东京厚德社,2019：97.

第 一 讲
核 心 素 养 的 培 育

　　儿童是未来社会的主人公。在传统的学校教育中受到重视的是一个人尽可能快地求得问题解决的标准答案的能力，但从培育 21 世纪型人才的观点来看，重要的是培育"核心素养"——拥有主体性的人同拥有多样背景的人协同地解决问题的素养。本讲从教学心理学的视点出发，阐述学校教学中该如何培育"核心素养"。

一、学校教育指向的"核心素养"

（一）知识社会及其特质

　　随着"知识社会"（knowledge based society）的到来，"核心素养"愈来愈受到国际教育界的重视。首先是知识的重要性，自古以来就有多种多样的定义与分类。比如，亚里士多德的知识的区分，分为普世的理论化知识；同技术性、具体性、实践性相关的知识；规范性的、基于经验的、有关常识的实践性智慧。晚近经合组织（OECD，2000 年）关于知识范畴作如下分类：事实性知识、原理性知识、技能性知识、元认知知识。不管哪一种，知识都不是单纯的信息与数据，而是基于某种标准与方法，经体系化与理论化而积累起来的。由于标准与方法的不同，知识的定义也有所差异。

　　这种知识所拥有的意义,从20世纪后半叶开始发生变化。电子计算机得以发明,国际性网络的基础得以准备,能够大量地处理信息与知识了。另一方面,农业与工业中的机械化与技术的高度化,极大地促进了知识的量的扩张与高度化。未来学家德鲁克(P.F.Drucker)在他的《断绝的时代》(1969年)预言,新的产业社会是以知识为中心运转的。不过,这里的知识不同于历来的知识,"知识的性质变了。知识成为核心的资本、费用、资源。知识改变了劳动与工作、学与教、知识本身的性质及其运用方式"①。在他看来,知识并不是被动学习得来的,而是要求同技能与工具结合,根据种种目的,掌握运用知识的能力,能够视情境与领域的不同,熟练地运用知识、技能与工具的知性能力,是知识社会的劳动所需要的。知识社会的主要特质,可举如下三点:第一,知识的分享。知识论的先驱性学者波兰尼(M.Polanyi,1958)把知识分为"隐性知识"(默会知识)与"显性知识"(形式知识)。教师与医生等众多的专家通过经验与熟练拥有默会知识,这种不是集体中能够运用的形式知识,存在不能分享知识的问题。因此,重要的是,如何把个人拥有的默会知识变成能够在集体中分享的形式知识。抽取专家的默会知识,作为形式知识谁都能够拥有的作业,乃是一种新的知识创造。第二,知识的迁移。在学校教育中,重要的目标是"学习方式的学习"。在这里,重点不仅是习得传统的知识,而且需要掌握旨在传递既有知识又可高度迁移的知识与技能。从个人到集体与组织的知识迁移,实现知识的分享与迁移,成为一个课题。第三,学习的组织。为了进行知识的分享与迁移,就得有"学习型组织",众多的学习者,指向多样的学习成果,拥有革新的发展的思维框架与共同的目标,协同地展开持续的学习方法的学习。学校型组织也应当成为"学习型组织"。

(二)"核心素养"的框架

　　OECD从1997年开始到2002年,专门组织专家班子展开核心素养的界定与

---

① 德鲁克.断绝的时代[M].上田淳生,译.东京:钻石社,2007:2.

选择,这个研究班子不仅有教育学专家,而且有哲学、经济学、政治学、人类学等多样学科领域的专家参与,共有 12 个国家的政策研究者、国际机构的专家协作,展开研究。OECD 的《能力的定义与选择》(DeSeCo)项目(1997——2002),旨在开发界定、评价国际社会通用的"关键能力"及其指标框架。[①] 所谓"关键能力",是一种综合能力,"不是单纯的知识、技能,而是涵盖了能够运用种种心理的、社会的资源,并在特定的境脉中应对复杂课题的能力"。该项目提出"关键能力"(2003)由三个范畴组成,彼此相互影响、交互作用。第一,交互作用地运用社会、文化、技术工具的能力(交互作用地运用语言、符号、数字与图表、教科书、知识与信息、技术的能力),相当于"素养"(literacy)。第二,在异质的社会集团中交流的能力(同他者形成良好关系的能力、协同能力、管控利害对立的能力、问题解决能力)。第三,自律地行动的能力(高瞻远瞩地活动的能力,编制与实施人生设计与个人计划的能力,表明表达权、利害、责任、界限、需求的能力)。构成这种"关键能力"的三要素的框架的核心是深度思考(反思性),亦即个人深度思考和行动的必要性,这里面包含了应变能力、从经验中学习的能力、批判性思维与行动的能力。

　　早在 20 世纪 70 年代,马克兰德(D.C.McClelland)为预测就业可能性,作为支撑职业能力的潜在能力的核心素养,而界定了"关键能力"(competency,competence)的概念。[②] 这里的核心素养也可以视为个人习得的技能的总结晶。发展心理学家怀特(R.W.White)指出,核心素养是潜在能力,它能动地作用于环境,通过长期的学习,寻求有为性的动机作用的侧面。据此,在教育领域中,核心素养是个人的属性(知识、技能、态度、动机作用、价值)在种种情境中所发挥的能力的一种囊括性概念。当下世界各国都在探讨 21 世纪的学校教育应当培育"核心素养",并提出了大量的框架。比如,OECD 界定的"关键能力"(通用能力),国际研究项目 ATC21S(Assessment and Teaching of 21st Century Skills)界定的"21 世纪型能力"(21st century skills)、日本界定的"21 世纪型能力"。这些框架尽管有所差异,

---

① 田中义隆.21 世纪型能力与各国的教育实践[M].东京:明石书店,2015:17.
② 松下佳代,编."新能力"能够改变教育吗?[M].京都:智慧女神书房,2010:12.

但都是界定自主地生存所必须的核心能力,为学校教育的课程教学编制提供框架。这种框架在欧洲各国、北美、亚洲各个国家的"通用能力"(generic skills)的教育改革中,发挥了积极的作用。

ATC21S 的"21 世纪型能力"是在 2010 年提出的一个提案,旨在培育 21 世纪社会里活跃的人才,作为应对信息沟通技术进步的能力。这个提案列举了四种范畴的技能:1. 思维的方法(批判性思维、问题解决、决策创造性、学习方略、元认知)。2. 工作的工具(信息素养、ICT 素养)。3. 工作的方法(沟通、协同)。4. 世界中生存的方法(合作、区域与国际社会的市民性、人生与生涯的设计、包括多元文化的理解与处理能力在内的个人与社会责任感),以及基于知识内容(核心学科)——语言学、艺术、数学、经济学、科学、地理、历史、政治等,重视批判性思维和有效的沟通。

日本国立教育政策研究所(2013)提出的"21 世纪型能力框架"显示了"基础力、思考力、实践力"的三层结构。[①] 其中,"思考力"处于核心地位,由问题的发现与解决、"逻辑性·批判性·创造性思维"、元认知、学习方式的学习等认知能力构成。"基础力"指的是以思考力为基础,以语言、数量、信息作为工具,为一定的目的而适当运用的能力,相当于日常生活中发挥作用的沟通与运算能力、功能性扫盲。"实践力"包含了指引整个日常生活方向所必须的自律活动能力、人际关系形成力、社会参与力。这些是同动机作用与社会能力相关的非认知能力(相对于认知能力,情意侧面的"社会情绪能力",或称"非认知能力")。

二、真实性:核心素养的精髓

(一)真实性学力

新时代所谓"教育的成功",已不是文本知识的再生产,而是运用既有知识准确地迁移,进而把知识运用于新情境之中。换言之,仅仅"知道什么"是不值得赞

---

① 田中义隆.21 世纪型能力与别国的教育实践[M].东京:明石书店,2015:272-276.

赏的,值得赞赏的是"怎样运用知识"、"怎样在现实世界中驱使知识","怎样去求得适应"。纽曼(F.M.Newmann)等人把这种能动的学力界定为"真实性学力"。这里所谓的"真实性"是指:1. 不是既有知识的"再现",而是新的知识的生产。2. 不是知识的"记忆",而是基于先行知识的"学术探究"。3. 不是学校中封闭的知识成果,而是伴随具有"超越学校价值"的知识成果。[①] 所以,这种学力不是碎片化知识的堆积,而是指问题解决所必须的,以思考力、判断力、表达力为中心的学力。归根结底,学力应当具备如下三种特质:第一,可信赖性——意味着基于能够信赖的学术依据的学力。可以说,在传统的学校教育中是不可能培育这种可信赖的学力的。第二,可迁移性——传统的学校教育也不可能满足这个特质,因为只能解答习题、试题的能力,不过是一种"应试学力"而已,在学校之外的现实生活中的问题是解决不了的。第三,可持续性——对于儿童而言,学习的本来目的无非是指向自我实现,自我成长。[②] 传统的学校教育也满足不了这个条件,因为传统学校教育中的"学习"离开了学习的本来目的(亦即自我形成的过程)。儿童从学校毕业之后,学业便终止了,不可能培育终身学习的能力。基于"核心素养"的教学设计就是以这种直面现实世界的"真实性学力"的形成作为具体的目标与内容的选择标准。

(二) 真实性学习

所谓"学习"不是被动地记忆知识,而是通过能动地参与,解释信息、建构知识的过程。要有效地学习,就得基于学习者的既有知识来进行教学设计;要促进学习者的概念理解,就得给予反思知识状态的机会;学习者在共同体中交互作用也是必要的。这样,基于情境的可迁移的知识(主体间知识)的建构才有可能。在这里,支撑这种学习的教学环境的设计极其重要。所谓"教学环境"并不是单纯的学习准备与信息技术的运用,而是教师支援学习者主体学习的场域。在种种条件制

---

① 松尾知明.学校课程与方法论:基于核心素养的教学设计[M].东京:学文社,2014:45.
② 森敏昭,主编.21 世纪学习的创造[M].京都:北大路书房,2015:11-12.

约之下的学校教育现场,问题产生、问题分享、问题深化的真实性教学的设计应当考虑如下三个视点。

其一,自主学习。这就是儿童自身孜孜以求、锲而不舍的学习过程。学习科学出现之前的教学不是"学习者中心",而是"教师中心"。就是说,传统的教学研究的重要问题几乎是"教师应当如何教"、"学习者学什么,如何学",根据教师的判断进行设计,不太重视学情分析。就好像是一个全包性的旅游,一切委托给旅行社,按照旅游计划出游。传统的教学也是同样情形,这是不可能培育自主、自律的学习者的。在真实性教学中儿童自身应当具备决定"如何学习、学习什么"的"自主计划型"的学习课题。

其二,对话学习。这就是直面真实问题的教学,通过同他者的协同以及同外界的交互作用,拓展、加深自己见解的学习过程。真实性学习的第一个要点是,儿童探讨的"问题"不是教科书、习题集出现的"问题"。传统教学中的问题以各个单元分别整理的碎片化知识居多。因此,即便解决了这种问题也不会产生"知识的整合"。要求得"知识的整合"就得有跨学科的教学。亦即在儿童习得学科基础知识的同时,超越学科的框架,学会链接多样的知识。第二个要点是,赋予儿童有现实感的综合性问题。超越学科的综合性问题,倘若脱离了日常生活,儿童也不会感受到问题解决的现实性。唯有能够感受到现实性,儿童才能调动自身的能量,潜心投入问题的解决,这是同"知识传递型"教学截然不同的。当然,在真实性教学的场合,问题解决未必能够达成,倒是以未解决的问题居多。这是因为,现实的诸多综合性问题是"劣构问题"——不限于一个答案,没有标准答案的问题。不过,在现实性的综合问题的场合,问题是否解决并不那么重要。这一点是同教科书、问题集的"良构问题"的解决在本质上是不同的。因为,"良构问题"解决的目的是,通过问题解决,习得知识技能。而在现实性问题的场合,不仅是知识技能的习得,更重要的是通过问题解决的体验,促进多样的"知识的整合"。

其三,深度学习。这就是在习得、活用、探究的学习进程中,协同解决问题的学习过程。在真实性问题的学习中重视协同解决、问题解决,亦即促进儿童发表见解，通过对话讨论，锻炼思维，致力于协同地解决问题的个体链接，形成学习共同体。在这种学习共同体中儿童相互启发、产生共鸣，从而使得儿童的个性进一步丰富。

(三) 真实性评价

真实性教学需要"真实性评价"来支撑。教学与评价是密切关联的，好的评价应当具有洞察儿童如何变化的能力。可以说，"如果把学习比作航海，评价就是起着引导学习的指南针的作用"。教学倘若是单纯地以传递知识为目的，通过记忆再现的测验就可以完成。20 世纪的教育评价就是基于旧的学习观与教育观——"学习即习得知识"、"教育即传递知识"，以测量"知识的量"的"量化评价"为中心的。在选择题、填空题之类的纸笔测验中只能片面地评价是否记住了传递的知识。但是教学目标不是单纯地记忆碎片化的知识，而是必须把学到的内容用于尔后的种种问题解决之中。为了评价学到的知识是如何在实际中得到应用的，就得评价学习者在为解决问题而展开的活动，诸如发表、表演、报告、发言等等中的表现。这样，在现实的状态与接近现实的状态中进行评价就变得非常重要了。这就是"真实性评价"的初衷。

所以，课堂教学的组织一定是基于"知识建构型"的学习观，重视真实性的学习课题，诸如利用地球环境、能源、粮食问题、垃圾问题等现实社会的种种问题，展开协同学习。在这里，真实性课题不是考察碎片化知识正确与否的课题，而是根据如下条件构成的课题：1. 源于现实脉络的实际课题；2. 要求更新判断知识、技能的课题；3. 要求围绕某个主题付诸实施的课题；4. 模拟作为一个公民在工作岗位上实际面对的课题；5. 能评估有效地利用知识、技能以解决复杂问题之能力的课题；6. 便于尝试错误、调查资源并接受反馈的透明性高的课题。①

这种真实性课题的学习采用"量化评价"是困难的，需要有真实性评价这一新

---

① 田中俊也，编.教育的方法与技术：培育学习的课堂心理学[M].京都：中西屋出版，2017：166 - 167.

的"质性评价"。所谓"真实性评价"就是指儿童在现实世界中实际直面的,真正的问题解决情境时所表现出来的学力,而进行质性评价的总称。它不同于以往以纸笔考试为中心的测定性评价,代之以问题解决评价的评价观。就是说,不是"目标—实施—评价"之类的成果评价,而是在展开"过程＋成果"的评价中倾向于把握儿童现实的学力,根据多种多样的评价资料,实施"真实性评价"。构成这种评价的三个要素是:1. 观察。以某种方式观察学生知道什么,思考什么,会做什么。2. 推测。推测学生的这些表现背后的认知过程是怎么起作用的。3. 清晰地把握学生的这些表现背后的认知过程本身的真实面貌。组合这三个要素,作为决定下一步教学的判断材料。评价是起点站,不是终点站。教育评价不是对儿童"过去"的最终判决,而是给予每一个儿童的"未来"希望与展望,给予他们踏上未知世界的勇气与自信。

三、核心素养与认知过程

(一) 学科教学的认知基础

信息存储。即在认知信息处理,特别是当下进行的课题的信息处理中,可以利用有效学习的信息处理策略。在学校的学科教学中,诸如在语文、数学、科学的教学中,信息存储旨在信息处理,其作用成为重要的课题。试看语文学科的阅读教学。要阅读课文、理解其内容,就得在头脑中记住所读内容中的重要事项,然后,处理留在头脑中的信息,正确地理解内容。这样,就必须利用旨在保存信息、处理信息的信息存储。事实上,儿童的信息存储的容量同学科成绩之间的关联是显而易见的。比如,信息存储容量高的儿童,数学科学的成绩好。就是说,倘若借助信息存储的作用,对学习困难儿童采用减低信息存储负荷的教学方法,有可能减轻教学的负担。另外需要注意的一点是,源于信息存储的困难,在学科教学时会影响到不是学习本身的部分。在短时间内提示信息或者在处理信息中间要求处理新的信息,就会使得信息存储的负荷过高。如那些乍看起来不认真听取教师指示的儿童,也有可能是信息存储的负荷过高的缘故。由于课题之外的原因导致失败与意欲减退,可以通过优化信息存储的环境来加以改进。

元认知。学习者对自己的思维进行的思考过程谓之"元认知"。元认知在学习活动中起着重要的作用。要有效地学习,评价自己对课题的理解状态以及据此控制学习活动本身的技能是不可或缺的。这种元认知技能会直接影响到学业成绩。可以认为,元认知技能不仅是学业,而且对工作与日常生活中所有的问题解决会产生有效的影响。在学校教育中,学科内容的指导不可或缺,元认知技能的指导也是重要的。无论信息存储还是元认知,都是任何学科学习中重要的学习基础。

(二) 实践活动中的学习

人们常说学生不足的是经验。经验不丰富的社会人,不能说是有能的。一个人要在实践活动中发挥有为性,如何从经验中学习成为一个关键。但是,实践活动中的学习是情境化的,伴有不同于课题教学的过程。另外,在所从事的实践活动中周边的状况是不同的,所要求的知识、技能的方式也是不同的。

从某种意义上说,这种实践活动是在系统内的人际之间、在人的躯体与工具之间展开的活动。诺曼(D.A.Norman,1993)把这种智力活动的方式谓之"分散认知"。"分散认知"的观点不同于历来的观点,认为"学习是通过个人头脑中的信息处理,形成新的知识结构与框架"[①]。这样,就为课堂教学方法与评价方式提供了新的借鉴。比如,在课堂教学中解决问题之际,强调的是记忆教科书与参考书中记载的重要事项,但在现实的场域,事先想好收集同课题解决相关的所有信息,在头脑中保存起来,是不可能的。倒是可以说,捕捉浸润于情境的信息、尽可能记住一些细微末节,更为合理。在实践活动的场面,给予学习者不同情境的工具与自身所处的境遇等相关信息处理的线索,记忆与计算的负担会减轻许多。这样,应当学习的就不是逐字逐句地给予和正确地进行运算,而是很好地预估情境给出的线索,梳理必要的信息,运筹活动的进展。

---

① 神藤贵昭,桥本宪尚,编著.教育心理学[M].京都:智慧女神书房,2019:45.

　　在课堂的问题解决中,根据给出的信息与条件,选择相关的概念与公式,要求运用某种算法——按照怎样的步骤借以获得所求的结论。这种问题解决的特质,作为达成规定目标的一种手段,在于从预先制定计划开始到付诸行动的设想过程。但在现实的场域,情境是持续变化着的,学习者不可能从始至终读出自己的行动路径。唯有在现实的情境中反反复复地尝试,揭示若干可能选择的行动路径,之后再采取行动。就是说,事实上,面对现实场域的学习者,不是尽可能预先地思考而做出行为,而是边行动、边思考,在行动中才能求得进展。

　　从信息的收集与检索的角度看课题解决的方法,在美国的中小学流行的是"信息问题解决模型"(六大阶段模型)①。该模型表明,问题解决主要由六大阶段(每个阶段又包含若干子阶段)组成:1. 课题的定义——界定信息的问题;明确必要的信息。2. 信息检索战略——判定能够利用的资料;选择最优的资料。3. 信息的定位与发现——资料定位;发现资料中的信息。4. 信息的运用——阅读、倾听、概括、接触;运用相关信息。5. 综合——归纳多样的资料;提示信息。6. 评价——判断成果(有效性);判断过程(效率性)。

(三) 适应性熟练

　　在学习科学中,所谓"学习"被视为"初学者成为熟练者的过程"。因此,教育的目标可以说是"培育初学者成为熟练者"。那么,"成为熟练者"是怎么一回事?"培育熟练者的教学应当是怎样的? 某特定领域的熟练者,是指能够有效地进行自身专业领域的问题解决,但这绝非由于记忆力与智能优异。熟练者是需要习得大量专业领域的知识,不同于初学者,关键不在于知识的量,而是其知识的质。熟练者的认知方式的特征,可以梳理如下几个点:1. 初学者需要长时间才得以解决的课题,熟练者瞬间就能够链接与解决。即直面问题本质的把握,不是凭借推论与思维的作用,而是凭借直觉。2. 熟练者所习得的有关课题内容的大量知识,是

---

① 立田庆裕,著.关键能力的实践:为了持续学习的教师[M].东京:明石书店,2014:103 页.

以反映该课题的深度理解的方式,加以系统化了的。3. 熟练者的知识,不是碎片化的事实与概念的还原,而是在某种特定的境脉中得以运用的。就是说,熟练者的知识是以某种特定的"境脉"为条件的。4. 熟练者拥有自身专业领域的丰富的知识,但不过是有助于特定问题解决的知识的一部分。然而,由于熟练者懂得怎样的知识同问题解决相关,而不必探寻所有的知识。所以,熟练者的优势在于,能够有效地检索同特定课题相关的知识。①

学习科学的晚近研究表明,"熟练者"可以区分为两种:单纯熟练的"定型性熟练者"与灵活创造的"适应性熟练者",两者是完全不同类型的熟练者。就是说,前者是能够格式化地处理事情的熟练者,后者是能够把既有知识灵活地迁移到新的情境中的、适应性高的熟练者。这种"适应性熟练者"的概念,为学科教学的方式提供了重要的启示。这是因为"适应性熟练者"是直面新的问题情境、不断做出新的尝试的"终身学习者"。他们不是无反思地、持续地运用学到的知识与技能,而是充分地调动"元认知"的作用,不断地检点、评价自身的熟练水准,具有指向超越现有水准的进取精神。另外,不是一味单纯地讲究效率,而是指向更富于创造性地进行工作。因此,所谓优质的学科教学是同"适应性熟练者"的培育密不可分的。

四、"素养"概念的拓展与学校教育的转型

(一)"素养"概念的拓展

作为现代社会的一个公民,在义务教育阶段应当掌握的认知能力——素养,可分层级加以把握。② 处于最底层的是读写(识字)能力的"素养"(literacy),即"狭义的素养",这就是借助文字媒体的沟通能力。以此为基础发展的"功能性素养"(functional literacy)是计算、书写各种文书(说明书、标示等)的能力,在日常生活、职业生活中发挥作用。就是说,"功能性素养"是社会生活中不可或缺的基础能

---

① 森敏昭,主编.21世纪的学习创造[M].京都:北大路书房,2015:21-23.
② 楠见孝,编著.教育心理学[M].东京:协同出版,2018:19.

力。这样,儿童在中小学的义务教育阶段里习得的能力,可以视为在未来职业的情境中所需要的通用能力。在 OECD 的学生成就度调查 PISA 中,基于关键能力,评价直面社会进步的公民的准备度之际的"通用能力"中的认知侧面(知识与技能等),被视为"素养"。就是说,"素养"是储存、管理、统整、评价信息的能力,可以从以下三个方面进行测定。这就是 PISA2016 的定义:1. 阅读素养。旨在达成自己的目标、发展自身的知识与潜能、参与社会生活,理解、利用、思考、运用书面文字的能力(包括传统的连续性文本与图表之类的非连续性文本)。2. 数学素养。在种种的境脉中数学化、运用与解释数学的能力。3. 科学素养。作为深度思考的市民,拥有科学思维,探讨有关科学问题的能力。

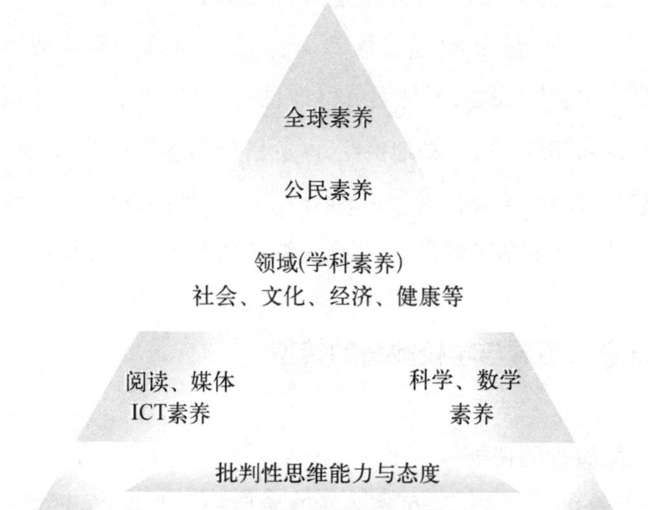

全球素养

公民素养

领域(学科素养)
社会、文化、经济、健康等

阅读、媒体　　　　　　　　科学、数学
ICT素养　　　　　　　　　　素养

批判性思维能力与态度

功能性素养(读、写、算)
基础素养(母语的读写)

图 1 - 1　素养的层级[1]

而后,"素养"的概念又进一步拓展为"活用信息技术的能力"(技术素养)。媒体、电脑、因特网、ICT 等素养,这些都是随着信息媒体的进步、利用信息技术所需

---

[1]　楠见孝,编著.教育心理学[M].东京:协同出版,2018:19.

要的新的素养。在这里不仅是利用信息技术的操作能力,重要的是分析、评价、投入行动的批判性思维。因此,三角形左侧 PISA 的三个素养之一的阅读素养是与媒体和 ICT 相关的素养。另一方面,则是把科学素养、数学素养置于同基于证据的素养相关的地位。

进而把义务教育所应当形成的素养拓展为"素养"的概念——"公民素养"(civic literacy)。"公民素养"是指作为市民生活所必须的收发信息的沟通能力。这是社会、文化、金融、投资、环境等牵涉市民的种种领域的素养的总称,是借助"批判性思维"所支撑的。所谓拥有"公民素养",就是拥有批判性思维能力与态度、正确地读取必要的信息、正确地向人传递信息、能够倾听不同见解的人的意见并且采取适当行动的人。而拥有责任感、自律性地参与社会、做出"伦理性·道德性判断"、解决社会问题,则是市民性的基础。在义务教育阶段有限的时间里,要学生掌握所有的学科素养,把它们融入各门学科的教学内容是不可能的。因此,重要的是培育基础性的"通用能力"——支撑儿童在毕业之后能够视需要展开主体地学习的素养。

(二) 公民素养的养成

根据 PISA 2018 的预测,到 21 世纪 30 年代,"全球素养"是作为世界公民的生存所必须的能力。所谓"全球素养"是全球范围内,能够就文化交叉的问题,展开批判性的多侧面的分析。理解种种差异是如何影响人的感知、判断、自他概念的,以尊重他者为基础,在同拥有不同文化背景的他者之间,拥有开放的、适当的、有效的交互作用的能力(OECD,2016)。

"全球素养"(global competence)大体分为三个维度加以测定。[①] 1. 知识与理解——关于全球范围的文化交叉问题的知识与理解。2. 技能——分析性批判性思维等,理解异质的他者的思考、信念与感情,适当的灵活有效的沟通能力。3. 态度——接受多元文化的开放性、尊重多元文化、全球精神与责任感。前两点是认

---

① 楠见孝,编著.教育心理学[M].东京:协同出版,2018:20-22.

知能力,第三点是非认知能力,它同价值观(人的尊严与文化多样性相关)相结合,引领人们对多元的他者与世界做出适当的信息处理与行动。在 OECD 进行的"教育 2030 项目"(E2030)中显示了儿童应当学习什么的框架。在这里,所谓"素养"是指在某种境脉中的行动,综合地发挥知识、技能、态度、价值观的作用的能力,而行动是指向个人或社会的幸福、改变社会而进行的。这种核心素养分为三种: 1. 知识,学科知识(数学素养、科学素养等)、跨学科知识(全球市民素养、ICT 素养、环境素养、技术革新等)与实践性知识(诀窍性技能与知识、职业与专业知识等)。2. 技能——认知技能(批判性·分析性·创造性思维、问题解决等)、非认知技能(学习动机、设计等)、社会情感技能(沟通、协作、情感控制、共鸣等)、具身性·实践性技能(运动、机器操作、人生技能等)。3. 态度与价值——前者是尊重他者、责任感、信赖,后者是正义、高尚纯洁。

(三) 从课堂的变革开始

　　儿童是多元智能的存在,并不存在划一的"标准学生"。用划一的标准、划一的教学、让学生暗记划一的答案,充其量只能培育"记忆者",不可能造就信息社会时代需要的"思考者"与"探究者"。"应试教育直面的最大问题之一,就在于教师教学采用数字时代以前的陈腐的话语,几乎不用数字时代的语言去教学生"[1]。杜威(J.Dewey)指出,"如果我们沿用过去的方法教育今天的学生,那么我们就是在剥夺他们的未来"[2]。"暗记"与"学习"的差异究竟在哪里?"暗记"是把现成的信息保存在脑里,"学习"则意味着探究该信息是什么,理解适应于该信息的情境的最优方法。暗记不是学习,充其量不过是"学习"这一复杂过程的一部分罢了。粗略地说,学习的过程可以分为"掌握事实"、"暗记事实"、"理解(运用事实的)能力"。在信息社会时代,信息技术使得我们掌握事实变得非常简单,暗记几乎是没有意义了,剩下的就是"理解",而这恰恰是学习所不可或缺的(表 1-1)。

---

① 　D.Couch, J.Towne.Apple 的数字教育[M].花塚惠,译.东京: 神吉出版公司,2019: 20.
② 　C.Fadel,等.21 世纪的学习者与教育的四个维度[M].岸学,主译.京都: 北大路书房,2016: 39-40.

表 1-1　应试教育与素质教育的区别①

	应 试 教 育	素 质 教 育
基本型式	传递金字塔型	发　现
结　构	金字塔型	共同体型
境　脉	教　室	世　界
周边环境	虚　拟	现　实
内　容	固　定	自　由
给予儿童	详细指示	仅是框架
学生行为	消费与反复	建构与创造
基　础	便于管理	学　生
评价方法	教师主导	学生主导
过　程	标准化	个性化
动机作用	外　在	内　在
期　待	成绩与认定	技能与经验

　　索耶(R.K.Sawyer)把当今众多国家作为学校改革目标寻求的"有效学习"(深度学习)同基于行为主义的课堂教学进行了对比,揭示了"有效学习"的基本特质,亦即"有效学习"所必须的过程。这就是:新的信息与既有知识的链接;因果关系与证据的探究;基于对话的知识建构;学习者对自身学习过程的反思(表 1-2)。

表 1-2　素质教育与应试教育课堂实践之比较②

知识的深度学习(从认知科学的角度看)	传统的课堂实践(教授主义)
● 深度学习所必须的是,把新的观念与概念同既有知识与先行经验链接起来。	● 学习者是把教材当作同自己的既有知识无关的存在来处理的。
● 深度学习所必须的是,学习者能够把自己的知识相互关联起来,形成系统。	● 学习者是把教科书知识当作相关的碎片化知识来处理的。

---

① J.D.Couch,J.Towne.苹果的数字教育[M].花塚惠,译.东京:神吉出版公司,2019:99.
② R.K.Sawyer,编.学习科学指南:促进有效学习的实践/协同学习(第二版,第 2 卷)[M].大岛纯,等,主译.京都:北大路书房,2016:4.

续　表

知识的深度学习(从认知科学的角度看)	传统的课堂实践(教授主义)
• 深度学习所必须的是,能够探讨构成学习之基础的原则。	• 学习者仅仅是记忆知识,按照步骤实施而已,不能理解其原因。
• 深度学习所必须的是,学习者能够评价新的观念并将这些想法同结论联系起来。	• 学习者对不同于教科书知识的观念感到难以理解。
• 深度学习所必须的是,学习者通过对话传递理解知识的建构过程,能够批判性地检查论据的逻辑性。	• 学习者把来自全知全能的权威的事实性知识与步骤性知识当作静态知识来处理。
• 深度学习所必须的是,学习者能够反思自身的理解与学习过程。	• 学习者只能单纯地死记硬背,不会反思目的与自身的学习方法。

　　社会在变,儿童在变,人们的期待在变。应试教育只是单纯地让学生记住事实。未来的学校教育要求儿童在真正的意义上理解事实,同时,学会"批判性思维",让儿童自身去发现、理解、建构新的事实与知识。以传授知识为中心的教育落后于时代,应当颠覆了。我们需要牢记的是,今日的课堂创造是由明日的社会决定的,学校教育的转型应从课堂的变革开始。寇奇(J.D.Couch)和托恩尼(J.Towne)倡导凭借两种模型介入信息技术,促进课堂转型。一是 TPCK 模型,亦即,唯有统整地发挥"技术"(Technology)、"教学法"(Pedagogy)、"教学内容"(Content)与"知识"(Knowledge)四个要素的功能,才能取得最优的教学效果。二是 SAMR 模型,亦即传统的教学方法与工具的"替换"(Substitution)、教学资源的"拓展"(Augmentation)、教学方法的"改进"(Modification)、以及学习体验的"再定义"(Redefintion)。这个模型有助于定义课堂中信息技术的作用。[①]

■ **专栏 1 - 1**

"脑科学"给我们提供了哪些启示?

　　从"脑科学"的观点来看,"学习"是一种心理的作用,这种作用的背景是中枢

---

① 　J.D.Couch,J.Towne.Apple 的数字教育[M].花塚惠,译.东京:神吉出版公司,2019:265 - 269.

神经系统,特别是大脑的神经活动。我们的"学习"能力依存于中枢神经系统,特别是构成大脑的庞大的神经细胞做出的神经元网络的复杂作用。大脑拥有实现性质各异的多样的认知能力的力量。在成熟的大脑中,借助庞大的网络可以实现一定的认知功能,但这种网络绝不是固化的,而是具备超越了想象的可塑性。这就是说,拥有1 000亿个神经元的网络所形成的复杂构造(脑)的自律性环境应对能力,远比宏观层面所能观察到的解剖学结构有更大的可塑性。在脑科学专家看来,"教育即脑育"。日本脑神经外科医生林成之经多年研究,编制了一幅大脑神经机制的模型图,揭示了"脑神经细胞具有三种本能:寻求生存,寻求知识,寻求伙伴"[①],有助于我们从脑科学的角度分析众多的学校教育课题。

学习的基础是记忆能力。我们每日获得的经验本身并不会消失,新颖的经验变为某种方式的神经构造,这种变化以某种方法得以保持。只不过经验的回忆能力有个别差异而已。每日的事件与自己的心理经验能否保留在记忆之中,取决于三个条件。第一个条件,当时的意识水准。大脑在意识朦胧的状态之下获得的经验是不会在之后残留下来的。只有在意识清醒、注意力能够控制的状态下,大脑才能把事件纳入拥有一定境脉的构造之中。第二个条件,经验的事件在多大程度上适用于既定的知识框架。换言之,经验起作用的框架,亦即广义的"意涵"不能理解到对象,是记不住的。第三个条件,情感。大凡有兴趣的事件会在不知不觉之间被记住,没有兴趣的即便努力也不会停留在头脑之中。基于强烈情感的经验容易记忆,头脑只能记住有情感背景的事件。

人拥有种种的认知能力。我们通过"学习"(经验之反复),形成新的神经元网络,掌握新的行为与认知能力。这里面包含了若干不同性质的认知能力——知觉性(听觉、触觉、视觉)认知能力、空间认知能力、行为性认知能力、语言认知能力。学校教育的主要目标之一是提升儿童的学力,支撑学力的能力是智能。这种智能是"学习新事物、适应新环境的能力",或者"认知功能的总称"。不过智能测

---

① 林成之.影响脑的七种恶习[M].东京:幻冬社,2015:12.

验能够测定的主要是语言智能、数理智能、空间智能。认知心理学家加德纳（H.Gardner）倡导"多元智能理论"（Multiple Intelligences；MI）。这种理论主张人类拥有多样的智能，不仅包括 IQ 能够界定的智能，亦即语言智能、数理智能、空间智能，而且涵盖了音乐智能、身体运动智能、人际理解智能、内省智能及博物（自然理解）智能。多元智能是协同作用的——8 种智能各自具有独特性，但在日常生活中是相互影响发生作用的。确实，从学习的观点来看，语言才能好的人运动能力未必好，运动能力好的人艺术才能未必优秀。语言能力和逻辑数学能力是符号操作所必须的，数学能力需要在符号操作能力之上加上空间操作能力。所谓"学习"并不是死记硬背教学的内容。"学习"的作用必须是通过儿童自己的学习，发现并发展作为学习者自身原本拥有的潜能。立足于多元智力理论，学习的路径自然也是多元的。在教养与教育的场所，发现并培育每一个儿童的禀赋才能，实际上是极其艰难的作业，应当立足于才能绝不是唯一的视点，来贴近儿童、理解儿童、发展儿童。

值得注意的是，美国哈佛大学的瑞迪（J.J.Ratey,2008）教授倡导把"体育运动"推升到至高无上的高度："运动决定体力"，"体力决定脑力"。他说："无论是您的基因、情感、躯体还是大脑，都无不渴望运动。人类天生就是运动的存在。当您运动之际，您的人生火花就开始华丽地绽放了。"[1]他引用古希腊哲学家柏拉图（Plato）借用"神"（这里的"神"或许可以理解为人类与生俱来的"天赋"）的名义说过一段发人深省的话："神赋予人类求得人生成功的两种本能——学习与运动。不过，神的旨意并非意味着前者陶冶灵魂、后者强健体魄，而是两者兼修，方能锻造灵魂与体魄。借助这两种本能，人才得以成为完美的存在。"[2]扭曲的教育只能滋生扭曲的人。面对我国愈演愈烈的"应试教育"的现实，我们是该认认真真反省，义无反顾地颠覆那些阻挡改革步伐的旧习了。

---

[1]　瑞迪,著.运动：锻造脑的唯一方法[M].野中香方子,译.东京：NHK 出版,2017：337.
[2]　瑞迪,著.运动：锻造脑的唯一方法[M].野中香方子,译.东京：NHK 出版,2017：7.

■ **专栏 1-2**

"自律的人生·未来目标"的设计

根据马斯洛(A.H.Maslow)的人类"需求层级"说,人类在满足了与生俱来的生理性需求之后,需要满足社会性需求——主要是基于社会中的学习经验所获得的需求——诸如达成需求、亲和需求、承认需求、向社会需求、自我实现需求(也叫"成长需求")。在学校教育中关于儿童的"人生·未来目标"的教育,应当强调的是每一个儿童基于自我理解,设计"自律的人生·未来目标"。应试教育一味强调"他律的人生·未来目标",不可能造就心智健全的人,这种人也不会有圆满的人生。可以说,应试教育是失格、失责的,扭曲了学校教育的本性。日本学者西村多久磨等人(2017 年)围绕"你希望有怎样的人生与生活方式"的问题,向初中生询问,用来测定儿童的"自律的人生·未来目标"(对表中列举的各个项目的重要度做出评定即可),可供参考。

表 1-2A　测定儿童的"自律的人生·未来目标"的项目(2017)[1]

自律的人生·未来的目标	他律的人生·未来目标
[1]自我成长 　●认识自己,不断进取 　●选择自己的生存方式与人生 [2]亲密友爱 　●有关爱自己、帮扶自己的人 　●有可信赖的朋友 [3]社会贡献 　●帮助他人 　●利国益民 [4]身心健康 　●朝气蓬勃 　●体魄健全	[1]金钱的成功 　●向往奢华 　●金钱第一 [2]外在的魅力 　●引人注目 　●相貌可人(或英俊或温柔) [3]社会的名声 　●出人头地 　●受人仰慕

[1]　樱井茂男,著.自主学习的儿童[M].东京:图书文化社,2019:90.

第二讲
学习理论

在知识社会的时代，学校教育究竟如何落实"核心素养"的培育，是当今国际教育界关注的课题。回应这个问题的基础是，揭示"何谓学习"，儿童的"学习过程"又是怎么一回事。本讲基于学习科学的成果，首先阐述学习观的演进，然后阐述兼具"习得"与"参与"的教学范式。

一、从"朴素教育学"到"核心素养"论

知识社会的时代，意味着新的知识、信息、技术愈益成为社会的各个领域，包括政治、经济、文化的活动基础。社会生活和职业生活所必须的知识与技能越来越高度化，教育的周遭环境在发生急剧变化。伴随而来的是学校教育的全方位变革，"21世纪型能力"与"能动学习"的论题提上了议事日程。儿童作为一个学习者应当是怎样一种存在？如何帮助儿童的学习？布鲁纳(J.S.Bruner)基于这种认识，从一般人心目中的理想的教育方法的角度，梳理了如下四种见解与相应的教学方法，以及所要求的能力差异（表2-1）。

表 2-1 四种朴素教育学①

对儿童的看法	教 学 方 法	所要求的能力与应对
● 模仿者	基于模仿的学习	技能、才能、练习
● 无知的接受者	基于同步教学的命题式知识的灌输	智能等心智能力目标的明示与测验
● 思考者	通过发现与问题解决建构模型	元认知能力课题与活动的反思
● 知识的经营者	涵盖了包括文化对话在内的客观知识的生产	协同的元认知能力知识生成的过程与同多样的人的对话

　　表 2-1 中的第 1、2 个看法是把儿童视为一张白纸(知识处于空白的状态)与被动的知识接收者。看法 3、4 将儿童视为一起参与能动地生成知识的参与者。就是说,根据学习者的阶段所设定的学习过程是不同的。布鲁纳主张,不是上述哪一种优劣与否,重要的是取得平衡的教育实践。这就是一般人所谓的"朴素教育学"(folk pedagogy)。从历史上看,随着学习理论的变化,对儿童的看法从 1 到 4 的演变表明,如何把握作为学习者的儿童的见解也在发生变化。这是因为,学习心理学把学习者视为能动的存在。据此,学习的方式与相应的教学方式也得改变。

　　在今日信息技术急剧发展、在全球化趋势下知识更新迅速的社会里,为了适应变动的社会、创造新的社会,要求学生在学校中习得学科内容的同时,还应掌握旨在终身学习的学习方式及其技能,OECD 把这些能力称为"关键能力"(key competence)。具体内涵是:(1)能够交互地运用社会、文化、技术的工具的能力(运用语言、符号、文本的能力、运用知识与信息的能力、运用技术的能力)。(2)形成多样的集体中的人际关系的能力(建构同他者流利沟通的能力,协调能力,控制与解决利害冲突的能力)。(3)自律行为的能力(着眼大局而展开行动的能力,制定并实施生涯设计与个人计划的能力,表明责、权、利、限度与需求的能力)。②

---

① 秋田喜代美,坂本笃史.学校教育与学习心理学[M].东京:岩波书店,2015:13.
② 立田庆裕,著.关键能力的实践:为了持续学习的教师[M].东京:明石书店,2014:39-40.

　　所谓"学习"是在怎样的机制中产生的,心理学早在100多年前就在持续不断地探讨这个问题,试图通过种种实验与调查研究,从多方面解释学习的机制。学术上的"理论"旨在用某种方式创造统一的知识体系,来合理地解释某种现象的因果关系。事实上,是借助解释的优异性来发挥其理论效力的。但是,只凭一种学习理论难以解释"学习"这一复杂过程的全部。人类的学习现象纷繁多歧。如今,从基因与神经科学层次的解释到社会文化体系层次的解释,多层次的学习研究与理论的建构获得了长足的进步。

　　"学习"不是人类固有的,动物也有学习。人类的学习有别于动物的学习,表现在基于语言的运用与同他者的协同的学习上。另外,人类从婴儿期习得母语,掌握步行与摄食的技能,这种学习是任何人都会产生的,但在学校里作为学生的学习过程则有所不同,会产生个别差异。不仅有各门学科内容的学习,在学校这一制度性场域里,学生也学习学校生活中的人际社会规范以及相应的行为举止。从学校毕业之后走上社会,还需要终身学习。揭示种种学习过程的理论大体分为:把学习聚焦个人的"习得"的见解,直面学习的环境与社会文化,作为"参与"(A.Sfard,1998)与"拓展"(Y.Engestrom,A.Sannino,2010)来把握的见解。① 前者是把学习视为个人习得某种能够行动的技能与知识的过程,而后者是参与共同体经历社会化成为其人的过程。即把学习视为一种系统的变化与拓展——在该共同体中传承文化、解决从中产生的冲突、创造新的文化。前者是要素性的,后者是系统性的,所以心理学的研究方法也是不同的。

　　在心理学研究中把学习视为"习得"的学习论是基于行为主义心理学研究与认知心理学中的信息处理研究,而把学习视为"参与"的学习论是社会文化研究与合理的边缘性参与论,谓之基于"拓展"学习的学习论。不同的学习论对教学过程做出了不同的解读,并提出了不同的教学策略。这里,梳理一下20世纪学习理论的三个里程碑式的流派。

―――――――――――

① 秋田喜代美,编.学习与课程[M].东京:岩波书店,2017:28-30.

二、行为主义心理学的学习论

（一）学习即"刺激与反应的链接"

对教学过程的行为主义心理学研究，其主要观点可以概括为：1. 所谓"知识"即刺激与反应的链接。2. 动机作用是强调赏罚的外部动机作用。因此，在学校教育中当儿童行动之际，倘若是正确的会马上得到教师的赞赏，倘若有纠正错误的必要，就会被当场指出，让其行动不再发生。持这种观点的人是很多的。基于赏罚的动机作用的思维方式，是许多教师都经验过的，常见的。这是一种对学生的行为进行即时反馈，促进其反复强化，以便引起同样行为的思维方式。提供"基于报酬的行为强化"这个思维方式的理论就是行为主义心理学。

行为主义心理学的研究不是面向人的意识与思维过程，而是面向行为的变化。所谓"学习"被视为某种经验的结果、在某种程度上持续产生的行为变化，而这种变化是通过"形成刺激与反应的联结"而形成的。① 这样，知识是作为适当的刺激与反应之间的关系性而获得的。无论是行为层面还是语言层面，基于反复练习使其关系性的强化，成为知识强韧性的指标。对问题（来自环境的刺激）尽快地作出回答或者采取某种行为使得环境发生变化——这种理解的自动化就可以保障知识利用的可能性。因此，在行为主义心理学中学习者被视为应对来自外在的刺激的被动反应者。这是一种把"学习"视为某种行为产生了变化，重视"经验"的变量，这一"工具理性主义"的学习观——无论怎样复杂的学习内容都能通过细分化，还原为要素。再沿着理想的方向，从易到难地反复练习这些要素，积累成功的经验，逐渐增加难度，直至实现教师期待的目标。这就是谓之"程序学习"的方法，是斯金纳（B.F.Skinner）这一行为主义者倡导的。练习学习就是基于这种思维方式，如背诵九九口诀、书写单词之类。

————————————

① 田中俊也，编.教育的方法与技术：培育学习方法的课堂心理学［M］.京都：中西屋出版，2017：9.

在行为主义的学习理论中不仅提出了"基于报酬的行为强化"的认识,也提出了"迁移"的概念(G.H.Bower,E.R.Hillgard,1981)。所谓"迁移"是指一度学习之后的知识能够在尔后的情境中发挥作用。从 19 世纪到 20 世纪初,当时流行的观点是,像拉丁语这样繁难学科的学习是有助于发展一般的学习技能与提升注意力的。桑代克(E.L.Thorndike)则持相反的观点,认为这种认识是毫无科学根据的,并且主张这种学习并不实用,无助于一般技能与基础智能的习得。在尔后的研究中探讨了先行学习的内容与条件同尔后学习的内容与条件之间的链接。这种学习迁移的研究揭示了一系列相关的事实:凭借先行的学习中的理解程度(有多大程度的深度理解)而习得的知识;花费了多少时间而习得的知识;学习者自身在其学习的情境同先行的情境有多大程度的类似性,才能能动地利用先行学习的知识。

(二) 观察学习的模型

行为主义学习理论关注的是,把老鼠与狗之类的动物的学习研究推广到人类学习的研究,由此揭示人类特有的"学习":即便自己未能获得来自外部的强化(报酬),通过观察他者的行为,也能间接地产生"代理强化"而形成学习。比如,看到别的同学受到表扬,自己也采取同样的行为;看到别的同学受到惩罚,自己也中止同样的行为。这是以班级集体为单位的所有学习情境中能够看到的现象。儿童不仅观察、模仿教师的行为举止,而且也观察、模仿周边同学的行为举止。即便不是对自身的褒奖(强化),通过观察作为模仿对象的他者的奖惩强化的大小,也能对自己的行为产生影响。这就是"观察学习"。

1960 年代,班杜拉(A.Bandura)通过攻击行为的研究,率先揭示了观察学习的原理。[①] 让男女各半的幼儿,分别观察如下各种条件下的攻击行为——观察对拟人模型展开攻击行为的场面的"现实模型条件";观察用录像拍下这种场面的"影像条件";漫画的主角进行攻击行为的"漫画模型条件";不观察攻击行为的"无观

---

① 秋田喜代美,坂本笃史.学校教育与学习心理学[M].东京:岩波书店,2015:20.

察条件"。结果发现,无观察条件与有观察条件下幼儿的行为大相径庭。在有观察条件下,攻击行为会愈加频繁地发生。通过种种条件与行为的研究表明,行为模式与观察者之间的类似度越高,越容易产生模仿行为。这种观察学习的模型(基于观察的认知、情感、行为的变化)是通过如下子过程产生的:(1) 注意过程(观察者注意模型的行为);(2) 保持过程(记忆与保持所观察的行为);(3) 运动再生过程(根据记忆模型自己尝试践行而再生);(4) 动机过程。学校中的人际关系行为和课堂教学中的学习行为的现象,大多可用这个过程来解释。

三、认知心理学的信息处理学习论

(一) 记忆的机制

行为主义把学习视为行为的变化,但不能说明理解、推理与思维的心理作用与知识的关系。随着人工智能与电子计算机的发展,人脑中的信息处理与知识记忆的过程在 20 世纪后半叶展开了精心的研究。"就像银行的存储那样,一味灌输知识"、"头脑只进不出"之类,日常生活中我们获得的学习的表象就是把知识输入头脑,谓之"学习"。

在信息处理的研究中,设定头脑中存在着存储两种知识的存储库——作业记忆与长期记忆。作业记忆有一定的容量,不过只能暂时保持 7 个模块左右的信息。相反,长期记忆可以比作图书馆,有着无尽的藏书可能。不过,跟图书馆一样,倘若该信息未能纳入适当的书架,就难以在必要时取出来。所谓"学习"是指学习者关注输入的信息,通过更深层次的处理,在长期记忆中同学习者业已掌握的知识相链接,得以系统地保持下来。据此,检索信息,成为用于问题解决的知识。

在作为符号系统的知识观中,知识是在学习者的认知系统内部的记忆仓库(大多是长期记忆库)中,以"宣言性知识"或者"步骤性知识"的方式积累起来的。因此,在教学中首先是有选择性地关注学习内容,同时力图掌握它,输入、印刻并保持在长期记忆之中。在这个时候，倘若不理解是什么知识，同自身业已拥有的知识不链接，停留于碎片化的知识，就不能回忆起来。只是听到了，却未能进入头脑。在这种情形下，并不注意或者不理解是什么知识，就难以同既有知识链接起来。因此，教师需求得知识的统整——提示上节课的复习分析与资料，让学生回忆旧有的知识，并同新知链接起来。或者板书标题、结构化地标示内容框架和说明运用的原理。

（二）促进深度理解的学习活动

然而，即便教师浅显易懂地讲述和链接，也未必能够形成深度的理解。要深化对学习内容的理解，不仅要接受来自他者的解释，学习者自身也要对该信息进行深度处理，同自身既有的知识链接和整合，这就是"处理水准"的概念。所谓"浅层处理"是指表层的，囫囵吞枣式地记忆语词的信息处理；而所谓"深层处理"是指更加能动地形成一以贯之的表象与心理模型，借以理解其意涵。比如，在历史教学中对历史年号与历史事件的死记硬背，就是一种浅层处理。但是，倘若同求解为什么会发生这种事件的时代背景与事件的因果关系联系起来，就能形成一以贯之的表象，这是一种深层处理。另外，不仅利用语言文字的信息处理，而且用图表与照片加以说明，借助这种双重符号的精致化，可以获得"深度学习"。知识的结构化是非常重要的。因此，即便是同样的内容，倘若借助有意识的行为——不仅听取，而且通过想象推测，或者听取时做笔记，然后做出自己的归纳并向他者说明，就能够走向"深度学习"。

四、作为共同体参与的学习论

（一）最近发展区

此前介绍的学习理论是聚焦学习者个人的学习，但在社会文化研究中，则是把学习者视为参与共同体的存在，来研究在社会与制度这一文化环境中的学习。

这种学习论研究的课题，与其说是一节节的课时任务，不如说是更长时间的学习过程。

俄罗斯心理学家维果茨基(L.S.Vygotskii)倡导的"社会文化研究"，解释了人的注意与思维这种高阶心智功能是怎样发生的。他说，通过同成人与伙伴的对话，思维与沟通这一高阶心智功能逐渐得以内化，儿童自身得以独立地进行活动。学习不是在个体内部，而是从同他者的"心智间"（个人间）走向"心智内"（个人内）。在同文化先辈的共同行为之中，借助对话或者书本与地图等形形色色的工具作为媒介，学习才得以形成。在学习中不仅要关注同学习对象的关系，还得关注作为教材的文化媒介物，意识到"对象"、"工具"与"学习者"三者之间的关系。比如，教师在朗读的过程中讲解课文，一开始不会读的学生也逐渐懂得了阅读的方式，或者教师在教学过程中进行提问，在自身的回答中儿童预想到教师会做出这种提问；或者不是借助教师，而是借助辞书与参考书等文化先辈创造的工具，通过工具辅助，自己不会读的英语文章也能读了。也有即便没有这些辞书作为媒介也能读懂的情况。儿童的能力开始是借助于文化先辈的产物与文化工具的使用，即便当下不能独立地学会，随着年龄增长和学习进程推进，无需成人的帮助也能学会。在现今能够独立的水准（自生的水准）与借助工具与他者之手能够达到的水准之间的领域，谓之"最近发展区"。比如，儿童语言的发展，开始是具有同他者沟通（外言）的功能，逐渐地内化为了个人心中使用的语言（内言）。在学习中这种内化是如何借助同他者的对话产生的，就成为学习过程探讨的课题。教师作为最初的帮助，比如从提供线索、提供脚手架，到逐渐地去除脚手架，凭借自身力量的过程就是学习的过程。在教学中懂得的儿童并不是把所有信息直接地教给不懂的儿童的，而是提示"考虑一下这个线索看看"之类的建言，进而，对方说"这个线索不错呢"，借此，彼此之间就形成了"脚手架"与互补的关系。

理解"最近发展区"的关键在于"内化"与"交互作用的过程"。在瓦西纳(J.Valsiner)看来，维果茨基之所以运用这个概念，是旨在整合如下两种过程——来自外界的指导（拥有社会环境背景的）儿童的作用，与儿童内化其经验的过程。

他指出,"我们应当认识到,在这个'最近发展区'的区域中,不仅有家长与教师的影响作用,也有包括来自学生本人及其同伴之间的交互作用,也包括周边的社会文化系统等种种的变量,以及支撑这些外在变量而展开的认知性实践的活动与知识、能力的内化,乃至形成'发展'而出现的处置过程。而且可以发现,儿童并不是单向地接受教育,而是借助交互作用的过程,反过来又为'最近发展区'的形成,提供促进作用"。这样看来,从"交互作用"的角度,可以给我们提出拓展"最近发展区"概念的一系列诸如设置"脚手架"、展开"协同学习"的课题。①

(二) 情境认知论

"认知"不是在个人头脑中产生的,而是浸润于情境(包括同工具与他者的交互作用)之中的。基于"合法的边缘性参与论"的学习共同体论,就是一个典型的代表。

在近代学校诞生之前和职业中的学习,是通过师徒制的学习来传承技能与智慧的。某种职业与活动的实践共同体所拥有的,知识与技能是分工的,学习者作为新参者参与实践共同体。比如,在裁缝店学裁缝,从钉纽扣之类的简单工作开始,然后才委以剪裁的工作。这样参与某种职业的沟通,逐渐地从实践共同体的周边走向核心,独立承担工作。作为参与实践共同体的一员,逐渐地承担起负责任的角色,获得拥有成员资格的个性的过程,合理的边缘性参与论谓之"学习"。就是说,每一个人的知识不是等同的,作为实践共同体的成员是有所分工的。在实践共同体中各自拥有不同的熟练的技能,发挥各自的作用。

从参与共同体的角度来说,儿童也是通过参与班级与学科的共同体来展开学习的。布劳翁(A.L.Brown,1997)主张,学校对于学生而言,应当参与学习共同体的学习。见习的学习者逐渐地成为新的初学者,再成为探究未知世界的探究者。学校中通过同学之间的交流,参与学术领域构建了学习共同体,课堂本身也是一

---

① 佐藤公治.对话中的学习与成长[M].东京:金子书房,1999:25.

种学习共同体——拥有各自分工的专业知识、优势领域，在相互沟通中协同学习。借助因特网与信息网络的广泛性，实现多样知识的链接，不仅包括教师的教，而且请来该领域的专家，使学校开放成为学习者的共同体的过程，也是"学习"。学习者可以真真切切地体悟到，知识是社会建构的。在这里，知识是浸润在实践共同体的情境之中的，参与实践共同体本身就是获取知识。因此，这里的知识未必拥有通用性、可迁移性。但是借助反思，就一定能够保障一定的通用性。

（三）拓展性学习

如前所述，在学校与课堂中学生不是一个人在学习，而是处于相互学习的关系，并不总是传承文化先辈的智慧与技能。倘若仅仅如此，就不能在共同体中产生新的知识，只能停留于知识的再生。不过，从他者汲取新的知识之中产生矛盾与冲突，也能产生新知与文化。恩格斯托姆（Y.Engestrom，1987）从历史的长跨度来看待学习境脉的全局性变化，在学习者与物理环境之间设定了"活动系统"这一媒介项，亦即把学习的境脉视为一种"活动系统"。人不管是有意识还是无意识，总是借助"活动系统"来进行活动的。这就进一步发展了维果茨基的理论，形成了新的"学习"的见解——"拓展性学习"的概念。[①]

借助"活动系统模型"可以使学习的境脉在一定程度上得以可视化。在用教科书展开"教学单元"的场合，形成了三角形的基本结构——作为学习者的"我"；以"教学单元"为对象；借助"教科书"这一媒介而产生"理解"这一结果。心理学研究关注的是，倘若了解了学习者的特性、学习对象的特征、教科书中的学习方式，就可以完全理解学习者的学习行为。但活动系统模型所聚焦的是这种表层背后的某种结构：大体是把学习者的"我"、通过"教科书"这一工具、理解"教学单元"这一对象的结果，视为"生产"的活动。[②] 在这里聚焦的，是支撑这种生产活动的其他种种重要的侧面。首先是学习者与对象之间通过教科书"生产"理解的侧面。同

---

① 恩格斯托姆.拓展性学习：活动理论的研究［M］.山住胜广，等，译.东京：新曜社，1999：79.
② 田中俊也，编.教育的方法与技术：培育学习方法的课堂心理学［M］.京都：中西屋出版，2017：16.

时,学习者同作为学习对象的教学单元是浸润在学校课堂这一共同体之中的。为了形成单元教学内容的理解,势必伴随着比如使用 50 分钟的课时这一"消费"。另外,在学习者与作为共同体的课堂里,有一定的活动规则,学习者是不能为所欲为的。在这里,学习者根据规则产生了"变更"、"交换"一定的行为指向的必要性。再者,"对象"(教学单元)与"课堂"这一共同体之间的关系,包含了指向理解学习内容的角色分工,据此形成资源的"分配"这一子系统。

显然,"知识"是作为这种活动系统的产物而产生的,在活动系统之间的链接之中形成了传递与加工的活动。生产的子系统对于人类的指向性活动而言,是最容易理解的部分。倘若进一步追问,是什么在支撑这个系统呢?那么,"活动系统"的探讨是理所当然的。恩格斯托姆的活动系统模型不仅旨在发现与描述学习境脉,而且旨在变革与创造学习境脉。这是因为,在他看来,学习境脉的重建是一种更重要的学习活动,需要从"学习境脉的依存"走向"学习境脉的重建"。作为社会系统中的人类活动,特别是学校教育中的学习活动,应当不同于传统的教育活动,亦即应当形成超越旧形式的新的学习方式。在这里,不时会有矛盾与冲突,而在超越这些矛盾与冲突的同时,系统本身会也会发生变化。这种活动系统中的变化不断得以拓展,就可以视为能动的学习。

应当认识到,在 21 世纪的时代,知识不仅是习得的,更重要的是学习者通过自身参与生成知识的共同体,借助协同活动,而得以产生经验的学习。"习得"与"参与"不是二元对立的。在探讨学校中的有效教学(深度学习)之际,重要的是把握以单元为单位的教学过程,同时需要从长远的眼光来思考应当培育怎样的学习者。

■ 专栏 2-1

课堂:学习空间的集大成

在我国,学生正襟危坐、教师"一言堂"的课堂依然随处可见。其实,标准的学生是不存在的,不应当让学生死啃标准的教科书、接受标准的考试。"数字素养"

意味着,学习者同他者积极地交流,与他者分享知识。寇奇(J.D.Couch)和托恩尼(J.Towne)倡导(2018),需要更好地开拓以学生的成长为目标的物理空间和数字空间。[①]

空间一,篝火。同他者分享信息的最有效的方法,当然是讲故事。"篝火"是一个人面对众多的人讲述的"一对多"的形式之一。桑代克(D.D.Thornburg)说,"一对多"是20世纪学校教育采用最广泛的方式。这种方式搞得好可以发挥很好的作用,但遗憾的是,几乎所有的案例都背离了原本的诉求。据美国教育部1987年的调查表明,这种传统的方式并没有引领学习者分享彼此的信息,学校的课堂往往是教师"一言堂"的天下,这是毫无意义的。这种传统的方式无异于在催眠学生,并没有引领学习者展开孜孜以求的探究。

空间二,饮水场。不同于一个教师让学习者一次性地分享信息的学习空间,"饮水场"是多人以平等的立场一起分享信息、进行作业的场所。这种场所既有正式的,也有非正式的。"饮水场"的价值就在于,拥有不同思维方式与经验的人集合在一起,彼此交换信息、分享见解。学校的课堂可以发挥"饮水场"的作用,比如,对老师的讲解发表自己的见解,和同伴分享自己的见解,互教互学,有效地利用信息技术,等等。

空间三,洞穴。"洞穴"指的是一个人能够独立学习的空间。在这种空间里从事写作、展开思索,反思别的空间里获得的信息。在这里学习者不是同他者一道做什么,而是反思自身进行独立思考。通过这种学习,求得新的信息与既有知识的整合,亦即展开"元认知"。

空间四,山顶。完整地理解学习的内容所需要的最后一种学习空间,就是攀登"山顶"。"山顶"的价值在于"反馈"。倘若学习者能够主动地采取行动,就能获得自动且瞬间的反馈。"反馈"是别的学习空间所没有的重要的部分。无论是现实世界还是数字世界,倘若有能够挑战的"山峰",那么登上山峰的学习者就可以

[①] J.D.Couch,J.Towne.苹果的数字教育[M].花塚惠,译.东京:神吉出版公司,2019:119-139.

知晓"山"的雄伟。其实,"登山"就是真正的学习。对于学习者而言,这种登山的体验是难以忘却的。

这样看来,"学习空间"既可以采用形形色色的教室与建筑物的形式,也可以在一间教室里运用所有上述的学习空间。果真如此,课堂将会为之一变,形成没有墙壁、没有任何障碍与制约的学习空间。好的课堂就是这些学习空间的集大成。学习空间的设计、创造与运用在成功的学校教育中是不可或缺的。

■ 专栏 2-2
促进深度学习的教学设计

在深度学习中,但凡激活学生学习的案例实际上有两个共同点。这就是:1. 深化思维的内化与外化的循环往复。2. 基于个人思维的个体与集体的循环往复。

(一) 内化与外化的循环往复

"内化"对于学生而言就是输入,相当于在日常的教学中教师进行知识传递的部分。"外化"则是运用知识的一种输出。在传统的教学范式中,大多是教师"教"的设计,知识的输入被置于重点,学生用于练习的时间是不多的,大多通过布置大量家庭作业来补充。然而重要的不是输入,而是运用输入知识的输出。输入的知识不运用是会忘却的。在现今倡导教学范式转型、推进深度学习的高潮中,着力于"输出"这一外化活动,产生了一种逆转现象——大量的时间被用于外化。然而,学习活动表面上是活跃了,学生个人的内化却不充分。尽管上课之后感觉"有成就感,今日课业中掌握的知识却仍然不甚了了"的案例层出不穷。研究表明,成功的深度学习的设计存在一个共同点,这就是最后必定再一次展开内化的活动。上课的流程大体是,首先是简要地教授基础项目(内化),然后以小组为基础的演习活动(外化),最后,解决通过外化而产生的疑问。如表 2-2A 所示:

表2-2A 内化-外化-内化的教学流①

教 学 活 动	内化/外化	活动主体	比 例
1. 铺垫、同步教学	内 化	教 师	20%
2. 小组演习	外 化	学 生	40%
3. 总结、应对疑问	内 化	教 师	40%

最初的内化旨在展开能动学习的预备知识与素材的输入,由此大体形成每一个学生的理解。在通常的教学中往往重视这一个环节,停留于信息的提供。感觉课时紧迫的教师会把最初的内化设计为预习课题,引进翻转教学。然后在外化的环节里,让学生有梳理自己的理解并与同学分享的机会。在自己理解的同时,产生混乱、踌躇、矛盾,通过认识自己与他者的思考的不同,进一步反思"为什么"。这个"为什么"尤为重要。从学习科学的见解而言,正是有了"为什么",学习才得以深化。因此,再一次引进内化活动是必要的。这就使得此前在外化中学生产生的疑问与认知矛盾以及不准确的部分,通过教师的解释与归纳得以保障,深度学习便有了可能。

(二)个人与小组的循环往复

在促进深度理解的教学中,另一个重心就是如何活跃每一个学生的思维。在小组学习中往往会出现不劳而获的现象,其原因大体是思维与活动脱节所造成的。那么,多种能力与态度,知识的获得也纳入视野的能动学习的教学,是怎样展开的呢?研究表明,要避免产生不劳而获现象的机制,就得以个人的活动为基础。就是说,开始不是小组探讨课题,而是作为小组的成员个人首先探讨课题,在每一个人有了自己的理解之后,再进入小组探究学习。个人不同的理解水准,会产生多样化的解答。即便是一致的解答,其导致结论的过程也是不同的。因此,不仅是答案,而且向同伴说明自己做出答案的过程,是关键所在。单凭一个人的见解

———————
① 田中俊也,编.教育的方法与技术.京都:中西屋出版,2017:49.

来推进小组学习是危险的。需要借助交流、讨论的过程,在小组里达成一个最优解。在集思广益的活动中不仅发表自己的思考,还要倾听对方的意见,发现共同性,明确差异点,从而催生必然的结论。在自己的见解与伙伴的见解碰撞的过程中也提升了每一个学生自己的见解的抽象度,并且得出小组的最优解的过程,就是一种主体性学习。可以说这不仅仅是快乐的学习活动,也是一种基于核心素养的深度学习活动,在多声交响中,深度学习才得以产生。

不仅如此,小组活动还需要进一步推进活动,把小组的最优解落实到个人的作业中。比如,小组探究的课题或者类似的课题由学生个人再做一次。通过小组学习一旦达成新的理解,同自己既有的知识链接起来,从而产生深度的链接理解。在小组活动中,能动的活动本身并不是目的,而是学习者个人从当初链接的水准上升到新的链接水准的知识重建的一种手段。

第三讲
学 习 动 机 作 用

　　"废寝忘食"、"心灰意冷"之类的词语,是我们日常生活中常用的,人们由于种种的环境与心理状态往往会出现"有干劲"、"无干劲"情形。儿童也是同样。即便是积累了再多的知识,或者有思维能力,倘若"无干劲",儿童的学习也是难以取得进展的。那么,怎样才能激发儿童的"干劲",对于教师而言是极其重要的课题。"干劲"的专业术语谓之"动机作用"。本讲旨在探讨课堂教学中动机作用的方式。亦即围绕学习动机产生的心理过程,支撑学习动机作用的课堂教学与课堂环境设计的思路,做一些梳理。

一、课堂中的动机作用

(一) 何谓"动机作用"

　　"干劲"亦叫"意欲",大体同心理学中的"动机作用"同义,指的是"想达成目标的心情"。"动机"与"需求"是驱动人的行为的原动力。比如,饥渴(生理需求)了,就得饮食;不被伙伴嫌弃(回避拒绝需求)一起去看电影;希望得到老师表扬(认可需求)而进行预习等等,动机作用不仅是基于人的内在的动机与需求(动因),而且牵涉人的外在行为的目标(诱因)。比如,仅有"想吃东西"的食欲(动因),不会产生"饮食"的行为。唯有当有了"食物"这一行为目标之际,"饮食"的行为才会产生。同样,在"想要学习"的学习动机之上,当有"学习材料"之类的行为目标之际,才会产生"学习"的行为。一言以蔽之,所谓"动机作用"(motivation)指的是"引发某种行为、持续该种行为,引领一定方向的心理过程"。[①]

人类的动机作用最有代表性的就是"需求"。"需求"大致可以分为"基本需求"与"社会需求",前者是与生俱来的需求,后者是借助学习经验而获得的需求。作为需求的分类方法,马斯洛(A. H. Maslow, 1943)的"需求层级说"(或称"需求五阶段说")是最有名的。其特点是,从生理需求直至自我实现需求,把动机与需求分为五个范畴之后,发现了基于发展阶段的从下位需求到上位需求的顺序,并且假定,优先的需求是会随着心理的成熟而发生变化的。具体地说,在早期阶段,先是发现生理需求,在某种程度上这种需求得到满足之后,发现安全需求,随着发展阶段的进展,原本的生理需求与安全需求获得某种程度的满足之后,发现爱情与归属的需求。然后发现认可需求、自我实现需求。当心理发展不成熟的时候,即便发现了上位需求,但在下位需求尚未获得满足之际,下位需求占优势地位;心理发展一旦成熟,上位需求就会超越下位需求而占据优势地位。另外,从生理需求到认可需求的层级发展,通过事物与他者而从外界获得满足,就会沉寂化,亦称"欠乏动机"。相反,自我实现需求,系开发自己的才能与能力,持续地寻求潜能,亦称"成长动机"。

(二) 学习愿望与三种动机作用

柏拉图(Plato)说:"所谓'教育'就是教导儿童怀有正确的期待"。教学是通过采用学科的教材与教科书、学习某种教学内容的认知过程,同时也是在班级中师生共同学习的社会过程,也是作为共同体的一员自我形成的过程。"心境、愿望、

---

① 栗山和广.编著.授业心理学:从认知心理学看教育方法论[M].东京:福村出版株式会社,2014:27.

态度"也是课程标准作为评价的视点受到重视的一面。学习者自身在学习的课时里拥有明确的学习目的与目标、持续地解决学习的课题、熟练自己的技能、完成课题的愿望,是致力于学习的出发点。这就要求学校从学生的智力、好奇心与兴趣出发,使其拥有短期与长期实现成果目标的学习愿望,形成整个班级与学校学习氛围。不仅是短期的兴趣与学习,而是让他们意识到自己的兴趣与能力倾向,培育终身学习的愿望与有为感。

动机作用大体可以分为三种:内在动机作用、外在动机作用、学习动机作用。在行为主义的学习理论中作为激励学习欲望的方法,可以大致分为两种动机作用——内在动机作用、外在动机作用。所谓"内在动机作用"是指学习者对探究的课题与活动本身产生兴趣、爱好的影响。相反,通过外部的赏罚来强化活动的影响谓之"外在动机作用"。人类基本的动机作用原本就是这两种。但在学校的教学中单凭这两种动机作用是不会产生"学习愿望"的。不过,倘若学生得到教师的褒奖与评价,或者即便在未发现学习活动的意义与价值、并无多大兴趣、未能感到快乐的场合,也能够认识到学习的必然性、愿意持续地付出努力,这样的变化也会产生。不仅如此,通过反思自己同伙伴的关系与自己以往的学习,也能够带有前瞻性地投入学习。借助这样一种教育作用——关注学生的学习过程及其自我形成过程,促进学生理解学习内容与掌握知识、技能,进而拥有成为学习者共同体一员的实感,乃是一种引导学生投入学习的过程。布洛菲(J.E.Brophy)把这种作用谓之"学习动机作用"。可以说,这是在"学校"这一场域特有的动机作用。

课时分配与学习参与度是探讨课堂中学习动机作用的前提。即便是45分钟或者50分钟这样一种同样物理性长度的课时,对于学生而言,其心理性时间的长度,也会发生或长或短的变化。即便在一节课中,有直接牵涉教学内容的时间,也有说明步骤之类同教学内容无关的时间,还有同教学内容相关,即活动方式的说明、资料的发放、课桌椅的移动之类牵涉教学组织所需要的时间,以及学生自身直接思考教学内容的时间。每一个学生关注学习内容、能动地投入的时间及其品质,是同其愿望与学力息息相关的。因此,不仅是课时的问题,保障每一个学生投入学习的时间也是探讨课堂中学习愿望的前提。

二、认知与动机作用

(一) 自我效能感

持之以恒地学习,作为终身学习的基础是非常重要的。当一个人不认为"学习"对自己是一件重要的有意义的事情(无任何有意义的价值)之际,就会失去学习的心情。艾克勒斯(J.S.Eccles,2005)把这种学习的价值作用分为四类,即"达成价值"、"内发价值"、"利用价值"、"成本价值"。[①] 具体地说,达成课题对于儿童来说有重要的"达成价值";该行为伴随的乐趣与兴趣的"内在价值";对于现今与未来的目标而言有多大的作用的"实用价值";具体地达成目标需要付出多大努力与存在多大危险性的"成本价值"——这四点会影响到儿童在学习中的意欲与活动的持续性,以及选择怎样的课题。因此,保障儿童在学习中发现怎样的概念与意义,以及提供发现意义的机会与时间是非常重要的。

人们采取某种行为的前提是,这种行为会带来的结果——"价值",以及采取了这种行为即可获得某种结果的"期待"。班杜拉(A.Bandura,1977)把这种"自己大概可以胜任某种行为"的期待谓之"自我效能感"。[②] 他在这里区分了通过某种"手段"(行为)所达成的"结果"(效果)的预想,同自己能够胜任某种手段(行为)的感觉(自信)。前者谓之"结果期待",后者谓之"效力期待"。在他看来,"这种行为会导致某种结果"的"结果期待"是重要的,"自己能够采取该种行为"的"效力期待"也是重要的。区别"效力期待"与"结果期待"的思考,在思考达成过程上也是有效的。比如,想要考取某类学校,哪些努力是必须的,自己现在付出了多少努力,获得他者支援时或许能够进一步拓展努力的展望,同时从竞争力来预测成功

---

① 樱井茂男.自主学习的儿童[M].东京:图书文化社,2019:28.
② 永江诚司,编著.教育心理学关键词[M].京都:北大路书房,2013:92.

的概率,通过努力或许会有多大的胜算等,借助诸如此类的认知来判断考试的结局。这种"效力期待的认知",亦即自己的这个行为能够达成什么结果的认知,就可以定义为"自我效能感"。

(二) 归因

不过,实际上在教学中,所有儿童并不是一直能够体悟到成功的。无论是学生还是教师更多的是在学习过程中感受失误与困惑的机会、把握学习的失败与能力的问题。在心理学中对某种行为做出怎样的原因推测,谓之"归因"。从自身寻求行为原因之所在,谓之"内归因";从外部寻求原因之所在,谓之"外归因"。无论学生还是教师,在课堂教学与学习的行为中是否能够自控成败这一种可控性的判断,是每时每刻都在进行的。也有以原因的稳定性判断——成败的原因是一直稳定的还是一时发生的——作为基轴的。这样,韦纳(B. A. Weiner, 1989)梳理归因的分类,可以分为三种——1. 原因是内在的还是外在的。2. 自己能否控制。3. 是一时性的还是稳定存在的。

表 3-1　归因分类(B.A.Weiner, 1989)[①]

	可　　控		不　可　控	
	稳　定	不稳定	稳　定	不稳定
内在	一直努力	一时努力	能　力	气氛
外在	教师的偏见	来自他者的非日常的援助	课题的难度	运气

由表 3-1 可见,将失败归因于哪一个,不同的人有不同的类型。倘若归因于自身的原因,做什么都会失败的话,那么,就不会采取尔后的行为了。不过,也有的学习者倘若想到这次是由于准备不充分,故而不成功,就会觉得以后还是有机会成功的。"外归因"也是同样。倘若教师归因于"你这个人太笨,永远学不好",并且传递给学生,那就会极大地挫伤对方的自尊心。倘若说,"这个问题对谁都是

---

① 神藤贵昭、桥本宪尚,编著.教育心理学[M].京都:智慧女神书房,2019:129.

一个难题呢"、"这次或许复习不充分吧",形成只要努力便能成功的认知,那么,就会对学生尔后的行为产生积极性。倘若教师能够意识到在怎样的情况下会挫伤学生的自尊心、传播无助感,适当地运用激励性的话语是非常重要的。在儿童的归因中,周边的话语与基于眼神的期待与评价,将会产生极大的影响。研究与实践证明,一般而言,儿童在学业达成失败的场合,倘若归因于自己的努力不够,将会提升达成需求。

（三）智能观与达成目标

在德韦克(C.Dweck,1986)看来,智能观是解释、评价自己的行为与成果的标准,指引着"拥有怎样的目标"这一目标指向性。认为能力是固定不变的学生,倘若对当下的能力没有自信,就会从一开始就逃避挑战。然而,倘若拥有能力增大这一理论,就会拥有"挑战"这一进取指向。因此,在学校中重要的是设计能够让儿童体悟到能力得以增大的机会。德韦克区分了两种类型的智能观:其一,智能是不可分割的整体性的存在,是固定不变的,谓之"僵固智能观"。其二,智能是种种技术的集合体,通过努力是可以增长的,谓之"增大智能观"。持有不同智能观的人,学习的动机与目标是截然不同的。在"僵固智能观"者看来,问题的症结在于过分贬低自己,惧怕自己被人看成是无能之辈。而在学习情境中大多是教师做出评价,教师是评定者或是施以赏罚者,因此,当进行自我评价之际,往往以既定的标准做出判断。在"增大智能观"者看来,问题的求解在于了解能够做什么,碰到不理解的问题,未必一定是失败。问题一旦解决,自己的能力也就提高了,在这里,问题成为挑战的对象。再者,通过教师的指导,自己的能力也可以得到提高。因此,把教师视为支援者。自我评价是借助比较长期的视点,以此前的水准作为标准来评定的。

这样,持"僵固智能观"者所显示的是把"表示自己有才能,求得他者的积极性评价"作为学习目标,谓之"表现目标";而持"增大智能观"者所显示的是"理解新鲜事物,掌握新的技能,借以提升自己的才干"的学习目标,谓之"成长目标"。

表3-2　基于两种智能观的学习动机与目标的差异[①]

	僵固智能观	增大智能观
学习目标	显示自己的才干。求得别人的肯定性评价。	掌握新的理解与技能。增长自己的才干。
课题伊始	干干看,能否获得别人的赞美。	干干看,自己究竟能够做些什么。
关　注	学习的结果。	学习的过程。
评价标准	业已决定。短期性视点。	取决于自己,灵活而长期的视点。
寻求的信息	肯定性信息	正确的信息。
教师的作用	评定者。决定赏罚者。	能力增大的资源。向导。

知性能力并不是先天地内在于个人且不变的东西,在周遭的人与环境的关系之中,通过有效地运用外部资源,学生是具有发展的可能性的。所以讲究课堂教学的范式、学习环境的设计、学习评价的方式,也是必要的。从错误与失败中相互学习的风气,有助于减少这些不良倾向。

三、环境与动机作用

(一) 厌学与"学习性无助感"

动机作用未必是积极的,也有消极的。在现实中还有不自信的学生和没有积极性、无精打采的学生,这是不可避免的存在。尽管一开始抱有期待与积极性进入课堂,但在"消极怠工"的氛围下,学习会变得无力。塞利格曼(M. E. P. Seligman,1975)用两条狗做如下的实验。[②] 两条狗的后脚连接电线,配备同时接受电击的装置。不过,一条狗的脸部连接电击的开关电路,另一条狗则没有连接。就是说,两条狗在同样时间接受同样次数的电击,但一条狗给予阻断的手段,另一条狗不给予有效的手段。在这种状态下经历了持续电击之后,两条狗转移至设置阻断电击

---

① 永江诚司,编著.教育心理学关键词[M].京都:北大路书房,2013:94.
② 樱井茂男,编.教育心理学[M].东京:图书文化社,2017:54.

的另一个装置再行实验(这次一旦按动开关电路,电击随即可以阻断)。学会了回避电击的行为,在前期没有给予回避电击手段的狗一直不会学习阻断电击的行为。就是说,在不可回避的情境下对狗做出持续电击,狗从回避失败经验的反复中得到了学习,即便设置了别的可能回避的情境,也不想逃脱。这种状况谓之"学习性无助感"(learned helplessness,简称 LH)。

人也是同样,一旦产生了"做即失败,见不到努力的成果"这一行为的无伴随性(非伴随性认知)的认识,就会产生学习性无助感。即便努力了也不会有成果的认识会导致绝望感与抑郁倾向。不过,人不仅是个人的能力,通过接受来自周边的支援或者自身去改变周遭的情境与环境,行为与结果的链接也是可能的。在经历过以往的失败经验及其结果而形成对期待抱有问题的儿童中,基于其动机的不同,布罗菲(J.E.Brophy,2011)进行了如下四种分类:(1) 因跟不上伙伴的学习进度而感到困难,逐渐地期待低落,又不能接受失败的、怀疑自己的能力有问题的儿童。(2) 基于自己失败的归因与能力的信念,容易陷入学习性无助感的儿童。(3) 由于拼命维系自己的自尊心,不是以学习本身作为目标,而是以成败的结果作为目标来聚焦的儿童。(4) 为了逃避责任,反而想求得不及格的儿童。[①] 实际上,在儿童中,这些会重叠地发生在一个人身上。秋田喜代美研究了应对上述四类儿童的策略。对于第一类型的儿童,要求在个别辅导中保障自己也能够完全地习得的感觉。为此,必须分别地布置学习活动与课题,明确课题的结构与应当达成的目标,采用适当的方法投入学习并通过激励与提示来维持动机作用,使其认识到不是同他者比较,而是通过自身的努力就会发生变化。第二类儿童的问题在于,成功的期待低落、畏首畏尾、患得患失,把失败的原因归咎于能力的低下。因此,根据归因的方式,具体地传授失败的时候如何求得改进的方法。通过这种信息提示,表明不应当归因于能力问题,而是学习方法的问题,并且提示学习方略。使其感受到这种方法是可行的,从而获得自我效能感与学习方略。第三类儿童拥有竞

---

① 秋田喜代美,坂本笃史.学校教育与学习心理学[M].东京:岩波书店,2015:38-39.

争意识、争强好胜的场合居多。因此,让其通过协同学习的经验、改进其同教师与同学之间的关系,让竞争与他者的社会性比较最小化,体悟到课题自身的趣味性。这就是说,必须通过课题的自我选择,诉诸个人兴趣。对于第四类型儿童,重要的是让其拾回自信——"通过适当努力,即可持续成功"。为了不至于逃避来自周遭的期待,要求改变同他者割裂的社会关系,拥有对期待与学习的责任感。不仅依赖个人的学习,而且伙伴的支援,相互学习的经验也是必要的。可以说,重要的是,通过掌握援助要求行为——"请你给我解释一下","让我看看"之类的要求伙伴援助,让其体悟到环境是能够得到改变的。

(二) 人际关系、社会责任感与动机作用

师生之间与同学之间的关系会影响到动机作用。研究表明,教师的领导力与信念有助于提升儿童的学习积极性。教师的强制性态势(诸如,必须怎样……)越高,学生的学习意欲越低。[①] 在课堂教学中,赞赏与认可、斥责之类的语言性反馈,是教学行为中常见的现象。日本教育学者让大学生回忆在儿童时期受到斥责的经验,这种斥责的话语对自己说了什么(外部语言)、在自己心中又是怎样想的(内部语言)进行研究,发现在被斥责之后的长时期里,仍然历历在目。结果表明,体罚与损害人格的表达有伤人心;对斥责也难以引起真心的反思;斥责越长久,反省情绪越低落;严厉表达的斥责会提升对方的厌恶感。由此可见,在行为之后适时地、准确地、用对方能够接纳的方法在情境之中进行传递,语言性反馈才能够发挥有效的作用。语言性反馈涵盖了如下策略:1. 提升学生的努力需求与探究课题的欲望。2. 辨析学生回答的正误。3. 提醒获得更多信息的必要性。4. 启发学生展开探索的路径。5. 提示旨在理解某种信息的别的方法。这些策略大体涉及课题、学习过程以及今后该怎么办的问题,亦即不外乎"课题水准"、"过程水准"、"自律水准"三种反馈方法。[②]

---

① 神藤贵昭,桥本宪尚.教育心理学[M].京都:智慧女神书房,2019:132.
② 秋田喜代美,坂本笃史.学校教育与学习心理学[M].东京:岩波书店,2015:44.

中谷素之(2002)对小学高年级的研究表明,来自友人的鼓励,会影响学科的学习及其学习成绩。这是因为得到友人的鼓励,学生拥有了社会责任目标(向社会目标与遵守规范目标),因而采取了社会性责任行为。就是说,遵守规范,拥有发挥所期待的角色的目标,借助付诸行动,能够得到来自友人的接纳,这是同学习意欲与学习成绩息息相关的。另外,还显示出班级与每一个儿童由于拥有了向社会目标,相互学习得以促进,内在动机与自我效能感得以提升。这样,不仅每一个儿童,而且整个班级都由于有了"向社会目标"而提升了学业的动机。另外,疲惫的环境也会影响到动机作用,无助感与焦虑、抑郁等导致学业动机下降的状态,同疲惫有关。关于疲惫分析——产生疲惫的原因与情境、引起结果的症状,作为一个过程来考察是有用的。

学生的学业达成,通过社会责任感——包括个人能力的成长指向,还有想得到教师与伙伴认可的、想回应周遭人的期待——而产生的目标的动机作用居多。所谓"社会责任感"是指"对社会与集体的规范与角色期待的一种取向,是维护社会的规则与对角色的期待",学业目标与社会责任目标是随着情境与内容、儿童的发展而不同的,在课堂的多样的目标中得以形成儿童的学习习惯与生活行为,教师的期待,同同学之间的关系,有助于提升对学习的兴趣爱好。受到来自伙伴的信赖与接受的支撑,提升对学业的关心的路径,特别是对学习能力并不拥有自信的学生而言,将会发挥重要的作用。

四、提升学习动机作用的教育实践

(一) 激发学习者的学习兴趣

人从呱呱落地之初,就是一种希望学习新事物、通过参与周边环境而起作用的存在。对于学习者自身而言,充满好奇心地获取拥有适度复杂的信息,兴致勃勃地端详、倾听,不停地把玩,设定自己的课题,展开挑战。在"兴趣"中,有对于特定内容与活动持续的"个人兴趣"与瞬间引发的"情境兴趣"。克拉普(A. Krapp,

2006)指出,在教学中应当从情境兴趣出发,导向个人兴趣。[①] 为此,儿童对学习的内容拥有自信是十分重要的。作为"情境兴趣"的愉悦这种情感,是在碰到不同于自己所思所想的信息之际而产生的。在自己拥有的知识与思考之间,当产生差异与认知冲突的时候,会产生意外与惊异,形成心理上的失衡。于是,就想探索新的信息,借以消解混沌性、不确定性、复杂性的失衡。认知的冲突及其减低,用教师的话来说,就是一种"震撼",容易唤起好奇心与兴趣。倘若所提供的教学内容都是学习者自己了解的,就会感到"无聊"。倘若一节课信息量过大,远远超越了学习者自己业已知道的范围,就会回避这种信息。因此,新颖信息的适当分量与知识内容上的认知冲突,是引发兴趣所必须的。

教师应当采取多种方法激发儿童的知性好奇心。诸如,第一,利用儿童拥有的错误观念与先入观;第二,利用新订的认知标准;第三,让学习者自己发现信息之间的差异。第一种方法在教材与学生拥有的知识之间产生冲突的场合利用,第二种方法在教师提示的信息之间产生裂痕的场合利用,第三种方法在班级的学生拥有的知识与思考之间的差异而产生冲突的场合利用。这就要求教师需要在教学中利用教材与学生、学生之间、教材之间的冲突,来使用教材。需要利用学生之间的对话、采用多样的教材,来唤起学生的注意力。另一方面,要求教师不仅预想计划的教案,而且应从教学情境内儿童的发言之中偶然产生的问题,根据学生的兴趣来选择教材内容。教师事先做一些预测,通过引导学生相互提问与讨论,能动地参与教学,就能够支撑学习的欲望。樱井茂男(1991)对唤起知性好奇心的概念冲突(认知冲突)进行了如下的分类:

1. 疑问——或许是 A,亦或许不是 A 的状态。

2. 困扰——似乎既是 A 又是 B 的状态,两者似乎均可肯定、又似乎均可否定的状态。

3. 矛盾——是 A 又非 A 的状态。比如,这个形状可以说是用四根直线围成

① 秋田喜代美,坂本笃史.学校教育与学习心理学[M].东京:岩波书店,2015:33.

的四角形,但看起来又不像四角形。

4. 认知冲突——A 是 B,但 A 又不是 B 的状态。比如,鲸能在海里游泳,但又似乎不是鱼,它能在陆地上行走。

5. 混沌——究竟是 A,是 B,还是 C,不清楚的状态。

6. 不恰当——似乎不能解决的状态,既非 A,又非 B 或 C 的状态。直面上述这些状态,将引发儿童的概念冲突,激发儿童的学习动机。①

(二) 培育学习者的自信

要持久地保持学习的积极性,重要的是儿童自身能够确立自信,希望探究,抱有目标。德西(E.Deci)和瑞安(R.Ryan,2001)指出,人拥有求得成长的三种心理需求:有为感、关系性与自律性。一旦满足了这三种需求,自己就能采取行动。"人是通过自我统整与社会化而成长起来的"。②"自我决定"成为自身行为的原因,这一"自我决定的感觉"将会提高学习动机。因此,儿童自身拥有了"有为感"与自信,就能在感受到自己能力得以发展的活动之中,在同伙伴的协同学习的活动之中,自己引起拥有自己见解的选择性学习。不过,儿童并不是从一开始就能够自己决定的。"自我决定"是在汲取教师的考量、从必须作为义务做出行为的阶段开始,分步骤地逐渐发展变化为自我决定的。从报酬与压力的角度说,经历了从他律到自律的几个阶段:(1)非动机作用——既无自信,也无控制感,完全不作为的状态。(2)外部调整——依靠外在的赏罚,处于被动的状态。(3)应对外部期待的行为阶段——旨在获得他人认可或者维护自己的自尊心而采取行为的状态。(4)一体化调整——价值内部化,为了自己而采取行为的状态。(5)统整——价值完全内化,非常接近内在动机作用的状态之后,最终才达到"基于内在动机作用而愉快地采取行为的状态"。教师应当让儿童通过自身参与学习过程中的决策、自身评价行为,从"积极地调整自身的动机作用"的视点出发,来培育他们的自律性体悟——自己的行为自己决定。

---

① 　神藤贵昭,桥本宪尚,编著.教育心理学[M].京都:智慧女神书房,2019:123.
② 　楠见孝.教育心理学[M].东京:协同出版股份公司,2018:78.

(三) 提升学习动机作用的教学模型

1. ARCS 模型：调动儿童学习动机的教学设计

为了实施提升动机作用的教育实践，需要考虑上述种种侧面的变量，诸如知性好奇心、内在动机、外在动机与学习动机，归因、自我效能感、疲惫等要素。柯勒(J.M.Keller，2000)以动机作用的理论为基础，倡导能够提升学习意欲的教学设计的参照模型——ARCS 模型。这个模型揭示了学习意欲的宏大框架及其教学设计的过程。该模型根据动机作用研究的重新审视，将学习意欲分为四类——"注意"(Attention)、"关联"(Relevance)、"自信"(Confidence)、"满意"(Satisfaction)，表 3-3 就是根据四分类及其下位分类构成的。

一是"注意"，指的是唤起并维持学习者的好奇心与兴趣，其下位分类是"感知的唤起"、"探究心的唤起"、"变化性"。所谓"感知的唤起"是指唤起兴趣与好奇心。所谓"探究心的唤起"是指促进学习者发现矛盾、想要探究的态度。所谓"变化性"，表示借助视觉刺激与听觉刺激的变化，维持学习者对教材内容及其提示方式的注意。

二是"关联"，牵涉到"为什么学习"这一学习的意义与重要性的认识，同样由三个下位分类——"目标指向性"、"同动机一致"、"易亲近"构成。满足学习者自身的学习目的与需求就是"目的指向性"。使环境与教育方法适应学习者的学习方式与动机、提升动机作用，就是"同动机一致"。所谓"易亲近"是指同学习者的过去的经验链接起来，使得学习者感到亲切，这是教学设计中的一个要求。

三是"自信"，通过"关联"认识到学习的意义与重要性，倘若学习者自身仍然处于不想学习或自信不足的状态，学习意欲是难以提升的。"自信"借助发挥"对成功的期待"、"成功的机会"、"自我责任感"三个下位分类的作用来加以提升。所谓"对成功的期待"表示应当达到的水准及其手段，使得学习者拥有能够获得成功的自信，"成功的机会"是指实际积累成功的经验。所谓"自我责任感"是指借助学习者自身的能力与努力，体悟到成功体验以及自我责任、自我控制的感觉。

四是"满意"，以学习者对学习结果的反应作为问题。借助"注意"、"关联"、

"自信",促进对学习的动机作用,推进学习活动。维持进而提升这种学习活动对学习结果产生有效的作用,是非常必要的。

在编制教案的场合,通过检查是否充分满足了这些要求,以"设计"儿童的动机作用。ARCS 模型设定的教学设计的流程,有如下 10 个步骤:1. 掌握学科(科目)的信息。2. 掌握学习者的信息。3. 分析学习者。4. 分析既有的教材。5. 列举目标与评价。6. 列举可能的方略。7. 选择方略进行设计。8. 统整整个教学设计。9. 选择与开发教材。10. 改进评价。

表 3-3　ARCS 模型中学习意欲的四分类与下位分类[①]

ARCS	学习意欲的下位分类及作业提问		
注　意 (Attention)	感知的唤起 怎样才能激发学习者的兴趣	探究心的唤起 怎样激发探究的态度	变化性 怎样才能引起学习者的注意
关　联 (Relevance)	目的指向性 如何把学习者的目的与教材链接起来,赋予价值作用	同动机一致 如何适应学习者的学习方式与动机	易亲近性 如何链接学习者的经验
自　信 (Confidence)	对成功的期待 怎样让学习者拥有对成功的期待	成功的机会 如何设定实际感受到自己的能力的机会	自我责任感 如何让学习者确信借助自身的能力与努力能够获得成功
满　意 (Satisfaction)	内在满足感 怎样使学习者从学习经验中感受到乐趣	有价值的成果 面对成功的结果,可以增添怎样的价值	公平感 怎样使学习者感受到公平对待

2. TARGET 模型:形成拥有动机结构的学习共同体

通过反复地探究拥有兴趣的学习课题,使得学习者自身具有作为一种自信的"自我效能感"。拥有了"自我效能感",就能够锲而不舍地采取面向目标、达成目标的行为,实现自主计划自己的学习过程、有预见地管控学习的过程,实现目标,这种儿童就是能够自我控制学习的儿童。准备能够管控、调整自己的学习这一种元认知、行为与境脉,对于激发学生的学习动机而言,是十分重要的。为此,在教

① 樋口直宏,编著.教育的方法与技术[M].京都:智慧女神书房,2019:43.

学体制中创造动机作用的结构是必要的。如表 3－4 所示，爱泼斯坦(J.Epstein，1983)指出，课堂教学中的动机作用涵盖了六个要素——任务结构、权责结构、认可结构、分组结构、评估结构、时间结构，简称 TARGET。

"自主学习"不是习得在社会中已经懂得的东西，而是期待学习者通过自身运用知识进行创造，发生变化。从这个意义上说，借助对学习的积极性，不仅是习得家长与教师期许的知识与技能，适应学校文化这一侧面，而且能够有前瞻性地学会终身学习。儿童自身是学习的主体。因此，不是在封闭的课堂里，而是通过专家与网络，展开答疑，或者邀请专家来上课，让他们接触专家的思想与声音。这些经验会引发儿童对学习的动机作用，是同探求学习世界的奥秘联系在一起的。儿童要拥有这种经验，就得确保其自身拥有学习兴趣的主题内容、探究项目型的学习时间，借以保障这种经验的积累。要使得班级与学校作为一个系统来形成有助于提升学习动机的结构，就得家校合作，从儿童的个性形成与动机的角度来思考教育的课题。

表 3－4 课堂教学中动机作用的构成(TARGET)[①]

	TARGET 的推荐要点
任务 Task	学生拥有兴趣，重视基于内发动机的课题，能够同自己的背景与经验链接起来，有形形色色的学习活动。这些活动凸显学习的目的，能够让内在的魅力最大化，也能够自己发现学习内容的价值(不重视测验成绩和外发性报酬)。活动为所有学生掌握调整的技能，提供有适当比例的学习源与不同难易度的课题。
权责 Authority	与学生共享，在考虑到学生的需求与情感的前提下实施。教学内容组织有助于引发学生的兴趣与疑问。学生有许多自行决策的机会，拥有决策的自律性，参与课堂规则与步骤的制定，参与学习机会的决定。
认可 Recognition	不仅针对成绩优异的学生，而且针对所有获得了某种进步的学生，不仅是高分，而且是认可广幅的达成。认可也可以针对学生自己定的学习目标有多大的达成度。认可不是对最高得分的学生的祝福，大多是采取对努力与进步的个别方式的沟通。
分组 Grouping	课堂，作为拥有协同的规范与期待的学习共同体的功能，学生旨在知识的社会建构，以结对或者小组的方式活动。小组的课题多种多样，共同求得达成度，或者基于伙伴的合作与共同的兴趣来组织。促进学生作为一个学习者与其竞争，不如协同。

---

① 秋田喜代美,坂本笃史.学校教育与学习心理学[M].东京:岩波书店,2015:48.

续 表

	TARGET 的推荐要点
评估 Evaluation	评估重视的是,运用多种评价工具,帮助学生针对适应个性的目标,认识与理解自己有多大程度的进展。评估的结果采用联络簿的方式,旨在让其准备补考,或重新布置作业题,借以改进学业不良。
时间 Time	编制课时表,以便灵活地安排多种范畴的活动。这并不是指令学生应当做什么,而是旨在让学生拥有管理时间与学习资源(比如信息源与协作的同班同学之间的交互作用)的自律性,从而参与主要的学习课题,保障完成课题所需的时间。

■ **专栏 3-1**

期待价值模型

　　动机与需求越是强烈,就越是能促进与之相关的行为的频度及其相关的成就。而一旦超越了某种水准,成就就会受到抑制。就是说,可以认为,动机与需求的强度有一个使得成就得以最大化的最优水准。我们知道,在成就得以最大化的动机与需求的最优水准中存在着个别差异。比如,考试对于这个人越是重要就越是能够激发其达成动机,一般说来是可以提高成绩的。然而有的人,面对越是重要的考试越显得过分紧张,会大大削弱实力的发挥。

　　艾特金森(J.W.Atkinson,1957)的"期待价值模型"就是用来解释这种个别差异的理论。期望价值模型把动机视为期望(达成目标的可能性)和家长(目标被需求与渴望的程度)的函数,期望和价值呈负相关——最不可能达成的目标具有最高的价值。因此,在某种程度上说,期望与价值是对立的关系。换言之,根据期待价值模型,求取成功的心情(成功达成动机)与不想失败的心情(失败回避动机),是两种完全不同的动机。我们可以根据这两种动机的相对强度的不同,区分成功达成动机优势的人与失败回避动机优势的人,借以说明不同类型的人所显示的具有鲜明对照的动机作用。

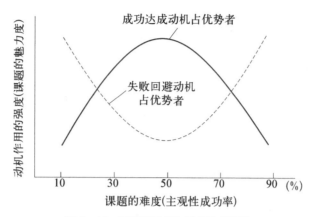

图 3-1A 课题的难度与动机的关系①

图 3-1A 表明了在课题的难度（主观性成功率×期待）与动机的强度（课题的魅力度×价值）的关系之中，成功达成动机与失败回避动机各自的优势类型的行为预测。可以预测，在成功达成动机占优势者的场合，当主观性成功率达 50％之际，正向的价值（成功的喜悦）与期待（概率）之积得以最大化，动机作用提升。相反，在失败回避动机占优势的场合，当主观性成功率处于 10％与 90％之际，负面价值（失败的羞愧）与期待（概率）之积得以最小化，动机作用也是提升的。所谓"主观性成功率90％"意味着肯定成功的课题与容易的课题，所以失败的期待（概率）是低的；另一方面，所谓"主观性成功率 10％"，系指几乎是必定失败的课题与复杂的课题，面对如此复杂的课题，即便失败了，也不会感到那么羞愧（负面价值）。

专栏 3-2

课 堂 的 目 标

优质的教学是同优异的班级创造相辅相成的。不仅仅是存在每一个单元与每一个课时的"目标"与"愿望"。在学校的班级中，儿童往往会展现出期许的面

---

① 永江诚司，编著.教育心理学关键词[M].京都：北大路书房，2013：91.

貌。在教学创造与班级创造中对教师与儿童而言是目标与愿望的实现,亦即心理学中所谓的"目标",这是教学成功与否的关键所在。

心理学研究提出了形形色色的目标理论。在学习情境中个人拥有怎样的目标,尔后的达成度与方式也是不同的。达成目标理论揭示了这种心理的过程与机制,形成了"熟达目标"(mastery goal)与"绩效目标"(performance goal)两种截然不同的目标。所谓"熟达目标",是指向课题本身的理解与习得,把学习目标视为提升自己能力的一种挑战。相反,所谓"绩效目标",是旨在获得自我能力的评价,回避不良的评价。抱持"熟达目标"的儿童积极地掌握新的知识与技能,根据自身的标准来进行评价,优先于同他者的比较,从而获得满足感,并倾向于感受学习本身的乐趣。另一方面,抱持"绩效目标"的儿童关心的是,同他者比较来提升自己的能力与价值。寻求以少量的努力求得成功,以获得周边人们的赞赏。在这里,学习不过是一种手段,以优胜于他者的成绩作为目标。

目标的问题不仅是个人层面的问题,也是整个课堂的理想状态的问题。艾姆斯(C.Ames,1992)把这种状态作为班级的目标结构,加以概念化。表3-2A归纳了支撑课堂的熟达目标的三种结构与教学方略:

表3-2A 支撑"熟达目标"的三种结构与教学方略[1]

结 构	教 学 方 略
课题结构	聚焦学习活动中有意义的侧面,编制新颖性与多样性的课题以引发兴趣、挑战适当难度的课题,为有效学习方略的使用提供援助。
权威结构	促进学习者积极地参与决策,提供有助于培育责任感与自律性的机会。
评价/认可结构	强调的视点是,关注学习者的进步、改进与熟达;认可学习者的努力、给予提升的机会;失败(出现错误)不过是学习的一部分。

所谓"课题结构"是受熟达目标的指引,提示怎样的课题展开课题解决。借助有助于激发好奇心的趣味性、意外性、有变化的内容,展开深度学习。所谓权威课

---

[1] 田爪宏二,编著.教育心理学[M].京都:智慧女神书房,2018:90.

题是指儿童的自立活动是否受到尊重,确保所有儿童能够参与班级的决策,儿童自身也能够监控自己的学习活动。所谓评价与认可,是指基于儿童学习的表现侧面,作出评价与认可。倘若过分强调根据纸笔测验的分数来进行评价,就会强化儿童的绩效目标。倘若传递"错误也是学习的一部分",关注过程胜于关注结果,来进行评价与认可,就会提高熟达目标的取向。必须从每一个儿童获得了哪些进步与提升的方面出发,来进行评价与认可。

不用说,课堂是以儿童之间的人际关系为支撑的。是否谋求沟通合作、相互学习的关系,这一社会关系的另一方面非常重要。课堂目标不仅包括上述的熟达目标与绩效目标,面向社会侧面的目标也有助于学业的达成。日本学者通过儿童的社会责任目标对学业成绩的影响的研究,建构了"社会责任目标→社会性行为→受到教师的肯定→对学习的意欲与关注→学业成绩"的模型,中谷素之(2007)围绕"遵守规范目标"与"向社会目标"这两种社会责任目标,验证了它们是怎样制约学业成绩的。所谓"遵守规范目标"是指遵守课堂中默认的规则与明示的规则,以遵规守纪作为目标。所谓"向社会目标"是指以激励与帮助伙伴之类的待人接物的社会性协作与援助作为目标。这两种目标都是守护社会期许的角色与规范的目标,可以说是形成社会责任的核心目标。以小学高年级为对象的调查结果表明,社会责任目标高的儿童倾向于遵守规则、向有困难的伙伴伸出援手,因而也容易获得教师与班级同学的接纳。而一旦受到周边人们的接纳,在学习方面也容易获得种种的回报与有益的信息,学习动机也就提升。

实际的课堂并不那么单纯,影响目标达成的变量是多样的。班级的创造与教学的创造必须基于目标的多面性与多层性,诸如学业侧面与社会侧面、个人侧面与集体侧面,因为多样的目标彼此之间原本是处于相互支撑的状态的。

第 四 讲
课 堂 对 话

　　所谓"好的教学"对儿童而言是明白易懂的教学,但这种明白易懂的教学对教师而言却是极其繁难的。教师的工作不是单纯地设计物理性学习环境,而是设计整个对话的场域(包括变革教师自身的意识在内),引领儿童展开自主的、生动活泼的学习。换言之,教学的活动是借助课堂对话而形成的。在"对话型教学"中教师与儿童、儿童与儿童之间以教材为媒介,通过对话来彼此学习、加深理解。那么,课堂对话究竟是怎样促进深度理解的呢?本讲围绕课堂对话的基本特质,展开探讨。

一、对话与对话型教学

(一) 何谓"对话"

　　"对话"是人类学习的一种传统。我国元代萨都剌《夜泊钓台》诗云:"山僧对话夜未央,不知风露满衣裳。""对话"不是调侃式的无目的的"会话",而是一种"有目的的相互通话"。"对话"的意义在于,彼此提出不同的见解,相互学习、取长补短,借以求得更好的见解。这种"对话"概念的特征是:

第一，拥有自己的思考并且表达自己的思考。晚近的脑科学研究表明，在脑的活动与身体运动之间的关系中，通过"发话"这一行为，亦即通过语言具体地对自己之外的人表达自身的认识，使其意义得以再循环，而内化为自己的知识。

第二，倾听他者的见解，并且牢牢地把握它。对话的根本在于"应答"。所谓"对话"也可以说是"相互倾听"。真诚地听取对方想传递的内容，同时抱有疑问——"为什么会有这种见解呢?"、"如何应对这种见解呢?"，在这种情形下，揣摩对方的立场与心情，就能够真正地把握对方想要传递的内容。

第三，拥有柔软地变革自己的思维方式的灵活性。当受到对方责难时，不能随波逐流，简单化地变通自己的见解是不行的。不过，一味排斥对方的见解也会丧失对话的意义。倘若要对方接纳自己的见解，就得反过来，让对方透彻地阐发自己的见解，拓展自己的新见解，拥有这种柔软性是十分重要的。[①]

这样，所谓"对话"就是"旨在同自己及多样化的他者与现象进行交流，产生差异，共同创造新的智慧与价值，以及在解决策略的过程中构筑起良好的创造性关系，并通过语言与非语言的方式，使得表达活动得以持续、发展和深化"。为了提升"对话力"，应当采取哪些策略呢? 对话力的发展可以分为五个阶段(步骤)。教师可以从把握学习者的状况入手，采取指向最终目标——第五阶段——的有效指导。

表 4 - 1　对话力发展的阶段[②]

对话的步骤	学习者的状况
阶段 1	参与对话的意识薄弱，没有自己的想法，或者不觉得有参与讨论的体验与思考，采取旁观者态度的儿童居多。
阶段 2	大凡有发言力的儿童大多能够发言，但往往是自我本位，共创意识薄弱。或者，有的儿童开始拥有自己的思考，但也有缺乏传递的自信，不能自我表达。
阶段 3	能够传递自己想要传递的内容，能够听取对方想要传递的内容，展开对话。但是一旦做出了一定的结论，便戛然而止。有时会摒弃少数人的见解，发生急于做出结论的"集体浅虑"。

① 多田孝志，著.对话型教学的理论与实践[M].东京：教育出版，2018：2 - 4.
② 多田孝志，著.对话型教学的理论与实践[M].东京：教育出版，2018：6.

续　表

对话的步骤	学习者的状况
阶段 4	参与者能够主动参与，在宽容的氛围中展开内省性探究，还能产生种种不同的见解、感悟和体验，议论宽泛。但是，见解与感悟并不链接，不能深化。
阶段 5	参与者全员拥有当事者意识与共创意识，能够形成多样的见解与认知冲突，能够梳理、分析各式各样的见解与感悟，共创解答与智慧。进而发现新的问题，探究一个又一个未知的世界。

(二) 对话型教学

每一个学习者真切地感悟到对话的喜悦，并且扎实地增长自身的素养与能力的教学，可以谓之"对话型教学"。这就是说，"对话型教学"是借助自我内对话与他者、对象之间对话的循环往复，尊重差异、深化思考、拓展视野，创造新的智慧、价值与解决方略。通过这种过程，参与者在相互构筑共创的关系中展开协同的探究性学习活动。这种对话型教学的基本特质是：基于多样价值观碰撞的教育。在学校教育中需要有意识地设定多样的立场、感悟与见解相互碰撞的学习环境，经由多样的价值观的碰撞而产生的混沌、迷惘，从而共创新的智慧与解决方略。

联合国教科文组织在 21 世纪国际教育委员会的报告书《学习：潜在的宝藏》(1996)中阐述"学会生存"的原则之前，新加了一个"学会与人共同生存"的原则。学会这个原则有两个方法。其一是理解他者，其二是通过日常生活，进行拥有共同目标的共同作业。[①] 知己知彼。"要理解他者就得首先知道自己"，知己才能知彼。不过，在知彼之前，重要的是同他者形成某种相关关系。"知己"、"培育同他者的关系"、"了解他者的行动"，是同培育"对话力"息息相关的。为了打破肤浅的、形式化对话的弊端，产生培育深度思考力的深层对话，就得特别应当关注两个方面：

一是关注学习者的精神境界。对于那些缺乏自信、在对话情境畏首畏尾的儿

---

① 联合国教科文组织国际教育委员会.学习：潜在的宝藏(1996)[M].天城勋,主译.东京：行政出版,1997：66-76.

童,要让他们主动地参与教学,学习者的进取精神是不可或缺的。具体地可以归纳为如下三点:

1. 教师应当相信儿童的潜能(可能性)。无论哪一个儿童,在他的内心深处都拥有各种各样的境界、感悟、体验,都抱有"得到认可、想起作用"的愿望。教师应当从心底里相信他们、接纳他们,展开打开儿童心扉的对话。

2. 训练的必要性。要提高朗读能力、倾听能力,就得相互提问和进行采访,对话接纳技能的日常训练有助于减轻对表达的恐惧。

3. 丰富儿童的内心世界。让儿童拥有各式各样的体验,形成畅所欲言的情境。另外,保障儿童反思自己的思考与体会的时间也是有效的。在这里,最重要的是培育儿童的自信。这就得让他们拥有成功的体验,"褒奖"他们。即便他们并没有什么出色的表达,也得表扬其体验内容本身好在哪里。对于一向以自我为中心的儿童,当他考虑到别人之际也给予表扬。表彰儿童各式各样有差异的想法。有时,可让全班同学知道该想法的优异所在。教师的这种"褒奖"行为有助于形成积极对话的态势。教师做出褒奖,重要的是教师的"读取力与感受力"。善于从儿童微小的行为与自言自语中发现表达的萌芽,给予发言的勇气。一旦在伙伴面前展现了所表达的内容的精彩,儿童就会显示出高兴的表情,这种体验有助于提升下一次表达的欲望。当儿童积累了成功的体验、拥有了自信,自身潜在的才能就会连绵不断地迸发,在班级中就会逐渐涌现出"能干"的儿童。

二是,关注"间"。在对话型教学中关注同多样的对象之间的存在方式,具有重大的意义。

1. 人际之"间"。这是指在人与人的相处关系中"间"的存在方式。在对话中形成人与人之"间"的,是"境界"。所谓"对话的境界"并不是由墙壁与直线分割的东西,而是借助有可能相互渗透的点与线而被区隔的,而且这种点线本身是动态的,是有益于对话的意义的。在班级教学中往往会出现固执于自己的一孔之见,或者守护日常生活中特定伙伴的封闭性关系的倾向。在这里重要的是,不让学习者闭锁在固定的框架之中,使他们得以灵活地思考,容纳他者的见解与感受,保障变革思考的自由。即便在见解对立的场合,也是借助讨论,接受影响,变革自身,从而培育起相互理解、加深信赖的姿态。在作为相互渗透的"间"中,各式各样的见解得以相互接纳、渗透、影响和"深化"。在培育深度思考力的对话型教学中重要的是具有同多元的存在之间的"跨界的眼光",形成可能相互渗透的对话关系。

2. 时间之"间"。所谓"间"也可以说是"时间"。比如,在同他者的对话中会接受对方传递来的内容,这时会产生多样的状态——共鸣、赞同、反驳、批判、质疑、混沌,等等。真切地共鸣、赞同、反驳、批判、质疑、混沌,作为由此引出自己的见解与感悟"时"的"间"也是必要的。培育深度思考力的"时间",可归纳如下:

表 4-2 培育深度思考力的"时间"①

1. 思潮迸发、享受飘逸的焦虑感与精神自由的时间。
2. 挖掘自己内心深处的某种感触得以油然而生的时间。
3. 接纳他者传递来的多样的内容,加以咀嚼、消化和内化,从而得以重建自己见解的时间。
4. 借助身躯与五官所得的感受加以言说化的时间。缺乏具身性的语词,即便是理解其意涵,也是没有说服力的。
5. 守护难以言说化的内容,或者等待新的语汇产生的时间。
6. 从微妙的、点滴的表现,读取并观察对方想要传递的内容的时间。
7. 经由忍耐、混沌、迷惘,面向自己能够接受并建构自己见解的时间。
8. 经受烦恼、困惑、焦虑的心理困扰,乐在其中的时间。

教学是有时间限制的。要保障充分的"时间"或许是困难的。不过,弥足珍贵的"时间"正是深度思考的契机。不管怎样,教师深化对于"场"与"间"的认识是十分重要的。

二、课堂对话的特征

在课堂中的"沟通"拥有了一定的结构,教学才得以有效地展开。那么,这是怎样一种结构呢? 又具备哪些特征呢?

---

① 多田孝志,著.对话型教学的理论与实践[M].东京:教育出版,2018:12-13.

(一) 对话场规则

在人与人之间展开对话之际，一个人发言，其他的人充当聆听者的角色。大多是拥有发言权的人面对聆听者说话，聆听者则目视着对方的脸庞。尔后的发言者，根据先前发言者的发言，补充相关的内容，展开对话。这是一般的规则。

不过，在课堂教学中拥有让谁发言的权利的，是教师；拥有决定对话的话题与方向的权利的，也是教师。而且，在课堂教学中决定谁来提问、谁来回答展开课堂对话，或持续话题或转换话题的，还是教师。教师往往让学生复述一遍的居多，这种对话规则并不是明确地教导的，不过是在适应学校文化的课堂教学中潜移默化形成的规则。爱德华兹、莫瑟(D.Ewards，N.Mercer，1987)谓之"对话场规则"。这是旨在正确地理解主张、发言内容、发言意图而让学生积极参与课堂教学的一种规则。这种规则大多借由脱轨才得以发现(可视化)。比如，教师会在对话脱离话题时，提醒学生"别嚷嚷"，"别离题"之类。这样，在教师与学生之间就会形成一种作为独特的决策的习惯性对话规则。举手与点名时的应答方式也包含在这种规则之中。

表4-3 "协同学习"的课堂对话规则①

1. 支撑各抒己见的规则
   - 拥有全员平等地参与对话场的机会
   - 对话参与者相互鼓励
   - 倾听彼此的发言，彼此做出反馈
2. 彼此理解对方的想法与视点、从而展开协同学习的规则
   - 彼此对对方的思考提出质疑与反驳
   - 建构支撑思考与立场的论证，进行精致化的说明
3. 支撑借由对话形成有效决议的规则
   - 对话的宗旨在于在学习者心悦诚服地做出决议
   - 在做出决议之前，充分地讨论其他的可能性
   - 所有学习者对决策与行动负有责任
4. 在对话过程中所要求的个人思考的规则
   - 把握他者与自己思考的差异，珍惜自己思考的独特性
   - 即便受到来自他者的反驳与质疑，在能够接受之前，也坚守自己的立场与疑问
   - 旨在通过对话建构并改进自己的见解，将对话场引出的思考视为分享的成果

① 秋田喜代美，坂本笃史.学校教育与学习心理学[M].东京：岩波书店，2015：53.

这种对话场是以众多儿童为对象展开有效学习而实施的规则。同时,这种习惯性的规则也拥有另外一面——往往会限制学生的疑问与基于自由想象与多样思考的发言。在以教师传递知识为教学目的的课堂规则与重视通过对话深化理解的课堂规则中,参与对话的方式是不同的。

(二) 发言连锁与展开结构

> 师：这个问题怎么解决？（I）
> 生：我认为使用比例尺就可以了。（R）
> 师：对。（E）

那么,大家来做做看。（I）

在课堂教学中提问的是教师。教师提问,学生回答,教师根据学生的回答,做出评价。一旦求得了期许的回答,就转入下一个环节的活动,形成这种教学中发言连锁的规则者居多。课堂教学具有"导入—展开—总结"的展开结构,在具体情境中则是形成"启动（Initiation）—应答（Response）—评价（Evaluation）"的发言连锁的单位而展开的。尤其是 I-R,I-R-R,存在多种范式。谁开始发言也会由于活动与内容而具有多样性。

特别是"启动"的提问,是寻求一个标准答案的提问（封闭性提问）；是寻求各种回答的提问（开放性提问）；是教师预想有一个答案、以提问形式来教授现成知识的提问；对教师而言也是一个疑问、有待学生一起来探讨的提问（真实性提问）——各式各样的提问规定了课堂教学中的学习状态。要求得深度理解,在单元教学中重要的是借助开放性、真实性的提问,展开探究活动。唯有如此,学生才能展开深度水准的探究活动,自主地整合知识。

谁来参与评价也决定了学生在教学中会进行怎样一种品质的思维。教师的评价以做出正误判断的居多,"大家是怎么思考的?"、"这样真的就可以了?"等等,也有寻求其他学生来评价的。这样,让学生思考:怎样来证明这种理解是正确的;在知识生成中谁来承担责任,从而培育学生进行自我评价的习惯。因此,谁拥有发言权,如何展开 IRE 的发言连锁,在课堂中探讨的学习课题与活动内容一起成为决定课堂学习品质的重要因素。课堂教学中的对话是沿着时间轴展开的,如表4-4所示的课堂对话结构,展开阶段的话题群的部分,取决于课堂教学中课题结构的流程。

表4-4　课堂对话的结构[①]

阶 段	教 学				
	导 入		展 开		总 结
类 型	指示性	信息性	话题群启发性	话题群启发性	信息性、指示性
组 织	I-R-E	I-R-(E$_0$)	I-R-E I-R-E	I-R-E I-R-E	I-R-(E$_0$)I-R-E
参与形态	师-生-师	师-生-师	师-生-师	师-生-师	师-生-师、师-生-师

(注)E$_0$表示时有时无。

(三) 参与对话的结构与形式

上面探讨了师生之间对话范式的教学。在同步教学的对话形式中,一次只有一个人发言的规则并不是始终适用的。

　　　教师:砂糖水的哪一部分最甜?

　　　佐藤:唉? 这种东西,底部是决定甜不甜的成分,因为砂糖沉入底部了。

　　　高木:没有的事,全都是一样甜的。

　　　教师:那么,怎么才能证明呢?

于是议论纷纷,亮出各式各样的见解。在这种议论的同时,儿童或就近跟同

① 秋田喜代美,坂本笃史.学校教育与学习心理学[M].东京:岩波书店,2015:55.

学对话,或自言自语。在课堂中,全员不仅是在一个舞台上进入角色相互对话,而且也产生种种方式的议论与窃窃私语,就是说,课堂也是多声、多层的对话空间。

教师设定小组与结对的对话方式,增加儿童拥有发言权的机会。谁拥有发言权,以怎样的角色参与对话,何时、谁来发言——这些义务与权利的形态,卡兹顿(C.Cazden,1988)谓之"参与结构"。舒尔茨(J. F. Schults)与埃里克森(F. E. Erickson)用对话层的概念来表示饭局中对话角色的变化,归纳了如下"课堂对话格局"(1982 年)的类型:

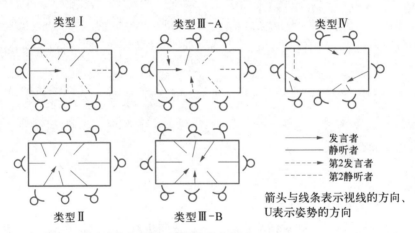

类型Ⅰ：一部分人参与对话,其他人从旁倾听。
类型Ⅱ：一个人发言,其他参与者则是边应答、边倾听的关系。
类型Ⅲ-A：主要发言者发言,其间其他的参与者插嘴,但主要发言者无需应答的关系。有的则闭口不言,光是听听而已。
类型Ⅲ-B：主要的发言者发言,插嘴的其他听者由此成为主要发言者的关系。原来主要的发言者或继续参与对话,或转为静听者。
类型Ⅳ：Ⅰ—Ⅲ类型的参与者处于此起彼落的状态。

图 4-1 课堂对话格局的类型①

教学中的教师会根据教学内容与目的而变化对话层。这样,通过提升学生的参与欲从倾听者转换为发言者,就能促进学生能动地参与学习。再改变对话层、从一次活动转入下一次活动之际,教师往往会用"那么,好,可以了吗?"、"好的,看

---

① 秋田喜代美.学习心理学[M].东京：左右社,2012：74.

这边。"之类的话语进行切换。当教师没有时间的场合,就会用谦逊的话语说,"结束不了呢。"、"对不起。"当儿童迟缓之际,教师会用更高压的语句等等。教师切换时的表述方式自然会发生变化。在不同的情境之下,无论教师还是学生都会改变语句与语调。借助这种切换,内容的抽象度与儿童及其同决策之间的距离与位置,自然会发生变化。

发言权的获得,反映了日常生活中人际对话力的关系,也会在对话与对话力关系的形成上发挥作用。学习的情境是认知的情境,同时也是形成人际关系的情境。教师有时会无视这个发言者,或者有意识地赞许这个发言,给予高度的评价,如此等等,对于儿童的个性形成也会产生影响。从这个意义上说,不固化对话层,视不同活动做出灵活的变化,在谁取得发言权的课堂里,形成改变权力关系的契机,也可以发挥给予儿童适得其所的被社会认可的功能。

巴恩斯(D.Barnes,1976)认为,沟通方式有两种:其一,主要着眼于知识传递,教师成为评价者的时候,儿童通过接受这种知识,准备好完整的答案再反馈给教师。这是一种"宣言式话语"。其二,与此相反,在该情境中接受思维方式、协调地建构知识的时候,是一种生涩的"探索性话语"。在这里无论教师还是儿童都是协同地思考同自己的生活经验相关的语词而生成的话语。

表4-5 基于对话的协同思维(松尾·丸野,2009)[①]

对话的类型	特　征
探索型	这是在参与者持批判性、建设性态度相互取长补短之际产生的。发言与提案是旨在协同地探讨而提示的,也会基于证据做出反驳,提出替代性假设,展开讨论,最终达成共识。
共鸣型	对话参与者畅所欲言,但不是批判性的,参与者旨在积累共识而展开对话。其特征是反复确认与精致化。
竞争型	以意见分歧与个人决策为其特征。几乎没有信息的分享与建设性的批判或提案。通过发表主见与反驳,形成短兵相接的对答。

① 秋田喜代美,坂本笃史.学校教育与学习心理学[M].东京:岩波书店,2015:59.

三、对话型教学与深度理解

(一) 基于"对话活动"的教学设计

教学是教授者与学习者之间沟通的场所。这里,试举述若干基于对话活动的教学设计。

1. GIsML 的教学设计。21 世纪是"知识社会"。新的知识、信息、技术作为社会所有领域的活动之基础的重要性日益增加,信息化与全球化的变化超越了人类的预测在加速度发展。因此,欧美国家正在探讨着眼于知识社会的诉求的教学模式,具体提出了"通过协同地、能动地挑战难以预测的课题学习,培育综合素养"的教学设计(2000)——GIsML(Guided Inquiry supporting Multiple Literacies)。该教学设计提示了如下四个过程:1. 直面新的课题与现象,琢磨小组多次进行的实验与观察的经验,在深化对课题与现象的理解的基础上,生成预测。2. 调查——在小组里收集旨在验证预测的必要的工具,进行实验与观察数据的收集与记录。3. 说明——在小组里讨论对课题与现象的调查结果,相互汲取多样的思考,建构理论。4. 报告——把小组里获得的数据与想法,拿到班级里进行交流与讨论。亦即将小组里做出的每节课的实验与观察的预测、结果、思考的修正过程,形成整整一个单元的实验过程的记录。运用陈述、描绘、图表、模型等多样的方法所记录的材料,在班级讨论中重新建构所解释的理论。

2."互教互学"的教学设计。当下国际教育界教学改革的一个重点是寻求"主体性、对话性的深度学习"。所谓"主体性学习"是学习者自我调整的学习;所谓"对话性学习"是拓展思维的深度与广度的学习;所谓"深度学习"是运用所学知识展开探究活动的学习。这是一种组合了两种教学模式的学习。其一,互教互学的教学方略。这是海伦科(L. R. Herrenkohl)和格兰特(M. R. Guerrant)在1998 年提出的方案。这种教学是沿着如下三种教学方略展开对话活动的:(1) 预设与理论化——要建构理论,首先就得从设立假设开始,然后通过实验与观察的经验,基于数据反复地展开讨论。(2)发现的琢磨——成员之间对彼此发现的观点与主张的矛盾之处展开论争,取长补短,发现自己的思维的局限性。(3)证据与假设、理论的调整——新的理论是从既有的数据与新的数据的反思中生成的。为了调整证据与理论,把结果的集成加以图式化重新进行探讨是有效的。其二,概念变化方略。这是 M.Z·海斯韦伯(M.Z.Hashueb)在 1988 年提出的方案。这是借助"既有概念"与"科学概念"两者之间产生的认知矛盾的消解,使得概念发生变化的教学方略。

3. 提升"协同学习"动机的教学设计。课堂教学中的动机作用涵盖了六个要素——任务、权责、认可、组合、评估、时间,简称"TARGET 结构"。为了"提升动机作用、激发创意、促进挑战",在传统的教育心理学的实践研究中,积累了不少着眼于"任务"、"组合"、"评估"等各种维度的研究。比如,克里门特(J.Clement,2008)从"任务"的维度,进行了"摆渡方略:通过对话,形成既有知识与应当求得解决的课题之间的链接"的实验。海伦科(L.R.Herrenkohl,1999)从"组合"的维度,进行了"参与者的结构:让小组的所有参与者发挥各自的作用,拥有责任意识"的研究。帕林克萨(A.S.Palincsar,2000)从"评估"的维度,进行了"互教互学:展开相互提问、明晰意涵、彼此反馈的学习"的研究。针对这些研究,迈尔和米底哥勒(M.L.Maehr,C.Midgley,1991)提出了"TARGET 结构"的理论框架,其优势就在于从把握认知的、情意的、社会的要因[①]出发,综合地将"任务"、"组合"、"评估"等维度整合起来,加以结构化。在引进"TARGET 结构"的对话活动中,基于"任务"与"权责"的教学方略,提升了学习观的"科学步骤的重视";基于"组合"及"评估"的教学方略,提升了认知性学习方略的"设计"。这些发现,为我们洞察对话活动过程的真实状态提供了线索。

(二)对话活动的范畴分析与形成过程

在课堂对话中教师大多会重述一遍参与者的口头语言与书面语言,谓之

---

① 山本博树,编著.教师的讲解实践的心理学[M].京都:中西屋出版,2019:38.

"转述"。这是旨在保护发言者的原创性，梳理发言者与自己的立场，使得对话能够有序地展开，或者能置换成抽象的学术用语来加以说明，或者使得具体的情境变得明白易懂。借此，也能够发挥这样的作用——作为倾听者的学生能够重新让自己同对话内容链接起来。不过，在彼此的思考与见解相左的场合，通过揭示论点、相互调整意涵，可以深化理解。这是学科教学的大事。重要的是在教师梳理对话的论点，提示课题的同时，儿童能够理解这些论点、并且基于证据展开解读与对话。特别是在理科之类的学科，日常的经验知识从科学概念的角度看是错误的且难以说明的场合，彼此的说明对于变革概念来说是十分重要的。面对彼此对立的见解，怎样进行推理与沟通，从而实现概念变革的对话方式，谓之"处置式对话"。而无视对立见解、强词夺理地沟通的方式，则是"非处置式对话"。

在"处置式对话"中，倾听对方的见解、避免正面交锋，确认对方的见解与立场，谋求同自己的见解并存的对话，谓之"表象性对话"。在课堂对话中不能深化讨论就是源于这种"表象性对话"。在"表象性对话"中或提示讨论的论题与论点，或要求对提示的课题与发言内容指出合理化的理由与要点，反反复复地重述同样的内容，而构成焦点的思考并未得到切磋，原封不动。从某种意义上说，是各表主张而已。相反，与此不同，能够很好地运用与变革他者的对立见解，纳入自己的见解的对话，谓之"操作性对话"。亦即对自己的主张与他者的主张，补充并拓展别的内容，在添加主张之所以不相容的理由与根据的基础上，彼此说明，取得相互理解，同时在共同分享的基础上相互切磋、整合意义的对话。要展开这种对话，重要的是学习课题对于学生而言是值得讨论的，同时通过种种的情境学会讨论的技能。人，无论在哪一个年龄阶段，总会有单纯片面偏爱支持自己立场的信息，并不偏爱支持不同思考与见解的信息，谓之"偏心"。克服这种偏见是十分重要的。不过，即便是大学生，要求克服这种偏见也是很难的。小野田亮介(2014)围绕"怎样听取讨论中的发言及其后是怎样讨论的"的课题展开了探讨，发现能引发很多反对意见的学生所展开的发言，显示出抹杀对方见解的优势所在。据此，不仅要进行"倾听别人发言"的指导,而且必须进行"兼听则明,偏听则暗"的指导。指出对立点不是重要的,而是以此为契机,摆正自己的见解,汲取他者的观点,进一步拓展并整合自己的知识,可以说,这对于深化理解的讨论来说是至关重要的。

在互教互学的交互作用中是什么原因使得学习者的认知与概念发生变化的呢?伯科威茨(M.W.Berkowitz)和吉布斯(J.C.Gibbs)采用"对话活动的范畴分析""Transactive Discussion"(简称 TD)作为一条线索来进行分析(1983),亦即根据"TD 的各个范畴的出现频率,是否通过讨论过程而发生变化"的分析结果,可以发现,在导入期,大多会生成"反馈要求"、"合理化要求"、"主张"。在展开期,大多会生成"主张"、"矛盾"、"比较批判"。

表4-6　对话活动的范畴分析标准①

范畴	分　类　标　准	
表象性处置	1-(a)课题的提示	提示讨论的题目和论点
	1-(b)反馈的要求	对所提示的课题与话题内容,要求议论
	1-(c)合理化要求	对主张的内容,求得合理化的理由
	1-(d)主张	提示自己的意见与解释
	1-(e)转述	对自己的主张与他者的主张,反复转述同样的内容
操作性处置	2-(a)拓展	对自己的主张与他者的主张添加别的内容
	2-(b)矛盾	明示根据,指出他者主张的矛盾之处
	2-(c)比较性批判	陈述自己的主张与他者主张不相容的理由,进行反驳
	2-(d)精致化	对自己的主张与他者的主张,添加新的根据,做出修正说明
	2-(e)整合	理解自己的主张与他者的主张,从共识出发做出修正说明

对话活动的形成过程,大体可以分为三个阶段:第一,导入期。频繁地运用"假设与理论化"的教学方略,在讨论过程中大多生成"反馈的要求"与"合理化的

① 山本博树,编著.教师讲解实践的心理学[M].京都:中西屋出版,2019:37.

要求"的对话,引出一系列的思维活动:① 围绕课题的状况与条件展开探索。② 分析自己与他者的理解状态。第二,展开期。"发现的提炼",高频度地运用"发现的归纳与明晰"的教学方略,在讨论过程中大多生成"矛盾"、"比较性批判"的对话活动,从而发挥如下的思维功能:① 明确他者所持的新的想法与自己的想法之间的差异。② 借助"他者"这一过滤器,发现自己的概念范畴的局限,形成认知矛盾。第三,终结期。频繁运用最简练的方略——"证据与假设·理论的调整"。在讨论过程中,大多形成"整合"的对话活动。

利用互教互学与概念变革相组合的教学方略,可以出现讨论过程中展开的三个位相(导入期、展开期、终结期)的对话活动过程,以及思维发生与概念的变化,可以揭示隐含在其变化背后的潜在要因,为教学研究提供丰富的启示。

(三) 促进深度理解的对话活动

上面分析了儿童通过具有多种特征的对话而展开学习的过程。那么,怎样的对话活动有助于促进深度理解呢? 这里试举日本学者的一个研究案例,可以看出"能动地倾听"与"援助要求的话语"对促进深度理解的重要性。

1. 能动地倾听。如前所述,在协同对话中重要的是对话的方式,亦即发言的链接应当是怎样的。教学是以一对多的对话展开的居多,儿童在多数时间往往是作为倾听者的角色度过的。在这种学习中如何能动地听取他者的发言、如何发言,是非常重要的。就是说,培育儿童成为出色的倾听者的教育,可以有效地提升儿童在集体中学习的效果。

所谓"倾听",是将他者的语言加以内化的过程。这就要求学习者倾注于先行的他者的发言内容与意图,并把它纳入自己发言的范畴,在对话的过程之中理解这个发言。而教师和其他儿童在自己发言之后也应当作为一个善于理解与应对的倾听者,这也是一个面对他者的发言产生自己的回应的语言的内在过程。就是说,不仅是特定的发言,而且能够在一边听取对话流这一境脉,一边链接相关的内容,把它同自己以往的见解与思考关联起来,在自己内心对话的过程中加以整合,从而产出自己的见解。这里，试举秋田喜代美引用的"通过课堂对话，深化学习与理解"的课堂对话实录。

表4-7　"讨论客源减少的商店应做些什么"的课堂对话①

麻里：我想，拟一份调查表就可以了。比如，让客人在表格上填一下自己喜欢的商品。
教师：如果做了调查，客人会来的吧。
麻里：假如能够回应需求，客人应当会来的。
真：（接着麻里君的话）做调查好是好。不过，还是不必有求必应的好。
勇太：（真君和麻里君说做一些调查为好，不过），我想商店已经做过调查了，不做也罢。
真：真的？在哪里？
勇太：来上学时在店铺前看到的。
彩：（听了大家的话，我发觉），M超市总共有37家。如果做调查，别的商店不是也会照样做吗？不过，M超市总店只此一家，是可以做得有声有色的。
光平：（明白地说），彩君所说的，不是指M超市的所有商家都能买到的商品和服务，而是总店的特色商品。
舞美：（比如说），M超市总店的特色商品是专营这种点心，这点心在别的商店是买不到的。因为是M超市总店的特色商品，别的店铺是不做的。
博：（针对大家的意见）调查表是需要大量用纸的。花费这么大的一笔资金，换来的却是M超市的倒闭。资金花了，商店倒闭，这是万万行不通的。

这是日本小学社会课《咱们的生活与商店——讨论"客源减少的商店应做些什么"》的课堂对话一例。在麻里发言之后，其他的儿童在围绕麻里的制作调查表的想法——"不要做得太过分，考虑到总店的特色商品就可以"的条件下，加以精致化。总店的特色商品具体地说是哪一种，也举出了一些例子。另一方面，小博在听取同学的发言之后，并没有参与如何制作调查表的讨论，提出了制作调查表本身并不妥当的对立的想法。同学们不仅针对此前的发言，而且听取了连贯性的发言，联系自己对怎样的发言做出了怎样的思考。括弧内的部分是怎样同他者的发言相链接的部分。

日本学者—柳智纪（2009）让被试回忆，写出教学之后儿童记住了谁的、怎样的发言，调查了小学高年级儿童在教学中听取了什么。结果表明，各自听取了种

① 秋田喜代美，坂本笃史.学校教育与学习心理学[M].东京：岩波书店，2015：61.

种的发言,在教学中发言的儿童与不发言的儿童并没有差异。另外还表明,得到教师评价的倾听儿童能够用另一种话语归纳他人的发言。就是说,这种儿童能够更加能动地用自己的话语,在对话的流程中归纳要点。在教师采纳儿童的发言时点明了是谁的思考和发言的班级中,儿童易于想起发言者的名字。在所考察的两个班级,在学科内容的理解程度上并没有差异,不过,重视听取他者发言内容的教师,或者重视儿童把他者话语纳入自己的思维之中、同自己的话语链接起来的教师,在日常的教学方式(讲解方式与倾听方式)上是不同的,这也影响到儿童的倾听方式。有人认为,儿童争先恐后地发言的课堂教学是好的教学。不过,也有即便是发了言,并不好好倾听他人发言的儿童;也有即便是沉默,却在聚精会神地学习的儿童。考察儿童的思维过程是提升学习品质的关键所在。因此,不能停留于表面现象,而是要把握儿童的学习过程。

2. 求助的话语。不仅是积极发言的儿童参与教学,在不能理解教学内容的时候,许多儿童哪些地方不理解,并不是明确的,或者由于不明白怎样表达疑问、不能言表而进入“沉默”。在这个时候,能够展示自己“不理解”、“请帮助”之类的自己的理解状况的对话,这对学习中加深理解是具有意义的。当儿童自己不能理解或者问题不能解决之际,请求他者援助的行为,谓之“求援”。这就产生了被要求的一方进行解释的必要性。一般而言,在同步教学的班级氛围中难以发声,“求援”往往是在学生同教师一对一的对话或和小组的同学或结对的同学之间的对话中进行的。

四、对话型教学的要素

“学习是从已知世界走向未知世界之旅。在这个旅途中,我们同新的世界相遇,同新的他人相遇,同新的自我相遇;在这个旅途中,我们同新的世界对话,同新的他人对话,同新的自我对话。学习是一种对话性实践”。[①] 日本教育学者多田孝

① 佐藤学.学习的快乐:走向对话[M].钟启泉,译.北京:教育科学出版社,2004.

志经历长期的对话型教学的理论与实践的研究,归纳了开拓学习者视野、引发深度思考的"对话型教学"实践的 12 个要素。[①]

(一) 创造旨在活跃对话的人与物的受纳性氛围

对话的关键在于创造氛围。一旦酿成了自由地发表见解与感悟的受纳性氛围,参与者就能相互砥砺,豁达地提出各自的见解与感悟。在权力结构支配的时空里,人们只能沉默、时而沿袭权力者的意向提出见解与感悟。在课堂对话的情境中,重要的是确立真诚地倾听对方想传递的内容的"相互倾听"的关系。全员参与的、畅所欲言的受纳性氛围,会带来率真的见解交流与深度对话。

(二) 有意识地设定同拥有多样见解、感悟与体验的他者进行对话的机会

扩大视野、获得新的见解共同创造一个人无法达到的思考与解决方略的睿智乃是对话本来的目的。对话是睿智的共创。在共创性对话中不是打败对方,不是同对方争夺利益,而是通过在同自己、他者、现象的对话之中尊重并运用多样性,丰富自己与他者的"世界",进而能够共创新的世界。联合国教科文组织《关于文化多样性的世界宣言》(2001)的第一条明言:"文化多样性,作为交流、革新、创造的源泉,是人类所必须的。从这个意义上说,文化多样性是人类共同的文化遗产。为了现在及将来的世代,应当认识并且主张其重要性。设计同拥有多样见解、感悟与体验的他者的对话机会也是同多元的、复合的个性形成联系在一起的。

(三) 尊重差异性,拓展基于对立与异见的思考的深度与视野

只要有了直面课题与问题而展开探究的共同认识,见解与感悟的差异终究有助于对话的深化。对话的意义在于通过自己与他者的交流,激发新的思考、感悟和睿智。在这里,重要的是利用差异、对立和异见之类的"鸿沟",通过认识并产生

---

① 多田孝志,著.对话型教学的理论与实践[M].东京:教育出版,2018:48 - 232.

"鸿沟",来深化"对话"。"同'异'相遇",正是 21 世纪人格形成的要旨。尊重差异性、借助对立与异见,有助于产生深度对话,培育深度思考力。

(四) 基于自我对话与同他者对话的循环往复,拓展思维与视野

对话,是自我对话与同他者对话的持续。在这里需要明确"自我对话"、"同他者对话"以及"自我对话与同他者对话"的循环往复的意义。所谓"自我对话"是面对内在的自我,明晰自己所思所感的内容而展开的主体性对话。从而形成拥有自主思考的习惯;用自己的力量琢磨思维、展开探究;重建自己的认知方式、思维方式与感悟方式。所谓"同他者的对话"就是参与者同伴相互应答、共创新的解答与睿智的协同性对话。在同他者的对话中有如下几点是重要的:(1) 对话的根本是"应答"。对于对方的言说,不做任何的回应,无视对方的存在是失礼的。(2) 对话即"倾听"。所谓"倾听"不是听之任之,而是"接纳对方话语背后的故事",引出对方想要传递的想法,通过边听取、边接纳、共鸣、反驳、质疑、混沌的过程,重建自己新的思考。在这个意义上"倾听"并不是被动的而是积极的行为。(3) 抱持疑问,提升质疑力,可以充实同他者的对话。(4) 共鸣的重要性。在同他者的对话中往往会出现不能充分语言化、难以言表的发言。对此,特别需要有设身处地、贴近对方的心情、立场与发言的背景的共鸣力。有时在委婉的表达与暗喻之中隐含着真意,发挥这种共鸣力的应对有助于形成信赖感。"自我对话"与"同他者对话"循环往复的意义在于,参与者协同探究课题,共创新知与睿智。在这里重要的是同多样的他者的交流,拓展视野与思维的幅度,通过自我对话,深化自己的感受方式与思维方式。

(五) 确保"沉默"的时刻,利用混沌与混乱,展开深度思维

"沉默"的时刻成为导引深度对话的"时刻",这是一种深思熟虑的时间;一种享受漂移的焦虑感与精神的自由,某种联想在自己的内心深处油然而生的时刻;一种接纳、组织、统整他者的多样的见解内化为自身见解的时刻;一种通过具身感受与五官,将个人见解语言化的时刻。通过把这种"沉默"运用于对话,就能展开

深层性的、培育深度思考力的对话，从而使得每一个人拥有自我成就感、能够感悟到自身成长的对话。"沉默"之所以有助于对话，是因为从沉默中可以探寻其根据的言说。所谓"推论"是从业已明确的事实（前提）引出新的判断（结论），在思考事物之际起着重要的作用。这种推论是理性与感性的总动员，借助比较、分析综合、洞察与判断等，展开种种的思考。在这里可以发现"沉默"时刻的重要性。缺乏沉默的时刻，是难以深化思维的。

（六）促进儿童主体性地参与对话的策略

全员主体性地参与，是对话的根本，儿童主体学习的原点在于"乐趣"。所谓"主体性"，大体可以分为个人主体性与社会主体性。所谓"个人主体性"是指基于自己的意愿，凭借自己的意志做出判断与选择，采取行动的姿态与态度。"社会主体性"是指以同社会中生存的他者的关系作为基调，旨在缔造有希望的未来，拥有作为所属成员的自觉，能动地参与种种活动的姿态与态度。通过个人主体性与社会主体性的交融，自我意识与目的更加明确，有助于作为一个"人"的成长。另一方面，社会主体性通过调整、整合每一个人的个人主体性，构成能够创造新的知识、构筑有希望的未来的原动力。重视对话中的主体性，亦即每一个人的见解与感想得以能动地表达出来。而且，借助每一个人的见解与感想的碰撞与交融，得以创造新的知识世界。应当留意的一点是，需要避免因强者主体性的强制而产生的"他者隶属性"。在一个儿童强烈主张的对话中，是不可能有其他儿童的主体性参与的。因此，"主体性、对话性的深度学习"，无非就是儿童自身发现课题、抱持问题、运用对话的协同学习。

（七）激活批判性思考力

所谓"批判"有别于指责对方、带来不快感的诽谤与中伤，而是旨在明确地把握对方想传递的内容，认真地接纳对方见解的行为。这里的"批判"也是表示对对方具有高度关注与深入理解的一种"好意的表现"。因此，"批判性思维"指的是：

反思自己,重建自己的思考与感想的反思性态度;旨在准确地把握、接纳其本质的合理性、逻辑性的技能;摆脱皮毛的思考方式,指向接纳、理解与共鸣,探究真理的批判性、怀疑性思考。嵌入了这种批判性思维的对话,就会避免一味地附和与妥协,超越混沌与对立,带来对话的深度与广度。

(八) 培育与激励非语言表达力

肢体表达、服装、亲疏关系本身就在传递一种无言的信息,非语言表达是一种超越了语言表达的传递手段。关于非语言表达的种类有多种分类,大体说来,包括如下几种:1. 躯体行为——躯体动作、面部表情、手势、姿态、对视与凝视。2. 身体特征——体型、头发、口形、眼神、肤色。3. 空间利用——人际空间、活动地盘。4. 接触行为——触、握、抚、叩。5. 准语言——言说的深度、声音的高度、抑扬、音量、声音的特征。6. 图形表示——图形符号、标识、画图文字。7. 人工装饰——衣服、饰品。8. 环境要素——建筑物、室内装潢、色调、温度、音响、设计。在人际沟通中有八成靠的是非语言表达,可见非语言表达的重要性。甚至有调查结果表明,在影响听众的要素中,"仪容、外表"占55%,"说话方式"占38%,"说话内容"占7%。其实,"说话内容"也是重要的。饶有兴趣地聆听他者的话,大多是在对方谈论未知的信息、有别于自己的见解与感想的场合。就是说,内容当然是吸引听众的关键要素。不过,在同他者对话的过程中,非语言表达确实是一种有效的策略。

(九) 凝练与活用体察他者心境与立场的共鸣力与推察力

构成对话之基础的,是体察他者心境与立场的共鸣力与推察力。共鸣与推察存在微妙的差别。从不确凿的、含糊其辞的表达中也可以洞察到对方的本意,带来深度的对话。要培育对话中的共鸣力与推察力,就得重视唤醒五官,推察对方的立场与心境,形成共鸣的丰富的人性。在这里,给儿童创造旅游的体验是有效的。所谓"旅游"可分为两种。一种是"走向现场之旅",亦即走进现场,引发发现与关注,了解现实,震撼心灵,逼近事物的本质。另一种是"升华精神之旅",亦即获得发现与觉醒、自我成长与自我变革的机会。

(十) 习得思考力与对话力的基本技能

在对话中,基本技能的习得是不可或缺的,这就是听、说、对话的技能。此外,作为应对混沌、混乱的一种技能是,借助讨论引出深度思考。儿童不发言的原因有两个,一是担心自己的发言会被耻笑或者失败而不敢发言。二是不知道该如何应对对方的发言,或者即便想传递自己的想法,也不知道该如何传递。习得技能的意义就在于消解这两种原因。要明确地传递自己的想法并不是轻而易举的,这是因为在自我与他者之间,存在着经历的差异与对话体验的差异,种种因素造成了鸿沟。对于自己而言是理所当然或者是一目了然的见解,对于他人而言,往往未必是如此的,这就形成了相互理解的困局。因此,习得促进理解的对话技能是十分必要的。任何一所学校都可以作为一种基本技能日常化地进行对话技能的习得。在对话教学中不是教师主导的"标准答案主义",而是作为学习者的儿童展开广而深的思维活动。这种教学能够展开的是多样见解的比较、相互倾听等基本技能的习得。比如,通过如下的训练,多侧面地探讨某种现象,可以更有效地习得对话技能:1."找共同点"——以3—5名学生组成学习小组,探讨成员的共同点,尽可能多地发现共同点。2."创作故事"——各自选择一个具有个性特征的角色,通过交流合作,形成一个故事,然后在班级同学面前发表。3."基于多种立场的对话"——有意识地设定多种的立场,尽可能从不同的立场与视角展开深度讨论。然后过一段时间再来讨论,可以有效地深化对话。

(十一) 持续地促进深度思维的策略

对话型教学的目的在于,并不以作出一定的结论为目的,而是面向下一步,持续地深化思维,通过这种过程培育"深度思考力"。具体的策略如下:1. 基础素养的涵养。深度思维的基础是借助习得知识、同多样的现象相遇、积累丰富的体验而形成的基础素养。2. 分析深化思维的要件,运用深化思维的条件。首先,分析倾听的功能,让儿童在学习过程中能够意识到并加以运用。然后,培育基于从"彼此接纳"到"彼此修正"(重建)的思考力、判断力、表达力。比如,让儿童懂得如下有助于知识重建的具体方法——合成(组合各种思考,形成新的思考);选择(从多样的思考中选择认为是合适的思考);强化(举出理由与根据,加固思考);补充(补充新的思考与理由,弥补不足之处);增加视角与观点(从不同的视角与观点把握事物与现象)。3. 同真实的事物相遇。构成人的持续思考与深度思考的巨大契机。这就是学生在持续的探究活动中同真实的事物相遇,从而产生一个又一个疑问,唤起新的知性好奇心。4. 协同与链接。同种种的教育机构、多样的教育资源的协同与链接是深化思维的有效方法。

(十二) 学习的回顾与反思

对话型教学中的学习反思在于重建基于对话的深刻反思与感悟反思,确认自己的成长,感悟对话的乐趣,这是培育深度思维的基石。这种反思大体分为两种,即关于教学内容的反思与对话的反思。其功能可以归结为四个,即"学习的梳理"、"学习的再造"、"学习的巩固"与"学习的拓展"。

在现今同拥有多样文化与价值观的人交往的知识社会里,学校教育不是培育知识的接收者与消费者,而是必须培育活用知识与体验,同各式各样的人协作、共创新的智慧与解决方略的思考者与探究者。因此,在学习的场所里就得创设"对话型教学"——拥有明确的学习目标,灵活地构想学习环境、对象与方法,激发学习的意愿,使得每一个学习者能够享受新的知识世界之旅中愉悦的教学。

▇ 专栏 4-1

班级集体的特征

正式集体与非正式集体

班级是旨在达成教育目标,基于公共制度、集中同样发展阶段的儿童的集合体,可以说是有意识地形成的"正式集体"(formal group)。儿童通过参与这种正式集体的系统化的种种活动,为成为成熟的社会一员做好准备。另一方面,在持续地展开各种活动的进程中,儿童伙伴之间的相互关系得以活跃,以成为好友的方式,形成心理的纽带,从而发生下位集体。这样,自然而然形成起来的情绪色彩强烈的集体就是"非正式集体"(informal group)。对于儿童的学习活动与身心的发展,具有同正式集体同样的影响作用。就是说,班级拥有双重结构——在制度上组织化的正式集体中,包含自然而然发生的非正式集体。

班级集体的功能

儿童在一天之中大部分时间是跟同班同学共同度过的,班级集体拥有怎样的功能呢?

第一,满足多层次需求。人的社会需求,有要求居所的"所属需求"、要求人际交往的"亲和需求",要求作为的伙伴一员得到认可的"认可需求"。儿童在班级生活中寻求核心地位、受到伙伴认可,并且通过被认可的体验,来满足这些需求。另一方面,当需求不能如愿以偿之际,就会陷入疲惫与不适应状态,习得应对需求不满的耐性。通过学科学习与体育运动的种种活动,发挥自我潜能、求得自我成长的"自我实现需求"也会受到激励。

第二,促进学科学习。在课堂中展开的学习活动具有不同效果。比如,通过协同学习提升学习动机、拓展知识的幅度等等,获得个人学习得不到的学习效果。另外,一个人难以持续的美术工作,通过协同学习也能够坚持下去。这种通过他者的存在而使得业绩精进的现象,谓之"社会性促进"。另一方面,他者的存在也有起负面作用的情形。比如英语单词的识记,单独记忆比在课堂情境中容易,或者,在语文课上当众不能朗读的课文,独处能够顺利地阅读。这种由于他者的存在而使得作业的效率低下的现象,谓之"社会性抑制"。一般而言,从事熟悉的与亲近的课题之际,借助他者的存在,容易产生社会性促进,困难的课题或学习不充分之际,容易产生社会性抑制。

第三,社会化。班级除了作为学科教学的场所发挥其功能之外,作为形成"社会化"过程的场域,也具有重要的意义。儿童同教师与同学形成相互关系,可以体验自己所属社会的价值标准。费斯汀格(L.Festinger)认为,人具有评价自身的思考与行为的适切性的需求。不过,为了作出这种判断,当缺乏作出评价的客观标准的时候,可以通过同他者进行比较来作出评价。比如,同班级同学的比较。在制定班规与目标之际,通过自己的见解与同学的见解的比较,自己的思考就容易作出适当的判断。通过这种比较过程,儿童不仅能够确认自己的态度与行为的适当性,而且也能够认识他者的思考与行为,获得处世的标准,并加以内化。

小班制与走班制

晚近倡导"小班制"。作为小班制的优点是,儿童发言的次数增加,提升参与度。在学科教学中增加每一个人提问的次数是有利的,也有诸多个别辅导的优点:容易构筑师生关系,关照每一个儿童。不过,小班制也有不利之处。比如,共同学习的伙伴减少,在学科教学中,集体教育的巨大效用——知识建构的广度,会受到局限。再者,儿童对教师的依赖性提升,接触多样价值观与思考的机会减少。在心智发展方面也存在缺失。由此看来,不仅是单纯地减少班级人数,而是需要根据小班制的优点与不利之处,求得理想的教学方法与效果。

我国长期以来的"分层教学"与晚近大行其道的"走班制",明里打着"因材施教"的旗号,暗里是张扬"分数第一",不过是应对愈演愈烈的"应试教育"的一种策略。其负面作用是,扭曲社会主义教育价值观,加剧学生之间、班级之间、学校之间乃至社区之间的教育落差。

■ 专栏4-2

"沉默"的意涵与功能

何谓"沉默"?

瑞士哲学家马克斯·皮卡德(Max Picard)在其《沉默的世界》(1948)中说,"沉默不是缄默不语,它超越了单纯的'默不作声'"。"沉默是人类的本源性活动。人们的活动并不是从一个人直接地作用于另一个人,而是从一个人的沉默影响到另一个人的沉默。""人们的眼神本身是涵盖一切的内在原动力。"皮卡德强调了"沉默"的重要性。在他看来,生活中的"沉默"正是人们的思想、信条、行为的原点。

那么,"沉默"是怎样一种行为呢? 日本学者多田孝志分析了课堂教学中的"间歇"(pause,停顿,沉默)的若干功能。[①] "沉默"不是消极无为的行为,"沉默"具有积极的意义——稳定情绪,活跃身心,促进心智的成长,传递清晰的意志。"沉默"的功能是:1. 沉默是从"动"过渡到"静"。在上课前夕让学生进行短暂的默想,这种"沉默"具有从动到静的功能,有助于提升学习的意识。2. "沉默"有助于安定身心。在教学过程中,当儿童身心疲惫之际,给予一点"沉默"的时间,即便是 30 秒钟也会有助于恢复身心的疲劳。3. "沉默"也是创造性的基础。日本作曲家武满彻指出了音的创造中的"沉默的意义"——"在一种音乐产生的背景中,有无数的音,以及这些无数的音的母体中的伟大的沉默"。在日常的教学中我们也可以观察到,默默地思考的儿童沉着冷静地发言。"沉默"寻求某种关注、发现与表达,我们可以从这种儿童的表现中感受到"沉默"是创造的基础。4. "沉默"是一种意志的传递。正如 19 世纪英国历史学家托马斯·卡莱尔(T.Carlyle)所说,"沉默是金,雄辩是银"。"沉默"不是对搬弄是非的纵容,而是可以传递比喋喋不休更有说服力的一种意志。"沉默"的状态看似消沉,其实却是孕育创造与表达的丰饶的温室。

如何发挥"间歇"(沉默)的功能。

所谓"间歇"(沉默)是守护难以言说的、等待新的语汇产生的时刻;是摆脱被动性发言、历经混沌与迷茫、创发自己认可的见解的时刻;是把烦恼、疑惑、焦虑之类的心理游移当作愉悦的时刻。据此,我们可以采取如下教学策略,借以发挥沉默的功能。

1. 唤醒五官。在课堂中或者有时在户外,闭目养神,尔后追问自己的"沉思冥

---

① 多田孝志,著.对话型教学的理论与实践[M].东京:教育出版,2018:107.

想",于是可以感悟到张开眼睛时未曾感悟到的高山流水、鸟语花香的境界,而且每一个人的聆听方式并不一样。"沉默"是磨练儿童敏锐的感受性、带来气定神闲的心境的时刻。

2. 沉默的时刻。教师在上课前给每一个学生准备三张纸,在三个时刻(沉默)做出记录:上课伊始,让学生记下自己关于学习课题的思考;在教学中,让学生在第二张纸上记录学习进程中习得的信息、自己接纳的或感受到的东西、当时自己的见解与思考等;在教学结束之际,让学生在第三张纸上,写下听完这堂课自己的见解或者自己再建构的见解。沉默的时刻过后,让学生发言。进行这种"内化、自我再建构"的"沉默的时刻"显然有助于培育儿童尔后的活力。

3. 间歇的作用。交谈中的"间歇"也可以成为听者内化交谈的内容、期待尔后交谈的时间。教师可以预设如下情境的"间歇"(停顿)效果:

• 集中注意力——上课伊始,站在听众之前,不马上发话。通过沉默片刻,集中学生的注意力。

• 转换话题——在一个话题结束、转换尔后的话题之际,必须有明确传递话题转换的"间歇"。让听者知道这种短暂的沉默是场面的转换,提升尔后话题的期待感。

• 重要言说之前——在重要言说之前,无言的时刻哪怕是一瞬间也是有效果的。这种短暂的沉默可以吸引听众明晰地听取尔后发表的内容。

• 提醒听者思考——在想让听者好好思考的情境中,并不急于转移话题,而是留出少许沉默的时间,让听者反刍发问的内容,或者归纳自己的感想与见解。

• 终结的场面——在终结之际应当留有余韵,用词抑扬顿挫、铿锵有力,有助于提升对整个对话的印象。

4. 课堂对话中的"间歇"(沉默)。在对话中话者与听者彼此嵌入,对话中沉默的时间(间歇状态)乍看起来很少,其实拥有无穷的力量。对话的目的是向对方传递自己的意志与感想,或者说服对方,或者旨在获得共鸣与接纳进而阐述自己的见解。有说服力的对话之所以重要是因为它拥有可以瞬间规约议论的方向,集约表征确凿见解的"即兴性";拥有明确种种的信息和见解,生成自己见解的自我建构,指出对方的意见与见解的矛盾之处或者明确问题所在的"批判性";拥有承认文化差异与立场差异的"宽容性";以及拥有作为一个人的独特的见解与思维方式。在这种对话中嵌入的"沉默",可以说是"此时无声胜有声"。正是在"沉默"的时间里,儿童自主地思考;唤醒五官;充实内心世界。在教学中儿童通过嵌入沉默的时刻,咀嚼知识与信息,归纳自己的思考,回味新颖的感悟,张开想象的翅膀,为表征与表达提供准备。

沉默,是自我对话的时刻,是深化思维、唤醒感悟、激发创造力的源泉。

■ **专栏 4 - 3**

课堂氛围与场的教育力

如何在学校教育中提升儿童的学习意欲,是教师永恒的课题。事实上,教育实践对学习意欲并不是无能为力的。解决这个问题的线索在于教师能否发现"课堂氛围"的理想状态。我们可以在洋溢着"进取心态"的课堂里真切地感受到这一点。人的意欲是以这种场的"氛围"为媒介,影响他者的意欲的。这就是所谓的"进取心态"的效用之一,称之为"意欲的社会传染现象"。

"课堂氛围"未必一定会带来积极的效果。倘若全班同学都显露出畏首畏尾的神情,表现出焦躁不安的动作,那么,这种"课堂氛围"肯定会削弱儿童的学习意欲,从而妨碍了学习。当然,"课堂氛围"在很大程度上是受教师的言行所制约的,生机勃勃的教师的教学行为一定会激活整个课堂,萎靡不振、无精打采的教师的表情与尖酸刻薄的话语,一定会使得"课堂氛围"充满焦虑与紧张。"课堂氛围"透过师生之间一举手一投足间微妙的要素,会交互作用地生成与变化。

"课堂氛围"有着在无意识之中或是通过一瞬间的成员之间的情绪与意图的传递,而制约他们的意欲的作用。我们应当认识到,这种"课堂氛围"正是"场的教育力"。因此,教育实践工作者的课题是,对促进活跃的能动学习的"课堂氛围",拥有敏感性,能够持之以恒地着力于充满这种"氛围"的课堂与学校的创造。

提升学习意欲的处方是不存在的。然而,教师与儿童一起愉快地学习,在洋溢着真切体悟、分享喜悦的"氛围"的课堂里,培育学习意欲的风土与文化就有可能创造出来。

■ **专栏 4-4**

教学机智：教育艺术的核心要素

从裴斯泰洛齐(J.H.Pestalozzi)到我国的陶行知,教育史上众多杰出的教育实践,往往同教育者的人格力量密不可分,也同他们的诀窍、直觉之类的教育机智相关。教师只有全身心地投入,才会创造出拥有自身风格的高格调的教学。"教学是以教师的整个人格决一胜负的职业"。[1] 因此,我们有必要从教育科学的视角去透视优秀的教育实践,将他们同人格力量胶着在一道的教学要素予以客观化。通过这一步骤,才会有助于每一个教师的教学创造。从语源上说,"机智"(takt,tact)有"同别人的交往方式"的含意。意味着同人接触时的机敏、机灵、应变力。教师每日每时都同学生接触,必须有这种教育机智。

作为应变力的机智绝非与生俱来的才能,最初是由赫尔巴特(J.F.Herbart)在论述教育的理论与实践的关系时提出来的。他认为,教学机智是"教育理论的忠实奴仆,同时也是教育实践场面能够即时而适当地作出应对的智慧"。[2] 这种教学机智是"对实践的准备,而这种实践是借助理论所支撑的"。就是说,是在教育实践中形成、并得以凝练的。基于理论的实践、然后不断地反思,唯有借助这种理论与实践的循环往复,才能形成起来。

在世界教育史上,裴斯泰洛齐被誉为"教育的天才"、"教学机智的天才"。在他看来,所谓"教学机智"是教师扣动学生心弦的共鸣力与感化力。他说:"出色的人的教育必须有母爱的眼神,能从孩子的眼睛、口腔与额头上,觉察儿童心理状态

---

[1] 柴田义松,等.教育实践研究[M].东京：图书文化社,1990：10.
[2] 广石英记,编著.教育方法论[M].东京：一艺社,2014：95.

上哪怕是些微的变化。"①裴斯泰洛齐倡导的教育原理之一,就是促进每一个儿童智力的、道德的"自立",而强制"死板的表面的秩序与纪律"终究是不可能实现这一人类陶冶(教育)的理念的。他强调,只有通过同儿童的"接触",真切地感触到儿童的内心世界,与之共鸣,才能推动每一个儿童的生活。作为这种接触方式(机智)相交的原点就是"微笑与共鸣的眼神"。他说,充满母爱的微笑的眼神、敏感的应答,是儿童"成为人"的第一步。从这个意义上说,"微笑与共鸣的眼神"是儿童教育中个体发展的原点,同时也是教学的原点。

"教学机智"意味着教师的表现力与说服力。前苏联著名教育家马卡连柯(A. C.Макаренко)认为,"教学机智"是一种教师同学生交往并影响学生的职业性专门力量——表达力与说服力。他断言,"凡是缺乏教学机智的人都信奉长篇说教的效用",但这是一种幼稚的幻想。"唯有学会在脸色、姿态与声音的运用上能做出 20 种风格韵调的时候,我才会变成一个真正有技巧的人"。② 寓于机智、运用自如的仪态表情是作为一个良师不可或缺的力量。没有身心一体化的表达,教师的要求就难以使学生真切地感悟到,可以说这是教师的"演技"。当然,"它不是戏剧舞台上表演的外在性行为,而是我们心智过程的真实反映"。③ 马卡连柯强调,这种教学机智绝不是神秘的东西,而是教师在其教学实践中积累起来的经验结晶。"共鸣"、"表达"、"说服"是人际交往不可或缺的三个要素,这三者构成了古人谓之"雄辩术"的关键词。教师的"教学行为"之所以必须"雄辩"的理由,亦在于此。而在师生的应答关系中实现这种共鸣、表达和说服,可以说是贯穿于多样的教育机智论中的一项基本原理。

"教学机智"还意味着教师在教学中展开的应变力与组织力。日本著名教育实践家斋藤喜博主张,"教学机智"是在教学展开中时时刻刻对学生的反应作出相应的决断和组织的力量。他说:"在教育或教学中,'洞察'这个词在某种意义上可以说涵

---

① 裴斯泰洛奇.斯坦兹书简[M].长尾十三二,等,译.东京:明治图书,1980:15.
② ф.Н.Гоноболмн.教师入门[M].福井研介,译.东京:新评论社,1975:301.
③ 马卡连柯.论共产主义教育[M].北京:人民教育出版社,1983:443.

盖了一切。因为'洞察'作为教师经验与理论积蓄之结晶的力量,是一种深度地抓住每一个学生的反应、并适时地作出应答的基本能力"。① 在他看来,"洞察"学生的反应与教师对学生反应作出的"呼应"、"瞬间的决断",这两者是绝对不能分开论述的。斋藤非常注重"震撼"、"征服"这一类强有力的教师的指导作用。因为没有这种作用,终究不可能把他们引向文化与科学世界的高度。这就是说,教师必须依据学生的具体情况(发言、思路、联想、沉默、焦虑、困惑、挫折、论争、提案)加以整理、辨梳、提高与升华。因此,所谓"教育机智"无非就是造就"通向未来的学力的阶梯"。②

教师的"教学机智"同时也是人格陶冶的指导原理。这是自赫尔巴特、第斯多惠(F.A.W.Diesterweg)以来所追求的"教育性教学"的课题。就是说,在教学中必须实现"学力形成"与"人格形成"的统一——在教学过程中既有形成知识与技能的侧面,也有形成个人行为方式与人际关系的侧面,这两者密不可分。如何在教学过程中处理"个人与集体"、"统一与分化"、"竞争与合作",以便正确地统一这两个层面,是教学艺术探索的又一个领域。

加拿大教育现象学家范梅南(M. Van. Manen)强调,"寻求意义是教育的根本使命"。"教育智慧构成了教育学的内在侧面,而教学机智则构成了教育学的外在侧面"。③ 他用"教学敏感性"(Pedagogical Sensitivity)的术语来表述"我是以怎样的思考与价值观来读懂当下的情境的"。在他看来,"教学机智"是教育的一种特殊品质,一种教师在面对教育情境中随时发生的问题时所表现出来的积极状态。"在实践情境中,亦即在瞬间事件累积的情境中,教师是基于教学机智来左右教学行为的。可以说,这种教学机智亦是支配教师的教学行为的一种默会知识"。④

大凡优秀教师总是集教学的"设计者"、"实施者"、"评价者"于一身的。"教学机智"作为"教育经验与教育理论积蓄的结晶"是一切优秀教师的基本素质,它只能在实践中掌握,但只有掌握了理论的人才能习得。

---

① 斋藤喜博.教育学进展[M].东京:筑摩书房,1969:172.
② 柴田义松,等.教育实践研究[M].东京:图书文化社,1990:29.
③ 范梅南.教学机智——教育智慧的意蕴[M].李树英,译.北京:教育科学出版社,2001:173.
④ 坂田哲人,等."反思"入门[M].东京:学文社,2019:5.

第 五 讲
知 识 建 构 与 教 学 创 造

关于"教学"的心理学研究,作为心理学的应用领域早就受到教育界的关注,积累了众多的研究案例,这些研究同学校的教学实践是密不可分的。可以说,它是链接研究与实践的最前沿。作为思维之基础的"知识"是展开"能动学习"所需要的。本讲着重探讨知识的重要性与知识的建构,解读以"能动学习"为中心的相关心理学研究,梳理有代表性的心理学理论支撑的若干教学模式。

一、知识的重要性与知识建构

(一) 知识的重要性

何为"知识"? 学习者要展开主体性学习,作为思维之基础的知识是必要的。随着因特网的普及,在这个各式各样的信息容易到手的时代里,甚至可以说,教师已无需给儿童灌输知识。确实,倘若具备了自学的能力,必须的正确的知识都可以自己获得,儿童或许不能判断知识的正确性;或许难以基于此种知识去建构新的知识,因此,这里有着教师存在的意义。在课程标准中,所谓"三基"——基本态度、基础知识、基本技能的习得被视为是重要的。即便在能够期待主体性学习,亦即课题发现与解决学习的实践中,比如,倘若没有原子能发电或者利用自然能源的发电、现代发电方法的利用状态、以及经济与生活中用电的知识,围绕"原子能发电厂的未来"为题展开讨论,只能是以流于表层的、毫无意义的议论而告终。要深化讨论,知识是必要的。

那么,究竟什么是"知识"呢?教师单纯地传授教科书中的"知识点",就能让学生掌握"知识"吗?否!这里的"知识"包含若干层面:"数据"、"信息"、"知识"、"智慧"和"灵感"。所谓"数据",诸如"38度",意味着其本身的意涵与无境脉的事实与数值。这个"38度",当它标明为"体温38度"、"气温38度"、"三角形的一个角38度"之际,意义就显示出来了,这就是"信息"。就是说,所谓"信息"是为了意图与目的而整理的、赋予意义的东西。那么,"知识"是什么呢?所谓"知识"是某种能够运用的信息、旨在达成目的而发挥作用的信息、或是旨在产生价值的标准与构成材料的信息。是否有用与是否产生价值,因个人差异而有所不同。这样可以说,所谓"知识"是随个人而异的。被一些人视为"知识"的内容,对另一些人而言,或许不过是单纯的"信息"而已。在技术革新迅猛的知识社会里,知识不是不变的,也不是普适的。倘若不起作用,"信息"就会在头脑中消失,并不留存在记忆之中;倘若"信息"被认识到有用而成为"知识",就会留存在记忆里。一个人自己不能理解的东西,不可能让别人理解。同样,教师教授的知识内容,倘若儿童不能认识到是有用的、有价值的,亦即儿童自身未作为"知识"来认识,那么,只不过是单纯给儿童传递"信息"罢了。要让儿童建构"知识",重要的一点是,教师自身就得把教学内容作为"知识"来认识。

这样,以知识为基础,个人通过独特的功夫与应用能力,就能有助于知识的建构与价值的创造。构成这种创造之源的就是"智慧",而能够把这种智慧拓展至别的情境,就是"灵感"。

(二) 既有知识与图式
试读下面一段文字:

例1：物质分为金属、半导体和绝缘体。构成材料的原子聚集在一起形成能带。在费米能级Ef（绝对零度下电子的最高能级）能够存在的能带的物质中，电子可以自由移动。这就是金属。另一方面，当Ef处于两个能带之间的禁带时，Ef以下的带充满电子，但上带为空。在这种状况下，电子不能自由移动。这就是半导体或绝缘体。[①]

文字表述够通俗了。对于具备半导体知识的人来说，是没有问题的，完全可以理解。但对于不熟悉该领域的人来说，"能带"、"禁带"、"费米能级"之类的专业术语，是艰深的，这是"没有专业术语的知识，文字内容难以理解"的一个示例。

再读下面一段文字看看，这是布兰斯福德（J.D.Bransford）和约翰逊（M.K. Johnson）在1972年做"图式"实验时采用的一段文字。

例2：气球倘若破裂，声音将无法抵达。一切都因为离得太远了，大多被建筑物遮挡所致。倘若关闭窗户，声音自然会被隔绝。由于整个操作过程依赖于稳定的电流，倘若中途电线被切断，也是产生问题的原因所在。当然，这个男人可以喊叫。不过，人的声音不足以强到能够传递至遥远的地方。另一件令人烦恼的事是，乐器的琴弦或许会断裂。一旦琴弦断，就会悄无声息，传递不了任何相关的信息。显然，拉近距离是最好的选择。倘若如此，就不会出现恼人的问题。倘能直接会面，问题也就不至于发生了（J.D.Bransford & M.K.Johnson 1972）。

这段文字没有一个专业术语，语词也不生僻。但是，诸多读者还是理解不了。这是因为，无论凭借经验还是基于知识都难以读懂无法想象的状况。即便具备了一定的语词的知识，但这些知识在头脑中倘若不能相互链接，就不能理解。人能

---

① 筱原正典、荒木寿友，编著.教育的方法与技术［M］.京都：智慧女神书房，2018：121.

够凭借以往的经验,做出预测或者读懂字里行间的意蕴,这是借助于自身既有知识的网络化、作为一种境脉得以理解而产生的,在认知心理学中谓之"图式"。要使得儿童获得理解,单纯地习得知识,或者单纯地确认既有知识,不能说是充分的,还必须使得这些知识在他们的头脑中得以网络化。

最后,读读下面一段文字。

例3:程序非常简单。首先把东西分成若干大堆。当然,它可能是一个庞大的数量。倘若你需要的东西不在那里,就将不得不去别的地方,否则,你的准备工作便未完成。重要的一点是,切忌过分贪心,每次的分量不宜太多,应当适可而止。这种关注非常重要,或许你一时间不能理解,但烦人的事情或许接踵而至,而且将花费额外的金钱。乍看起来,程序似乎很复杂,但它很快就会成为生活的一部分。在不久的将来,很难预测这项工作是不必要的,任何人都不可能预测到这一点。当一切按照指令完成之后,再将东西堆成几堆,然后把它们放置在该放的场所。尔后,你将再次使用它,再次重复同样的程序。这很麻烦,但终究是生活的一部分。

在这段文字中既没有专业术语,也没有生僻的语词,大凡识字者均能读下来,但内容却难以捉摸。这是因为,在读者的头脑中并没有形成既有知识的图式。那么,倘若给出形成这种图式的线索,让读者带着"洗涤工序"的字眼再读一下这段文字。于是,对于大凡有相关"洗涤"知识的人而言,这段书面文字就能清晰地理解了。读者倘若知道了这是洗涤的工序,在头脑中各种各样的知识就会链接起来,形成一个境脉,从而获得理解。对于不知洗涤的人而言,图式当然无法形成。不能形成图式,就不能导致理解。

教师在教学之际,首先必须确认每一个儿童的既有知识。由于不同的儿童有不同的既有知识,确认其是否有理解教学中的教授内容所必须的知识。倘若不足,就得唤起其既有知识或者让其习得新的知识。不过,仅仅如此,或许还不能达到"理解"的状态。重要的是,教师要使得学生理解新的事物,就得像上述例3的"洗涤工序"那样,给出线索——架设某种脚手架,使得儿童头脑中的既有知识群链接起来,亦即帮助儿童形成图式。

(三) 朴素概念与错误概念

"蚂蚁不是动物"、"种子发芽的条件是水、空气、阳光、土地、肥料"、"秋千的摆幅小,来回摆动的时间就短"、"郁金香没有种子"——这些都是错误的认识。人从以往经历的生活经验中往往会自然而然地形成以为是正确的错误概念,谓之"朴素概念"或者"错误概念"。"朴素概念"是经验性地获得的非科学概念,大多数儿童拥有这些概念,即便成年之后仍然存在。一般人以为,所谓"动物"是诸如狗、猫之类的哺乳类的概念;种子发芽所需要的是水、空气和温度,在土壤上施肥播种、在向阳之处培育之类,由于这种一般植物栽培的经验占据优势,导致人们错误地认为土地、肥料、阳光也是发芽所必须的条件。秋千的摆幅小、距离短,所以产生来回摆动的时间短的错误概念;郁金香一般是种植球根来培育的,所以产生没有种子的概念。这些概念尽管是错误的,但对于拥有这些概念的人而言,他们拥有自身的逻辑一贯性。因此,要认识到"朴素概念"是错误概念是不容易的。

这些概念与其说是靠经验所得,不如说是学校教育中错误教学的结果,亦即,这是教学内容的根本错误所导致的概念。持有"朴素概念"的问题,在教学中即便学过了,由于尔后的经验,又会返回到非科学的思考方式的状态。再者是教师并未发觉是一种非科学概念,在学校教育中教的是错误的概念,并没有揭示概念的本质,比如教师倘若没有认识到"光合成是由绿色叶子进行的,以二氧化碳为原料制作氧气",这就有教学错误概念的可能性。

朴素概念的错误,难以发觉。即便有丰富的经验积累,接受过学校教育中正确概念的学习,也难以修正。不过,重要的是,教师如何去把握儿童持有这般的朴素概念,借以展开正确的概念教学。在这种场合,也可能由于科学概念与朴素概念毫不相干,会产生同时存在两种相反的知识各自存在的状态:一面是单纯地教授科学概念,另一面是朴素概念依然故我。为此,教师在教学过程中需要注意的是:1. 在进入单元教学之前展开摸底调查。聚焦单元教学中的科学概念,设计一些包括理由在内的问题让学生回答,了解是否存在错误概念,是怎样一种错误。2. 有朴素概念的场合,让学生发现该概念的错误。比如,在光合成的教学中,设计似是而非的问题:"红色与紫色的叶子的植物不能进行光合作用吗?" 3. 仅仅是理解朴素概念的存在不可能有效果,这就得从事实验与观察。就是说,通过显示出同儿童出于朴素概念的预想不一致的情形,让他们发生认知冲突。4. 让学生自我评价,朴素概念为什么是错误的。

这个教学过程不过是一个概略,在实践中有必要进行尝试错误。教学是不容易的,众多的修正"朴素概念"的教学方略的研究也表明了这一点。伏见阳儿(1992)围绕"正判事例"(学习者做出正确判断的事例)与"误判事例"(学习者做出错误判断的事例)在教学中排列顺序的效果展开调查,结果表明:在学习者关于所学的概念做出错误的特例的场合,"正判事例→误判事例"的事例排列,比"误判事例→正判事例"更有助于所学概念的修正与更新。[①] 或者,向学习者提示同错误概念不一致的事实;或者提示"利用错误观念不能正确地解决问题"的教学方略,都是有意义的。修正错误概念并非易事,学习者的思维的多样性,教学方法的有效性的差异,也是理所当然的。单纯地提示同学习者持有的错误概念相矛盾的事实,是不会有充分修正学习者思维的效果的。因此,在教学过程中让学生做出自我评价格外重要。

(四) 知识的建构

1. 知识统整与脚手架。顾名思义,所谓"统整"指的是"整合种种的知识,借以一以贯之地理解客观现象的知性过程"。在这种知识统整中,学习者自身把个人

---

① 筱原正典、荒木寿友,编著.教育的方法与技术[M].京都:智慧女神书房,2018:125.

经验同问题链接起来,做出解释。不满足于片段知识的记忆,而是指向统整的、在日常生活中也得以活用的见解与理解。

为什么要指向"知识统整"呢? 这是因为,知识统整的学习者着力于把教学中学到的知识,利用自己的观念与直觉,重建自己的理解,以便更好地理解现象。正因为拥有了一以贯之的见解,才能在即便是遇到稍许变化的状况与例外的条件下,也能基于自己的想法与见解的直觉的观念,思考怎样把它纳入自己的概念框架之中。这是迥然不同于单纯依靠死记硬背的学习者的一个基本特征。要促进知识的统整,就得以学习者日常的探究题材作为线索,调动学习者的种种思考,构建学习者自身的想法得以引出并得以验证的学习环境。多年从事"知识统整"研究的林(M.Linn)举出围绕"热与温度是一回事吗?"的课题展开理科教学(2011年)的案例,做出了清晰的说明。①

首先,教师向学习者提问道:"你认为热与温度是一回事吗?"学习者拥有各式各样的观念。或许会说"热与温度是一回事",或许会说"在生病时测量体温,发高烧时会发热"。这种个人经验与观念一旦出现,对其他的学习者而言,是激发思考的一个参考。通过思维的碰撞,或许会出现"冷与热的感觉不一样"的话题。这样,就会引出多样的观念,形成思想库。这是由于学习者从种种的经验出发,激活了观念,实际地分析了自己观察到的东西与经历过的东西的意涵。这样,就会感到理科的学习是近在咫尺的事。

其次,学习者也可以从教科书和网络等种种的信息源中求得知识与观念,然后严格地区分思想库中涵盖的观念、新生的观念以及聚集的观念群。要决定哪一种观念好,学习者就得运用规则,探讨科学的依据。比如,为了考察热传导的差异,可以进行对比实验——将铝箔与泡沫塑料包裹的土豆冷却的方法;可以运用软件确认木材与金属的热传导的状态,进而收集其他网上的数据,探讨得出的证据是否能够支撑观念。这时重要的是,学习者自身梳理得出的证据与观念之间有

---

① 大道纯、千代西尾祐司,编.学习科学导引[M].京都:北大路书房,2019:78-82.

着怎样的关系,让思维过程可视化。据此,不仅学习者易于思考,而且他人也"看得见",能够形成相互学习的机会。发现自己的思考、积累在验证中明确的经验,就可以掌握理科学习中重要的议论能力。这样,学习者在自己的思想库中基于旨在辨别而集中的证据做出解释之际,就得发挥"推理"的作用,发现自己的观念与对现象所持的见解之间的关系。在此过程中,运用自己的规则,发现分析水准的差异、矛盾的原因、知识的重叠与交织,建构首尾一贯的解释,对多重观念做出深度思考。在这里进行诸如此类的活动是有效的——讨论与同样问题针锋相对的答案,写出首尾一贯的小论文,制作广告画,给持有不同见解的人写信,等等。在此过程中,会发现即便持有同样观念的人也有多种立场与见解。那么,为什么会有这种立场,就得求解更深的理解。通过这种发现,就能够统整、提升自己能够接纳的解释。

最后,学习者再次挑战开始不能回答的问题,确认当下的答案。另外,也挑战类似的同日常生活直接相关的问题。在这里学习者感受到学习的内容是有助于实际生活的,从而提高理科学习的兴趣。知识的统整归根结底旨在培育终身学习的主体性。

归纳起来,知识统整的过程是从引发学习者种种的观念开始,加上教师补充的新的观念,通过一连串的分辨与深思熟虑,形成一以贯之的理解。这种过程是借助如下的工夫——从学习者的经验与观察出发,主体性地展开,在一点一滴的问题见解、实验与调查中,积累理解的素材,引出能够首尾一贯地做出解释的抽象的知识,通过实际地运用这些知识——而得以实现的。可以利用种种的教学方法与学习活动进行知识统整。把教学内容同个人的经验结合起来,同以往的教学内容结合起来,对知识统整是非常重要的。学习者运用自己的知识与观念进行预测、观察解释、实验、模拟与讨论是重要的,根据需要提供"脚手架"也是重要的。

所谓"脚手架"是对一个人不能实现的目标与实践的参与,给予适当的支援,使之有可能达成,或指"使之有可能达成的理想状态"。这是借用工程现场为高空作业而设置的"脚手架"做出的比喻。建筑物完工了,"脚手架"就解体。一个人能够达成之际,就不要支援了。这种逐渐地、分阶段地撤销支援的过程,谓之"拆除脚手架"。

"脚手架"这一概念是 1976 年伍德(D. Wood)、布鲁纳(J. S. Bruner)和罗斯(G. Ross)以维果茨基(L. S. Vygotsky)的"最近发展区"为理论线索率先提出的。在幼儿的发展研究过程中着眼于给儿童介入支援学习的教导方式,这样,由于儿童的发展阶段不同,教导方式会产生不同的影响。这种介入教导方式过程就叫做"脚手架"。

在立足于建构主义的学习科学中,学习者主体地参与知识建构乃是一种深度学习,而促进这种深度学习的支援方式,就是"脚手架"。因此,不是让学习者死记硬背某种知识,而是让学习者在直面课题与目标的过程中,自己求得理解,以解决问题。为此,重点在于做出适当的提示,或者做出有助于形成问题解决契机的学习支援,着力于学习环境的设计。

历来"脚手架"是借助支援学习的教师与同学做的。晚近除了"教师—学习者"的两者关系之外,在学习者之间的相互作用与互惠关系之中产生的学习过程与学习环境所体现的"脚手架",越来越引人注目。立足于谁来提供脚手架的问题,早期的"脚手架"被视为是"有能力的他者"提供的,其中包括教师。其实,除了教师与有能者之外,围绕学习者的种种环境也隐含着"脚手架"的作用。学习者之间相互教学,通过建构协同地挑战问题解决的情境与课堂文化,学习者之间就可以对他者形成"脚手架",借助他者的发言与观察也可以获得"脚手架"。利用这种"互惠教学"的学习活动设计,就能够成为推进学习的环境,产生"脚手架"。另外,运用信息技术的学习环境也受到关注。借助软件,可以减少非生产性的负担,有可能适时地提供学习的有效方略——明确化、可视化、设疑、提示要点,等等。这就是说,教师不仅需要给学习者以直接性支援,还需要考虑设计学习环境与提供工具之类的间接性支援的方式。

2."后续学习的准备"与"有效失败"。"后续学习的准备"。布兰斯福德(J. D. Bransford)与施瓦兹(D. L. Schwartz)不是从运用学过的知识内容迁移到别的情境的"学习迁移",而是从由于先行经验使得学习过程与能力发生变化的"学习迁移"的角度,进行了教学设计案例的研究(1999 年)。他们把后一种"学习迁移"的视点——由于先行经验使得后续的学习变得容易的学习的迁移——运用到教学设计之中的思维方式,谓之"后续学习的准备"(Preparation for Future Learning,简称为 PFL),[①]相当于我国一线教师的教学设计中关注的"教学铺垫"。亦即,沿着"准备—讲解"的顺序进行教学比之沿着历来的"讲解—练习"的教学,有助于提升学习效果。具体地说,在教师做出讲解之前,进行准备活动的教学设计。其设计原则是:1. 把学习者的问题具象化,设定易于运用既有知识的情境。2. 设定不运用作为学习目标的知识就不能解决的问题。3. 在协同学习的小组活动中一起进行尝试错误。因此,要有效地进行 PFL,教师的教学设计不仅要使得学习者能够准确地理解准备活动的目标与目的,而且必须把握学习者的既有知识与准备活动的具体状况。

"有效失败"模式。教师与其一味地给学习者讲解知识,不如先让学习者从事知识运用所必须的具体的问题解决活动。就是说,与其固守传统的"讲解—练习"的顺序,不如拓宽学习者知识理解的深度来得重要。那么,这种准备活动是怎样提升学习的质的呢? 这就是类似于"后续学习的准备"的"有效失败"(Productive Failure,简称 PF)的思维方式了。所谓"有效失败"是着眼于 PFL 的准备阶段中问题解决活动的"失败"之重要性的概念。当学习者在教师讲解之前从事运用知识所必须的问题解决活动之际,大多数学习者自然是不可能解决的。这种"失败"乍看起来并非理想的教学方式。不过,"生产性的失败"的倡导者卡普尔(M.Kapur)通过实验揭示了这种失败过程的重要性(2008 年)。就是说,借助问题的解决可以提升学习的成果。其理由是:1. 自己从事的活动可以提升主体性,能够更积极地沉入问题解决活动。2. 能够激活同学习内容相关的既有知识。3. 由于是自己解决问题,有助于发现同既有知识之间的差距。4. 通过自己的解法同准确的解法的

---

① 　大岛纯、千代西尾祐司,编.学习科学导引[M].京都:北大路书房,2019:83 - 86.

对比,有助于关注到知识的重要部分。[①]

传统的教学为避免学生的学习失败或产生焦虑,往往针对学习难点提供更多的指导。但"有效失败"模式却让学生在挑战有难度的任务中,体验迷茫、困惑、挣扎乃至失败,然后再施以指导。可以说,这是对我国孔子的启发式教学思想——"不愤不启,不悱不发"——的一个极为精要的注释。

导致"有效失败"的问题解决活动的设计原则是,其一,自己的解法的生成与探索。其二,自己的解法与准确解法的整合。它同 PFL 的共同点在于,在教师对作为教学目标的知识进行讲解之前,不是去运用知识,而是参与不能解决的问题的探究。在"自己先试试看"的过程中,在知识得以运用的问题解决的境脉中,激活学习者的既有知识,使之意识到学习的目标,尔后给予容易理解的解释,从而获得深化理解的作用。

二、教学心理学的若干代表性的理论

(一) 程序学习

由斯金纳(B.F.Skinner,1960)加以理论化的操作条件作用被率先应用于教育领域,而后被广泛应用于心理治疗、劳动管理等各个领域。斯金纳一直对划一的同步教学抱有疑虑,倡导通过适当的强化而伴随的学习者的自学行为来展开能够独立自学的教学方法,这就是"程序学习"。

构成程序学习之基础的是,谓之"小步子"的行为技能形成法。就像训练猩猩与海豚那样,让动物学习原本没有的高度复杂的行为之际,即便是以此目标行为作为操作条件作用,也往往难以实现。这样,从当下动物的行为索引中区分出得以达成目标行为的细致的步骤,通过在各个步骤运用操作条件作用,就能够小步子地、分阶段地接近目标行为,这就是"小步子"。程序学习也是一样。根据应当

---

① 大岛纯、千代西尾祐司,编.学习科学导引[M].京都:北大路书房,2019:87-90.

达成的教育目标,具体地分割教学的内容,安排难度逐渐提升的序列。每个步子由解释与提问构成,形成学习者阅读解释、回答提问,就能立即接受正确与否的反馈。这样,在程序学习中每一个学习者就能够按照自己的步调展开学习。

斯金纳的"程序学习"有如下五个基本原理,这就是:在学习过程中学习者之所以困惑或者混乱,是由于内容过难,或者同此前的学习不衔接,因此,在程序学习中教学内容尽可能具体地分割,形成分阶段地一步一步地,谁都能够容易地、确凿地进行学习的教材序列(小步子原理)。对这样编制的学习序列的各个步子,学习者积极地回答提问(积极反应原理),据此,立即做出是否对错的反馈(即时反馈原理)。这就是程序学习的基本步骤。不同于传统的教师主导型的教学,在程序学习中,学习者自发的行为是出发点。因此,学习者能够根据各自的能力与动机作用的状态,自由地调整学习的进度(自定步调原理)。再者,针对学习者的反应,伴随着即时反馈,能够适时地强化正确的学习,同时,学习者能够确认当时自己的进度,也容易发现学习的困惑所在。另外,程序的正当性,通过学习者的反应得以验证。比如,在特定的步子中,倘若众多学习者发生同样的困惑,那就说明该步子存在某种问题。基于这种信息,程序就得不断加以改进(学习者验证原理)。

斯金纳开发的程序是由最短的路线能够达到目标的单一的学习序列——"直线型程序"。尽管学习的速度有差异,但所有学习者都是按照同一顺序、学习同一内容来设计的。对此,克劳德(N.A.Crowder)指出,在学习者的误答中有种种不同的固有的意涵:链接不足、运算能力不足、同别的归纳混淆等等。因此,倡导基于误答的种类而区分不同的学习序列的"分叉型程序"。这样,各个步子的提问旨在能够诊断学习者各自的困惑,采取多支选择形式,编制出根据选择的分支能够修正各自的问题点的补充教材,构成分叉型序列。

斯金纳还引进了教学机器,旨在实现学习者按照自己的步调进行的个别学习。随着电子计算机的发展,对学习过程的精致的控制与根据学习者反应做出多样的反馈,有了可能。程序学习与电脑能够紧密链接,这就为尔后运用电子计算机的教学——电脑辅助教学(CAI)的发展提供了基础。

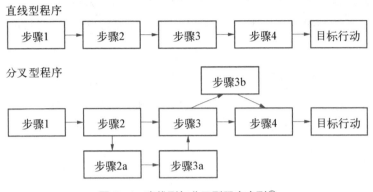

图 5-1　直线型与分叉型程序序列①

(二) 发现学习

"程序学习"是在教师预先准备好的学习序列的框架中进行的,与此形成对照的是布鲁纳(J.Bruner,1960)开发的"发现学习"。这种教学方法重视的是学习者在自由地、主体式地展开的探究活动中,自主发现应当习得的知识的过程。在布鲁纳看来,对于学习而言,直觉思维是重要的。因此主张让学习者展开以发现为法则的即课题解决中的"发现学习"。所谓"发现学习"并不是教师事先准备好教学内容(科学的概念与法则),向学习者提示和讲解,而是让学习者发现的学习。就是说,在问题解决情境中当学习者直面课题之际,自己能够直觉地树立假设、验证假设的学习。借助发现学习,可以期待如下的效果:1. 掌握有助于问题解决的知识。2. 提高内在动机。3. 习得发现技能。4. 促进学习内容的巩固与迁移。

"发现学习"的典型教学过程经历如下五个阶段:1. 把握学习课题——让学习者明确地把握从问题情境中应当发现的问题,教师必须提供便于学习者把握的线索。2. 设定假设——学习者意识到问题之后,基于所有给出的资料与新的资料,确立课题解决的假设。在这里借助直觉思维树立假设。3. 凝练假设——凝练凭

---

① 櫻井茂男,编.教育心理学[M].东京:图书文化,2017:78.

借直觉思维所洞察的假设是否成立,同时探讨如何确证具体的验证条件与方法。4. 验证假设——利用充分的资料,对前阶段琢磨的假设进行对照、证明、实验、验证。假设—验证应当反复数次。5. 拓展与归纳——把此前发现的法则与归纳运用、拓展于更高层次的问题情境,最终得出统整假设—验证的结论。

日本理科教育中的"假设实验授业"就是发现学习的一个典型。假设实验授业是板仓圣宣倡导的授业方法。一般是借助如下的流程展开的:1. 学习课题以解答选择题的形式向学生提示。2. 学生基于自己的见解与经验选择解答,比如举手。3. 由教师主持,回答各自选择的理由,交换见解。4. 再次提示解答的选择与统计数字。5. 确认付诸实施的实验与正确答案。在这种教学中,每一个学生经历一系列的探究活动——以自己业已拥有的知识,同他者交换见解,提示自己的学习兴趣与关注,进行实验,确认事实。可以期待,学生在反复琢磨这种经验的过程之中,汲取的不单是知识,还有包括问题解决所必须的动机与态度在内的科学的思维方式与学习方式。

(三) 有意义接受学习

"发现学习"有助于促进学习者的深度理解,但另一方面,导致发现的探究活动需要花费大量的时间,这是一个难点。奥苏伯尔(D.P.Ausubel,1963)倡导"有意义接受学习",这是一种由两种学习——"有意义学习"与"接受学习"组合而成的教学理论。根据学习材料的性质,儿童的学习可以区分为"机械的识记学习"与"有意义学习"。就像无意义的组词那样,学习者拥有的"图式"(梳理知识所必须的某种框架)是不能汲取学习材料的,这就是"机械学习"。反之,在学习材料是有意义的场合,就是有意义学习。可以说,所谓有意义学习,就是获得学习材料的意涵的学习过程。另一方面,根据儿童对机械内容的接受方式的不同,可以区别发现学习与接受学习。所谓发现学习,如前所述,是学习者自主地树立假设,凝练新的概念,发现概念之间的新关系的过程。而所谓接受学习是教师通过同步教学向儿童传递教学内容的教学方式。那么,怎样才能赋予学习材料意义呢? 人是基于以往的经验,旨在把新输入的信息有效地吸入既有的认知框架之中的,亦即拥有"图式"。所谓图式是囊括特定事物的概念与结构的知识。一旦形成了这种图式,就能凭借这种框架赋予输入的信息以意义,或者同既有知识链接起来,信息处理的心理负担就会减少。奥苏伯尔认为,通过学习者形成并激活这种图式,新的学习材料就能有意义化,在有意义接受学习中,教师事先给予儿童有意义的统整的内容是重要的。就是说,教师应当事先给予学习所必须的图式,谓之"先行组织者"。"先行组织者"大体分为两种,即"说明先行组织者"与"比较先行组织者"。所谓"说明先行组织者"是新的学习材料的概要,会显示其结构的信息。新闻报导的标题、著书的目录与各章的标题、内容概要之类的先行信息。有了这些信息就能作为一种框架,来解释学习材料。所谓"比较先行组织者"是显示新的学习材料同旧的知识有哪些关联,显示两者的异同的信息。晚近受到关注的是"图式先行组织者"。比如在教学中运用的"概念地图法"。所谓概念地图,以单元的教学目标作为最终的到达点,把每一节课的教学中提示的概念与知识有着怎样的关联,用流程图表现出来。兼具说明与比较两者之中的作用。教师在上课之前提示,或者让学习者自己制作,有助于学习者通盘把握整个单元的结构,也有助于学习者参照此前的教学内容,投入每一节课的学习。

(四) 三种教学方式的比较

上述三种教学方式各有其独特的特征与局限性,不能说哪一种优劣。"程序学习"的学习序列是固定的,每一个学生都能有效地掌握共同的基础性技能,不过,应用与发展的知识、使学习者思考的问题,"发现学习"优异。为了充分地发挥"发现学习"与"有意义接受学习"的功能,学习者必须有某种程度的基础知识与学习动机。即便知识与动机低下的场合,也可以期待"程序学习"取得一定的效果。"有意义接受学习"能够最有效地发挥作用的是教学内容结构化了的单元,不过,一门学科未必都有结构化的单元,应用范围有限。这样,学习者的学年阶段与既有知识、动机作用的状态,或者学科与单元的种类不同,教学方法的效果也会不同。宜视其状态或学科的本质,选择适当的方法。

三、支撑"主体性学习"的教学创造

(一) 21 世纪所期许的学力与能动学习

进入 21 世纪以来,以核心素养为代表的教育思潮席卷全球,出现了重建学力观的动向。借助 ICT(信息通信技术,Information and Communication Technology)的发展,不再依赖于长期记忆,外部的庞大知识变得易于检索。在急剧变革的时代,知识也在急剧更新。传统的仅仅凭借教师灌输现成知识的方式业已落后于时代。今日时代必须在习得基础的、基本的知识与技能的基础上,运用这些知识技能解决课题所必须的思考力、判断力、表达力。在现实的社会中,必须掌握主体地、协同地解决问题的态度。这样,学校的教学必须转型,值得注意的是能动学习。所谓能动学习,指的是儿童主体地、能动地参与学习过程,获得知识、解决课题的整个教学形态。其外延极广,从学习者自己设定课题从事项目学习,到通常的课堂教学中的讨论活动,方法形形色色。

(二) 支撑主体性学习的教师的影响作用

那么,为了支撑儿童的主体性学习,教师应当怎样做呢? 聚焦通常教学情境中探究活动的焦点,可以看到有如下的研究。

一般而言,提供同既有知识相矛盾的信息,或者提出从既有知识出发不可能容易地设想出来的结果,儿童会积极地参与课题的解决。波利勒(D. E. Berlyne)从"概念冲突"的观点做出了解释。就是说,所提示的信息、课题与知识之间有适度的落差,儿童(学生)一时间难以接受而处于一种纠葛状态,力求快速走出纠葛状态解决问题,于是学习者自己便会做出行动来,求得能够接受的信息。换言之,"奇怪,为什么"、"怎么回事啊"之类的疑问,会唤起对于课题的求知兴趣,推进旨在解决的其他自发性活动。北富真治(1998)在小学理科的丝线电话的教学中,先用白色的棉花丝做成一般的丝线电话,确认这个事实之后,探讨用别的材料,来传递声音的方式。[1]　这时,设置如下的实验组——设想可能用的材料(粗的风筝线)进行实验;用背离设想的材料(橡胶纽扣:设想能够传递声音,但实际上是难以传递),以及材质、形状全然不同、看来是难以使用的材料(竹条:不能设想可以变得像丝线那么细)进行实验,且预告第二天继续做实验,可以把材料带回家做。结果发现,有别于设想,经验适度纠葛的儿童比没有纠葛的儿童或纠葛过大的儿童,带来的材料更多,设想的理由与结果也更明确。没有纠葛,就没有做实验的兴趣。纠葛太大,会敬而远之。对于儿童而言,可能克服的适度的落差是重要的。有落差的信息也会对学习内容的理解带来正面的效果。比如,在学习"大凡物质均有三态"的时候,通常是举出"水"作为例子来解释三种状态的变化的。倘若举出在课前调查中大多回答没有三态变化的"铁"、"食盐"作为例子来上课,通过课后的测验表明,学生可以认识更多的物质三态变化。

(三) 知识运用的兴趣与"教会思考的教学"

儿童依靠自己的能力思考问题、探究问题的活动一般是在教学的导入阶段广泛地运用,这就得确保时间。上课伊始,教师不是一味地灌输知识,而是首先让儿童理解依靠自己的能力共同解决课题的意义。事实上,没有任何基础知识准备而不得不面对课题的儿童,大多感到困惑。与此相反,也有另外一种主张:应当在探究活动中调动活用知识的兴趣。在获得某种知识之际,让学习者在各种不同的情境中尝试运用。即便原先是接纳性地获得的知识,在具体的情境中通过反复地确认从事的作业,学习者逐渐地深化理解,最终内化为"自己的知识"。

进藤聪彦(1993)通过小学数学课讲授三角形的内角之和是 180 度,在用三角规测量的阶段,早早就提出"三角形的内角之和大概是 180 度"的假设。"这个假定是真的吗?"试试看,能否画出不是 180 度的三角形。于是,儿童一个接一个地

---

[1]　樱井茂男,编.最新教育心理学[M].东京:图书文化社,2017:89.

画出奇形怪状的三角形,测量其角度,结果表明,这个法则是确凿的。[①] 在不理解内角之和是多少的阶段,比之列举若干案例的方法,进藤的教学目的明确,儿童也容易进入活动。那么,所有的三角形是否适用这个法则呢? 由于在这个阶段尚不明确,也容易引发认知性冲突的状态。据此,市川伸也(2008)发展了这种"教会学生思考的教学",有助于进一步调动儿童的学习积极性。他主张求得一个平衡点:不过分依赖自我发现、自力解决,而是配以适当的教授过程。在这里,教师利用教科书讲授基本的概念与法则,在适当的课题解决阶段突出学生的主体性活动。如果要掌握旨在课题解决的手段,教师的讲授未必是坏事,况且也没有必要让学生耗费时间去独自发现。在主体性地求解多样的问题解决的尝试之中,知识就会得以巩固与深化。这样,学生的主体性探究活动就可以用多种不同的方式介入教学的全过程。

四、支撑"协同学习"的教学创造

(一)"协同学习"的意涵

一般所谓"学习",往往被视为每一个学生通过咀嚼教材提升知识与技能,是一种极其个人化的作为。实际上,我们的学习过程同他者的存在有极大的相关。不用说直接性的关系——学习者个人不能解决的问题,得到他者的援助协同地解决问题,通过观察、模仿友人的行为解决问题等;通过获得家长与老师的认可而提升学习动机作用;或者着意于来自周边的评价而过分紧张、实力不能充分发挥之际,间接性地接受种种的影响。

同他者关系的典型就是"竞争"与"协同"的关系。所谓"竞争"是指集体的一些成员倘若成功,另一些成员就必然失败的负面关系。由于竞争可以提升动机作用,被广泛运用。同时,"竞争"会衍生种种的弊端——竞争本身的目的化,导致学

[①]　櫻井茂男,编.最新教育心理学[M].东京:图书文化社,2017:89-90.

习者的兴趣离开了教材；或者得到负面的、否定性的评价而学习动机低下；或者胜利者在争取胜利的精神压力下常常会处于紧张与焦虑之中。反之，所谓"协同"指的是全体成员拥有共同的成果导向，一个人成功对其他的成员而言也是成功的正向关系。就是说，成员之间相互协作、彼此切磋，有助于提升彼此的达成成果。这种学习者之间的协同性的交互作用一旦引进课堂教学，运用基于5—6名的小组的教学方法，得以广泛地研究开发。

也有在班级成员的注目中发表与活动而感觉焦虑、畏首畏尾的学生，面对小组的讨论会相对降低抵触感，能够自由自在地活动。在这种氛围下，每一个人的能力与资源容易得到发挥，学习效果也可以期待得到提升。在协同小组学习中由于伙伴之间需要密切配合，众多研究还揭示了其有助于提升相互之间的信赖感与亲密感，减低对异人种、异民族的偏见等方面的社会效果。

伙伴之间的相互教学，不仅促进了被教者的学习，也对教授者的学习带来了积极的影响。韦伯（N.M.Webb，1982）在数学课上引进协同学习，仔细分析了小组内部的交互作用。结果表明，对于接受别的成员对自己的提问与误答做出详细解释的次数多的学生，不用说，协同学习是有效的，给予其他成员做出解释的次数多的学生，在课后的测验中也能够得到高分。一般认为，能够做出解释的一般是能力高的学生，但除去学生数学智能的影响之外，这种倾向存在显著的统计意义。这是因为，通过向不能理解的伙伴做出明白易懂的解释，教授者自己也会重新琢磨自己理解的内容，从而接近更深度的理解。

可以说，所谓"协同学习"（collaborative learning）是小组的教育性运用，是旨在让学习者自身的学习与学习伙伴的学习最大化的相互学习法。协同学习拥有多重效果：有助于提升教学的满意度，有助于学习伙伴通过相互学习产生积极的影响，有助于实现良好的人际关系。

（二）蜂音学习法

运用"协同学习"的代表性教学方法之一就是"蜂音学习"。在心理抵触小的小集体中自由地交换意见、每一个人积极地参与学习活动。所谓"蜂音"原本指的是蜜蜂密集时发出的翅膀舞动的声音,表示学生在小组里兴致勃勃地热烈议论的场面。蜂音学习一般是由 4—6 名左右的学生进行。开始安排每一个学生自己思考课题的时间,然后在小组里交换意见、展开议论。每次议论时间短促(基本原则是每个小组 6 名学生,时间控制在 5—10 分钟范围内),然后带着结果进行班级规模的发表与讨论。倘若出现新的问题,再回归个人思考、小组议论的程序。这样,在蜂音学习中,展开个人学习、小组讨论、全班讨论的循环过程。在讨论中无需达成一致的意见,简单地交换见解就行。在实施中,必须明确课桌椅的排列、小组的角色分工以及讨论的规则。设定容易讨论的拥有兴趣的小组讨论题目也是重要的。不仅要求讨论氛围的创造,也需要计划并有效地求得同教学内容的链接。

(三) 吉格索学习法

最彻底地赋予成员角色作用的是阿伦森(E. Aronson, 1975)等人倡导的相互教授的教学法——"吉格索学习法"(jigsaw method)。在小组学习中往往成为问题之一的是,由于小组成员能力的个别差异,教与被教往往是固定不变的。教者逐渐在小组内增加其重要性,而被教者逐渐地降低个人的意欲与自尊心。为了解决这个问题,全体成员都必须有作为教者与被教者的活动。因此,阿伦森设计了这样一个步骤——成员中的每一个人带着不同的信息参与小组活动,通过相互教学,解决学习课题。

在"吉格索学习法"中,最初分成由 5—6 名左右的学生组成的班组,若干班组(比如 ABCD 四个班组),资料、教材也同数分配(如图 5 - 2),谓之吉格索班。在教学中,从各个吉格索班分别派送 1 名专家到专家班。就是说,吉格索班的全体成员隶属于各个专家班。在各个专家班分配不同的资料、教材,展开班组内协同学习。他们成为学习各自的资料与教材的专家。而后,把自己学到的内容带回吉格索班,相互交换信息,展开学习班组的问题解决活动。也有不是编两种班组在一个班里也可以展开吉格索学习的形态。这就是在一个班里结对子,各对学生在学习特定课题的基础上,再教授全班同学,谓之"班内拼组"。

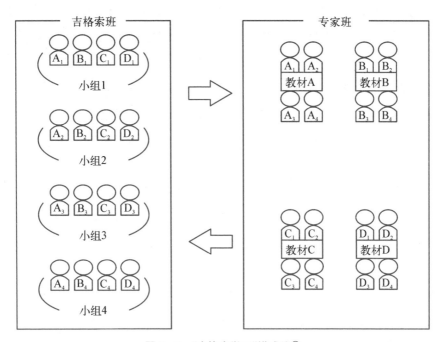

图 5-2　"吉格索学习"模式图①

在"吉格索学习法"中所有成员拥有独自的信息,承担向班组全体成员教授的重要的角色。对于班组而言,谁都是必要的存在,个体都贡献出自己的经验。这种学习有助于提升每一个人的自尊心,同时有助于促进自己对班组的自我责任感,促进主体地参与教学。

(四) LTD 法

借助自习与讨论,达到深度阅读理解,即 LTD(Learning Through Discussion)的学习方法。② 这种方法可以摆脱教师讲解的方式,亦即学习的主要活动从教师转向学习者。LTD 并不仅仅是以小组的形式讨论课题。它由预习段落与讨论段落

---

① 樱井茂男,编.最新教育心理学[M].东京:图书文化社,2017:87.
② 永江诚司,编著.教育心理学关键词[M].京都:北大路书房,2012:101.

构成。为了保障段落的讨论,就得重视个人预习的过程。具体地说,作为学习课题所布置的教科书与参考资料,首先是在个人层次理解的基础上,同其他成员讨论学习课题。在预习段落,通过阅读学习课题,进行第一阶段的学习。在这里,可以说学习者层面的学习(封闭性学习)结束。在讨论段落,同预习同样课题的其他成员展开讨论,获得自己不曾发现的以及有别于自己理解的解释。在这种讨论中,听取或者说明为什么做这样的解读,澄清含糊的部分,这就有可能超越了个人层次的学习(开放性学习)。

在 LTD 中,学习时间的分配按照时间顺序呈现的"LTD 过程计划",由如下八个步骤构成:1. 导入——创造氛围。2. 理解语汇——语词的界定与解释。3. 理解主张——整体的主张与讨论。4. 理解话题——话题的选定与讨论。5. 统整知识——同其他知识的链接。6. 运用知识——同自己链接。7. 评价课题——学习课题的评价。8. 评价活动——学习活动的评价。一般的 LTD 是按照"家庭预习"与"课堂讨论"的流程展开的。但在小学阶段也可以在上课时间实施"预习"与"讨论",实践证明这是一种有效的教学方法。

(五) ATI 与"教育的个性化"

斯诺(R.E.Snow)用同一本教科书采用两种教学方法施教,比较其结果。一种是师生面对面地讲授,另一种是利用电影进行教学。然后就教学内容的掌握程度进行测验,比较两者的成绩。这种成绩的比较并不是比较各组全员的成绩平均值,而是通过社会积极性的特质,把各组进一步分为高中低三个组,分别比较其成绩。结果表明,教师直接讲授,可以大大地发展社会积极性高的学生的成绩,但在社会积极性低的、对人际关系抱有焦虑的学生中,利用电影的教学更加有效。倘若比较各组全员的平均值,两者的效果相差无几。不过,研究表明,即便成绩大体同样,两种教学方法的效果也是大相径庭的。简言之,在学习者与教学法之间存在着某种"相性"。

这样,教学方法的效果随着学习者特性的不同而不同的现象,克隆巴赫

(L.J.Cronbach)谓之"适性处遇交互作用"(ATI：Aptitude-Treatment Interaction)。这里所谓的"适性"是指学习者的种种个性特征。在拥有 ATI 效果的适性中,除了智能与学力之外,还存在种种的特性——内向性—外向性、焦虑之类的性格特征、冲动型—深思型之类的认知风格、动机作用状态等等。另一方面,所谓"处遇"是指教学方法,广义上也包含了教师的教学态度与课堂环境。而所谓"交互作用"是一个统计学的术语,表示某种要因效果的大小取决于不同条件而有所差异。比如,教学法 A 对拥有某种特性的学习者而言是有效的,而教学法 B 对拥有别的特性的学习者而言是有效的,显示两种教学法效果的直线,相互交叉,就是典型的交互作用。

根据 ATI 理论可以发现,探求对所有学习者而言并不是唯一最优的教学法,而是用来选择适应学习者个性的最优教学法。萨洛蒙(G.Salomon)就基于 ATI 理论的教学法的选择,提示了三种模型:第一,"特惠模型"——选择能够最大限度地发挥学习者拥有的优异特性的教学法。第二,"补偿模型"——针对特定的学习所必须的特性不足的学习者,选择补偿其不足之处的教学法,或者选择有助于减缓妨碍学习的特性的教学法。第三,"治疗模型"——系指当学习者未能充分掌握新的学习所需要的基础知识与技能之际,首先让其习得的教学法。[①] 至于在实际教学中如何针对多种多样的学习者组织合作,实施哪些教学法,或者在同步教学中采用哪些教学法,视具体而异,尚待探讨的课题还有很多。可以说,未来的教学如何针对学习者的多样性开展,ATI 理论为我们提供了重要的教学方法论的基础。

■ 专栏 5-1
自然科学与社会科学的差异

（一）自然科学的假设验证与科学知识的暂定性

自然科学处理的知识与种类大体有三大种类,即"事实"、"法则"(原理)与"理

---

① 樱井茂男,编.最新教育心理学[M].东京：图书文化社,2017：91-92.

论"。其中"事实"与"法则"是旨在描述自然界的规律性的东西,一般而言是存在正解(真实)的。不过,随着自然科学研究领域的成熟,寻求旨在解释"为什么——会发生"的"理论"建构,于是出现了确立假设展开验证的科学探究手法。

科学探究运用的逻辑是归纳法与演绎法的组合。确立假设、收集旨在确证预期结果的数据。即便出现了假设所预期的结果,也会有再次收集数据时没能出现同样的结果、假设被颠覆的可能性(这叫"反例")。因此,与其说得到预期结果之际"假设得到了验证",不如说是"假设的可靠性提升了",更为准确。另外,也不排除从不同的观点解释同样数据的不同理论存在的可能性。随着数据收集方法的发展,以往的理论可以得到更加详尽的解释,或者反之,可以加以否定。

因此,自然科学负有不能对自然界的机制问题作出永恒"真实"的回答(说明与解释)的宿命,谓之"科学知识的暂定性"。正因为如此,自然科学的探究过程被视为动态性的,"终究意味着学习者自由地表达自己的思考、验证种种的方法、解释结果的活动"。可以说,中小学的理科教学中,不是旨在掌握支撑正确理论的数据,而是旨在基于数据主张什么的基础训练。

(二) 社会科学的多角度见解与可谬主义

另一方面,在社会科学中,"多角度的见解"与"作为正义的公正"的思维方式是本质性的,其理由是立足于"可谬主义"。正因为"任何知识绝对正确是不可能的",所以需要相互倾听、相互切磋。讨论不是强者打压弱者的行为,而是从多种角度琢磨现状与计划,旨在深度地理解事物与现象而进行的。就某个论题分正方与反方展开辩论是一种竞赛,当然是为了取胜而进行的。但是,也有接纳不同于自己立场的敌对立场的场合。倾听对方的见解、站在反方的立场来思考问题,借以获得深度理解,是一种权衡利弊得失的训练。

真正的民主主义是不断改良的过程,绝对的正解是不存在的。从各种不同的视角出发展开思考,先试试看,发现问题加以改良,亦即"摸着石头过河"——没有这种姿态,什么事情也是办不了的。即便未能取得全员一致的意见,也得将某种政策付诸实施。作为一个公民,必须具备的决策技能,见表5-1A。

表5-1A　公民必须具备的八种决策技能①

1. 能够权衡问题的轻重缓急,设定对立的焦点与论争点。
2. 能够选择相关问题的信息,同提案的解决方略逻辑地结合起来,判别这些信息的可靠性。
3. 尽可能在广泛的(包括价值观)境脉中审视问题。
4. 能够对提案的所有解决方略可能产生的结局,作出可能的设想。
5. 在证据与判断标准存在价值观对立的场合,能够作出合理的判别。
6. 能够对不同于自己见解的种种不同意见,产生共鸣。
7. 即便一时没有理想的解决方略,也能够选择当下可行的打开僵局的解决方法。
8. 能够为了实现正当的社会目标而组织他人一起行动。

（三）瞄准"学科素养"的课堂教学

无论是自然科学还是社会科学的学科教学,都必须抓住该学科领域的特征,关注核心概念。记住更多的知识并不是学科教学的目的,而是旨在形成科学的概念。有助于作为公民生存的重要的学科教学,在于理解"科学知识的建构方法与暂定性",或是社会科学中的"多角度的见解"、"作为正义的公正"或是"可谬主义"。

我国应试教育背景下的学科教学执迷于"知识点"的死记硬背,难以掌握各自学科的概念系统、思维方式及其价值观。一言以蔽之,不可能保障每一个学生拥有"学科素养"。这正是学科教学改革的关键所在。

■　专栏5-2

阅 读 模 型

国际教育界有众多"阅读模型"来解读这种阅读现象。金奇(W.Kintsch)推出的"情境模型"表明,人的阅读理解过程包含了三种层次的处理——文本的"表层

①　铃木克明,等,编著.学习设计指南[M].京都：北大路书房,2018：49.

结构处理"、"文本基础处理"、"情境模型处理",分别构成"表层理解"、"中层理解"、"深层理解"。① 所谓文本的"表层结构处理"是指把握字词句篇的阶段,谓之"符号化"。这是读者深入阅读之前把握其梗概的准备阶段,这种符号化了的信息会在尔后迁移到"文本基础处理"的阶段。所谓"文本基础处理"是把握课文意涵的阶段,即明晰构成篇章的要素(命题)之间的关系,把握全文的意涵。所谓"情境模型处理"是指在课文中提取信息的基础上,个体动员既有知识,细致地分析概括、解释推断、揭示意涵,整合多种信息的阶段,从而把握全文内容的情境。上述三层处理的分析,同 PISA"阅读能力"的界定——"信息提取、解释、反思与评价",大体相当。

　　基于"自主学习"论的"阅读模型"则表明,在阅读过程中建构的知识结构与其后的推断活动是循环往复地进行的。这个模型是从两个方向来解释"阅读"的——其一,根据文中的信息,"自下而上"地积极积累的阅读过程;其二,基于既有知识进行"自上而下"地推断的过程。② 在实际的阅读过程中,"自下而上"与"自上而下"这两种方向的认知过程是交织在一起的。读者是借助同文本的对话,在自己的心中形成一种意义世界的。为了读懂,就得有效地实施"自下而上"与"自上而下"两种方略。在认知心理学中所谓"方略"是,"旨在使得学习者在学习中以其行为与思维方式,影响符号化的过程",亦即为了更有效地展开自己的阅读过程的行为与思考,读者会自发地运用这样的方略。日本学者以初中生到大学生为对象,探寻阅读课文(说明文、议论文)中所运用的阅读方略,揭示了"能动阅读"的因子构造,亦即可以把阅读方略分为七个范畴,然后再归纳成三个上位因子。所谓"三个因子"是,旨在消除阅读障碍的"理解补偿因子";理解与记忆文章内容的"内容理解因子";理解文章中未明示的"理解深化因子"。这些因子可以借助理解的深度得到解释。就是说,"理解补偿因子"是体现表层理解水准的方略,"理解深化因子"是体现深层水准理解的方略。

① 栗山和广,编著.授业心理学:从认知心理学看教育方法论[M].东京:福村出版,2014:96.
② 自主学习研究会.自主学习:理论与实践的新发展[M].京都:北大路书房,2012:138.

表5-2A　阅读理解方略的三因子模型①

处理	方略因子	方略范畴	具体内涵(方略举例)
浅	理解补偿方略	明晰意义	变换语词,琢磨难字难句
		控制	调整阅读速度与次数,不懂的部分慢慢读
	内容理解方略	把握要点	在重要之处划线,写眉批,概括要点与内容
		记忆生成	记住不懂的词句和内容
		质问	自我检测理解的程度,边问边读
深	理解深化方略	关注结构	关注段落与篇章结构
		活用既有知识	同自己既有知识结合起来进行阅读

　　当然,上述这些阅读方略也可以置于"精准地理解文本内容"来探讨。比如研究人员阅读文献或者实业家阅读业界动向的报告,就得有更高层次的阅读。就是说,展开更能动的阅读——检讨逻辑的整合性,发现新的问题。在这种场合,还得在上述方略的基础上添加新的方略。这样一种品味信息、追求逻辑性的阅读谓之"批判性阅读"。批判性阅读不仅涵盖了形式的推断能力,而且涉及态度、学科素养、理解监控的功能。关于批判性阅读方略的结构尚无系统的研究,不过,有人从语言技能的角度制成了评判"批判性阅读"的检查量表:

　　A. 语词的用法:1. 重要的用语界定了吗? 2. 用语的意涵是否前后一致? 3. 概括是否过于草率? 4. 比喻和类推是否适当? 5. 语句是否有感情色彩?

　　B. 作为证据的素材与案例:6. 作为证据的素材与案例是否充足? 7. 是否称得上代表该事实的典型案例? 8. 是否有隐匿的素材与证据? 9. 是否考虑到反方的素材与证据? 10. 是否有不恰当的素材与证据?

　　C. 论述的方法:11. 是否有无根据的主张与结论? 12. 是否有隐匿的假设与前提? 13. 是否存在隐匿(或恶用)的理由?②

---

① 犬塚美輪,等,著.逻辑性读写的理论与实践:面向知识社会生存能力的培育[M].京都:北大路书房,2014:10.

② 自主学习研究会.自主学习:理论与实践的新发展[M].京都:北大路书房,2012:140.

■ 专栏 5-3

科学知识概念的理解

（一）朴素概念与概念变化

要理解科学知识，就得建构理解模型，同既有知识链接、更新既有知识。儿童在上学之前，就形成了自己对自然现象的知识。这就是所谓的"朴素概念"，这些朴素概念成为链接科学知识的障碍。所谓"概念变化"是指既有知识体系的大规模重建，表现在通过生活经验的积累自发地、渐次地发生的场合，以及在学校教育中作为系统教学的产物而急剧产生的场合。

研究表明，作为自发产生的概念变化，亦即从幼儿期获得的源于朴素生物学的概念变化，表现在从基于拟人化的推论变化到基于生物学范畴的推论，从借助体内脏器所引起的生物现象的元气论因果关系的解释，变化为设定生物学机理的机械因果的解释。另一方面，变化前的知识体系仍然存在，也可以发现动物饲养经验与社区信念之类的基于社会文化境脉的概念变化的多样性。[1]

随着学校教学需要有意识地致力于促进儿童的概念变化，但未必能够全员达成。同朴素概念不相容的科学概念，即便提示了也不会意识到无视与扭曲新的信息而产生的认知冲突；或者终究只能局部地修正朴素概念，因此其未能得到知识重建的场合是很多的。这样除了提出考虑到学习者个人特性的模型之外，研究者还开发了依据既有概念运用类推的过渡方略，以"解释模型"的生成与修正为中心的学习，等等。

所谓"协同学习"就是通过个人将其理解的过程同他者进行比较、琢磨、修正的过程，以深化每一个人的理解。在协同学习出色地发挥功能的场合，能够达到单独的个人难以达到的理解。所以，索耶（R.K.Sawyer）倡导"学习科学"，致力于展开指向"问题解决"、"知识结构"、"概念变化"等"协同学习"的研究。

---

[1] 楠见孝，编著.教育心理学[M].东京：协同出版，2018：217.

（二）科学探究与科学思维

从 20 世纪末叶开始,以科学家研究的过程作为模型,让学习者展开从事科学探究活动的教育实践迅猛普及。所谓"科学探究"就是产生问题、设定假设、计划并实施观察与实验,分析所得数据、建构解释的过程。科学思维是囊括了假设与理论的生成、验证、推论与问题解决的过程的术语,围绕中小学生科学思维发展训练的研究,或者把有关科学探究的思维技能凝练为实验设计的技能,或者聚焦证据与评价的技能,或者两者兼而有之。科学思维的萌芽在年少时期就可以表现出来。所以,要充分地发展支撑科学探究的思维,就得有长跨度的教育。

借助科学探究的学习——基于探究、发现法则与理论的学习,存在一定难度,这被视为一个问题。其原因之一在于,在个人直接作用于课题的"对象层面的处置",与监控此种活动的"元认知处置"中,需要繁多的处理资源。这种认知负荷通过充分支援与同他者的协作,可以获得缓和。市川伸一(2004)倡导"习得循环的学习"与"探究循环的学习",而"习得循环的学习"的有关方法是"教会学生思维"。所谓"习得循环的学习"是指掌握所定目标的知识与技能的学习,这同以往的理科教学那样,让学生掌握科学概念与科学思维是相一致的。"探究循环的学习"则是根据学生的兴趣爱好设定课题展开探究的学习,可以说是真刀实枪地学会科学概念与科学思维的场所,两种学习同等重要。[①]

■　**专栏 5-4**

从 STEM 到 STEAM

进入 21 世纪,指向"核心素养"的教育改革成为世界性潮流。这意味着学校教育目标的刷新——从"知道什么"到"能够做什么"的教育范式的转型,这种潮流大体表现为强调学科"核心知识"(core of knowledge)与"关键能力"(key

---

① 　栗山和广,编著.教学心理学[M].东京：福村出版,2014：124.

competencies)。"21 世纪型能力"的概念涵盖了基本的认知能力、高阶认知能力，不仅强调"学科素养"，而且强调人际关系能力、人格特质与态度等核心的素养，强调"跨学科素养"，表现出"学科统整"的新高度。

2006 年，全美学术会议（National Research Council，简称 NRC）倡导"科学、技术、设计、数学"（STEM，Science，Technology，Engineering，Mathematics）的理论框架，这是一个旨在改进美国中小学科学教育薄弱环节的课程设计方案。NRC 的框架由三个维度构成：（1）科学工程的学习，（2）跨学科概念，（3）学科的核心观念。

不过，在 STEM 的实践过程中发现，倘若纳入"艺术"（Arts）课程而形成 STEAM，会更有助于儿童获得认知性、情感性、具身性的能力。儿童从事钢琴演奏、诗歌创作、角色扮演与舞蹈活动，或是绘画创作，有助于锻炼敏锐的观察力，砥砺精益求精的精神，编织现象的脉络。艺术的学习不仅可以发展改进生活品位的技能，也可以形成科技工作者那样的寻求未来的革新与跃进的创造性基础。美国学者的研究也印证了如下的判断："艺术促进认知的成长与社会性的成长。因为，艺术集中了超越人类参与的一切领域的技能与思维过程"，"发展艺术的技能意味着创造性、批判性思维、沟通技能、个人的自立与自发性、协同精神的培育"。

斯坦福大学的艾斯纳（E. Eisner，2002）归纳了"艺术教育"可以养成如下八种素养（能力）：（1）关系性认识。音乐、语言或其他艺术领域的创作作品，有助于认识到一件作品的构成要素在很大程度上是相互影响、相互作用的。这种技能也有助于生物学家认识到，在一部分生态形态中的一部分变化，是怎样影响其他部分与其他系统的。（2）发掘微妙性差异。艺术有助于儿童学会发现微妙性差异。大量的视觉推论，介入微妙的意义差别、形状、色彩，能在不同程度上满足艺术作品。写作也是一样，关注语词运用的细微差别，运用暗示、讽刺、比喻是必要的。这种技能有助于科学家对非科学家做出高难度的抽象概念的解释。（3）有助于获取课题的多元解决与疑问的多样答案，问题的解决可以用不同的方法。学校过分强调聚焦一个标准答案的教学，然而在工作上、生活上，课题聚焦是很困难的。所以需要的是,考察优越性不同的多样的解决选项,衡量各种解决方案的利弊得失。(4)应变能力。艺术活动有助于儿童认识并且追求当初未曾思考到的目的。学校教育把目的与手段之间的关系过分简单化了。艺术有助于发展儿童适时改变目的的智慧。(5)容许不合规则的决断。运算中有规则与可测的结果,但在许多场合存在着不受规则支配的例外。在没有规则可循的状况中,什么是正确的、如何出色地工作,取决于个人的判断。(6)凭借信息源发挥想象力。艺术有助于提升儿童的情境视觉化能力与权衡计划性行为的适切性。(7)容许抑制性活动。不存在单纯以语言的、数学的、视觉的目的作为唯一手段的构造。艺术为儿童提供了抑制某种手段、发明活用这种抑制的方法。(8)从审美的角度编织世界的能力。艺术有助于儿童设计崭新的方法,以诗意的角度编织世界。

当然,这里的 STEAM,也有称之为 TEAMS 或者 STEMA 的。这就是说,除了把"艺术"视为 Arts 之外,也有被界定为"应用数学"(Applied Mathematics)、"人文教养"(Liberal Arts)和"艺术与人性"(Arts and Humanity)的。[1]

---

[1] 钟启泉,著.课程的逻辑[M].上海:华东师范大学出版社,2019:87-90.

第 六 讲
自 主 学 习

苏格拉底说:"人类的美德是全凭其实践与经验而自主地增长与增强的"。"自主学习"是以"学习的主体性",亦即"儿童成为学习的主人公"、"自己的学习自己掌舵"作为其理想的教学模式的。驱动"自主学习"的周期循环是实现深度学习的关键,而"自主学习"可以借助课堂中的"协同学习"得以提升。通过同伙伴相互学习的"结对学习",有助于培育自主学习的能力。本讲旨在考察"自主学习"的概念框架及其对课堂教学的启示。

一、何谓"自主学习"

(一) 何谓"自主"

关于自主学习的定义,有漫长的历史变迁进程。按照齐默尔曼(B.J.Zimmerman)的界定,所谓"自主学习"(Self-regulated learning, SRA,或译为"自我调控学习"),是"学习者在元认知、动机作用与行为中,能动地参与自身学习的过程",或者说,是"学习者旨在达成自己的目标,由自身发动的持续的有一定导向性的认知、情感、行为的过程"。[①] 这里强调的是,学习者为了主体地、能动地参与自身的

---

① B.J.Zimmerman,等.自主学习指南[M].塚野州一,主译.京都:北大路书房,2014:79.

学习过程,就得有学习者能够自由调控的环境。当然,教师的支援也是重要的,但由于重视"自我决定性"——凭借学习者自己的能力,根据情况调整自己的学习形态的过程,有助于促进学习者的"主体性"。

(二) 自我调控的周期

"自主学习"特别是聚焦教育实践场面的自我调控,其核心是"如何驱动调整自我心态的周期"。可以说,随着学习的进展,形成循环且螺旋式的周期。图6-1就是显示这个概念的一种表述。

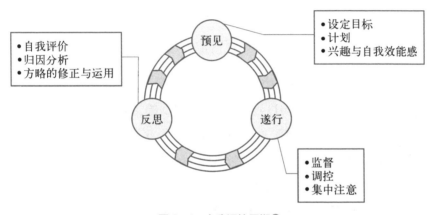

图6-1 自我调控周期①

齐默尔曼(B.J.Zimmerman,2009)用"预见阶段、遂行阶段、反思阶段"三个阶段的循环往复,来阐述"自主学习"(或译"自我调整模型"),谓之"过程模型"。②

在"预见"阶段,分析课题,进行学习目标和学习计划(方略运用计划等)的设计,是学习前的准备阶段。这时,可以设想自我效能感、兴趣之类的动机作用是相关的因素。

在"遂行"阶段,进入有效学习的实施阶段,是学习展开的核心过程。着力于

---

① 神藤贵昭、桥本宪尚,编著.教育心理学[M].京都:智慧女神书房,2019:140.
② 钟启泉,著.课堂研究[M].上海:华东师范大学出版社,2016:46-48.

多样方略的巧妙运用,期待能够顺利地解决课题。在这里"遂行监控"主要由"元认知监督"与"元认知控制"起作用。这里所谓"监督"是指有一个自己在从事学习,另一个自己在进行监督,这就是元认知功能监督作用。而所谓"控制"指的是另一个自己在控制从事学习的自己,在发挥指引适当方向的元认知功能。为了深度的学习,不用说需要集中注意力与聚焦化。

在"反思"阶段,对自己学到的成果进行反思,展开顺利与否的自我评价,并且找出原因所在。倘若断定当下采用的学习方略不适当,就进行修正,进入新的学习情境。由于反思内容的质量不同,下一步的目标设定与学习也会有所差异。就这样,以循环往复的螺旋方式展开自我调控的周期。可以说,能够进行自我调整的学习者,就是理想的学习者。

(三) 从他者调控到自我调控

根据齐默尔曼(2009—2001)等人的研究,如下的自我调控的实践,可使学习者逐步形成优异的自主学习者:1. 按时完成课外作业;2. 热衷于课外自己感兴趣的课题学习;3. 聚精会神地参与课堂教学;4. 做好有助于掌握教学内容的笔记;5. 利用图书馆收集学习课题相关的信息;6. 制定有效的学习计划;7. 有效地把握学习活动的各个环节;8. 记住课堂教学与教科书中出现的关键内容;9. 整顿有助于家庭学习的环境;10. 自发地展开学习;11. 积极参与课堂对话。不过,这些举措的着眼点不是技能训练,而是强调在学校与家庭中实现自我调控的实践。[①]

高质量的自我调控需要长期的学习才能形成,这种能力的培育大体经历四个水准——观察水准、模仿水准、自我控制水准、自我调整水准。[②] 第一阶段是观察水准。亦即通过观察来学习。随着学习的进展,进入模仿阶段,就可能进行效仿。该阶段教师指示的行为举止,同学习者的行为举止处于一致的状态。作为范本的活动方式与类型是以一个整体来学习的。在观察阶段仅仅是停留于习得,到了模

---

① 大岛纯,千代西尾祐司,编.学习科学导引[M].京都:北大路书房,2019:57 - 58.
② 神藤贵昭,桥本宪尚,编著.教育心理学[M].京都:智慧女神书房,2019:141 - 142.

仿阶段,无论内在的外在的行为举止,学习者都可能付诸实施。在观察阶段与模仿阶段,需要有家长与教师的指导。从某种意义上说,观察和模仿阶段是他者调控的阶段。然后进入自我调控的阶段,自我调控在此阶段可以说开始确立起来了。所谓"自我调控水准",是指学习的技能与方略不是在他者的帮助之下获得的,而是由潜在的表象与语言意义内涵所构成的内在性表象,内化为学习者自身的东西了。由于这一阶段有了自己内在的表象,所以能够以自身的能力实施学到的技能与方略。不过,在这个阶段,学习并不是那么灵动的,不过是原原本本地内化为模式罢了,因而形成了"自我控制"。到了自我调整阶段,自我学习进一步强化。增添了内在性表象及其实施上的独创性。比如,不是刻板地照着教师的样子弹钢琴,而是到了能够随机应变的阶段——能够渗入个人的条件与情境的条件,自由自在地;根据变化自如地运用技能与方略;能够制定自己的目标,产生了"我行"这一强烈的信念,亦即牢牢地确立了"自我效能感"。从能够随机应变地做出自我判断与自我修正这一意义上说,可以用"自我调整"来表述。

二、自主学习的心理要素

(一) 动机作用

自主学习基本上是由多种要因复合交织而成的。尤其重要的心理要因是"动机作用"、"元认知"、"学习方略"。要进行自主学习,就得有相当于能源或者引擎的心理作用。承担这一功能的就是"动机作用"。在动机作用中有要求奖赏、回避惩罚之类的基于外在作用来提升意欲的"外在动机作用",与兴趣、爱好之类从内在作用来提升意欲的"内在动机作用"。还存在着认识到学习本身的价值与意欲、从而要学习的"学习动机作用"。即便动机作用被激发的状态下,倘要形成自主学习,内在动机作用与学习动机作用之类的"自律性动机作用"是非常重要的。另外,作为动机作用的制约因素——确信自己的能力,亦即"自我效能感",也是不可或缺的。班杜拉(A.Bandura,1977)界定的"自我效能感"的意涵是,"旨在产生某种结果而能够在多大程度上做出榜样行动的个人的信念"。[①]

(二) 元认知

第二个重要因素是"元认知"(metacognition)。"元认知"是认知的认知。"元"系指"高阶",所谓"元认知"指的是从第三者视角的高度来认知自身的认知。[②]就是说,所谓"元认知"是"关于自己思考的思考,关于自己认知的认知",是一种让自身更上一层楼,让自己的思考与认知能够沿着适当的方向前进的元认知。一般儿童关注的是"学习什么",然而,"怎样学习",亦即如何发挥学习方略与元认知的功能,更加重要。具体地说,"元认知"包含了"这种学习方略是有效的"知识,与实际上自己把控自己的认知并且做出调整的认知过程。学习者往往不能有效地学习,"拼命地学,但是成绩上不去"的现象屡见不鲜。不过,倘若发挥元认知的作用,就可以矫正自身的认知。

(三) 学习方略

支撑自主学习的第三个重要的心理要因是"学习方略"。死记硬背、一味反复地机械练习之类的学习方式,不会产生深度学习。不管哪一门学科,比如把业已学习的内容同新学的内容链接起来,从另一个视点来重新审视某种事物等等的方法,将会带来深度学习。在心理学中旨在有效地展开学习的方法与工夫谓之"学习方略"。可以这样区分两种学习方略:学习内容的单纯反复谓之"浅层学习方略",学习内容之间的链接与视角的转换的反复,谓之"深层学习方略"。在从事主体性、对话性的深度学习之际,不用说要求"深层学习方略"。

学习方略大体可以分为认知方略、元认知方略、资源管理方略。

第一,认知方略。所谓"认知方略"(cognitive strategy)是旨在完整性地记忆、理解某种内容的方略。其中,包括反反复复地习得的"反复方略"(rehearsal strategy);

①　神藤贵昭,桥本宪尚,编著.教育心理学[M].京都:智慧女神书房,2019:143.
②　栗山和广,编.授业心理学:从认知心理看教育方法论[M].东京:福村出版,2014:63.

把学习内容同种种别的知识链接起来形成一个模块习得的"系统化方略"（organizational strategy）；把信息内容加以表象化或者添加信息来习得的"精致化方略"（elaboration strategy）。这些认知方略是同记忆研究密切相关的。人类的记忆大体分为短期记忆与长期记忆。短期记忆从某种意义上说是思维场，长期记忆是存储库。比如，见到某一个英语单词，在一眨眼之间再一次重复记忆该单词，但是数分钟之后就忘却了。这时，意味着该英语单词进入了短期记忆，但并没有进入长期记忆。倘要牢牢地记住英语单词，就得在短期记忆中运用多种方略，进入长期记忆。而这种进入长期记忆的方略，谓之"认知方略"。在认知方略中还包括"反复方略"即重复演练。比如在识字教学中强调反反复复地读和写。在头脑中反反复复，容易巩固记忆。书写与出声地朗读的动作本身也是有意义的，在头脑中反复是必要的。不过，所谓"学习"并不是在一定期间能够记住就行。比如，英语单词的记忆、历史年表的记忆，在考试之前即便拼命地记住了，考试完毕，经过一定期间就会产生忘却现象，谓之"知识剥落现象"。产生知识剥落现象的原因就是学习者为了应付考试，即便不理解也尽可能不抱疑问，致力于机械记忆。从这个意义上说，是一种"作弊学习"。"系统化方略"与"精致化方略"，比之反复方略对学习内容的处理，加上了复杂的认知处理。比如，在历史教学中学习历史事件的场合，"系统化方略"把具体的历史事件置于大的历史潮流中，经过梳理的状态之下，能够有效地记忆。在"精致化方略"中把历史事件形象化，或者对上年号，更明确地把人物、事件等相关知识链接起来。这样，借助系统化与精致化就可以形成长期记忆。倘若再运用"反复方略"，通过不断地反复就更加有效。此外，旨在长期地保持学习内容而进行组合的信息方略，也是重要的。

第二，元认知方略。所谓"元认知方略"（metacognitive strategy）是指监督、调整自身的记忆、理解过程的方略。比如，设定学习目标、自问自答并且确认达成度，修正旨在达成目标的认知方略的运用方法，即"理解监控方略"。元认知方略之所以重要的一个理由是，学习者即便知道了认知学习方略，但实际运用的又是另外一个问题。教学心理学的研究表明，研究者认为的有效方略同学校学生认为的有效方略,往往有一定的差异。学习方略的研究本身是在实验环境下进行的,实际上是否有效,还会受到具体的不同环境因素的影响。对于学生而言,唯有监控了自身的思维方式才能有效地运用学习方略。

第三,资源管理方略。所谓"资源管理方略"(resource management strategy)是指旨在整顿学习的资料与环境的方略。缓解焦虑、避免注意散漫、拥有积极的信念(自我期待、结果期待)、形成生产性环境、进行时间管理,等等。这些可以归结为"情绪、动机作用方略"。广义的学习环境也包含了他者,比如,一起学习的他者在身边,可以询问不理解的问题,展开协同学习,这就是所谓的"互惠学习"。可以说,通过听取他者的见解、传递自己的思考,也是重要的学习方略之一。

齐默尔曼(1986)等人从动机作用、元认知、学习方略这三个要因交互作用的观点出发,探讨了自主学习过程中能够运用的种种具体的方略。从测量自主学习方略的问卷法的项目可以发现,学习过程存在着诸多的方略。在这些方略中有限于个人内的信息处理的方略,有环境构成与要求援助之类的、学习者如何同环境相关的方略,或者相当于学习过程的元认知的方略。

表6-1　自主学习方略的分类①

方略的范畴	定　　义
1. 自我评价	自发地评价学习进步的质量 例:"确认自己的学习是正确的吗"
2. 系统化与转换	自发地梳理教材,以便推进学习 例:"写作之前,进行归纳"
3. 设定目标与设计	儿童制定目标与子目标,展开同这些目标相关的活动计划 例:"在考试的2周之前开始学习,严阵以待"
4. 收集信息	从身边的资源开始,自觉地致力于确保同课题相关的信息 例:"在写作之前去图书馆,尽量收集信息"
5. 记录与监控	自觉地致力于事实与结果的记录 例:"记上课笔记"、"编制犯错的单词表"

① 永江诚司,编著.教育心理学关键词[M].京都:北大路书房,2014:81.

续　表

方略的范畴	定　义
6. 环境构成	为了顺利地学习,自觉地选择与整顿物理环境 例:"心无旁骛"、"聚精会神"
7. 自我强化	对成功与失败,给予自我奖惩 例:"考试优异的话,去看电影"
8. 复习与记忆	自觉地有形无形地记忆教材 例:"准备数学考试,记住公式"
9. 要求援助	自觉地取得伙伴、老师与成人的帮助 例:"数学的家庭作业不会做,请求同学帮助"
10. 评估	自觉地检查、复习以往的测验、笔记与教科书,为听课与考试作准备 例:"准备考试,梳理笔记"
11. 其他	向他人学习 例:"虚心求教老师"

三、学习观与学习方略

在教学中,为了让儿童形成适当的学习方略,就得让儿童形成适当的学习观。为此,教师自身也得确立明确的学习观。何谓"学习观"?"学习观"的狭义定义是,"儿童拥有的学习的信念——学习是如何形成的,怎样的学习是有效的"。比如,为了提升成绩不考虑是否有意义,尽可能多地背出来就行——这是一种死记硬背主义。市川伸一等人(2009)以高中生为对象进行问卷调查,结果提出了如图 6-2 所示的"学习观尺度的结构"方案。

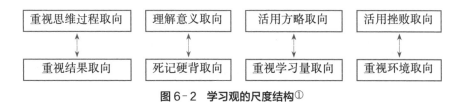

图6-2　学习观的尺度结构①

---

① 栗山和广,编.授业心理学:从认知心理学的方法看教育方法论[M].东京:福村出版,2014:62.

　　该结构由 8 个下位概念与 2 个上位概念构成。下位概念是,第一,"重视思维过程取向"(重视的不仅是答案,而且包括途中的思维过程)与"重视结果取向"(只要是答案正确就行)。第二,"意义理解取向"(认为思考意义是重要的)与"记忆取向"(靠死记硬背就行)。第三,"活用方略取向"(围绕学习的方法下功夫,从尝试错误中获得方略)与"重视学习量取向"(认为学习的量与时间重要)。第四,"活用挫败取向"(认为挫败有助于认清自己的问题所在)与"重视环境取向"(认为只要有有效的学习环境就能取得好成绩)。进而,对这 8 个下位概念进行因子分析,结果归纳出 2 个上位概念。所谓"认知主义学习观"反映了认知心理学的观点,认为重视质的学习方法是有意义的。相反,"非认知主义学习观"反映了行为主义的观点,看重的是结果、学习的量以及客观环境的意义。

　　这种学习观同学习方略密切相关。所谓"学习方略"是指"旨在提升学习效果而进行有意识的心智操作"。植木(2002)以高中生为对象,探讨了三种学习观——"环境取向"、"方略取向"、"学习量取向",与两种学习方略——"精致化方略"(不是死记硬背,而是在同既有知识链接的基础上记忆)与"监控方略"(在问题解决中,自己监控自己的理解状态)的相关。[①] 结果表明,"方略取向"与"精致化方略"、"监控方略"之间呈现正相关。"学习量取向"与"精致化方略"、"监控方略"之间呈现负相关。据此表明,学习的形成,学习量与环境也是必要的,凭借自身的努力这一学习观的形成是有效的。

　　铃木(2013)以小学生与初中生为对象,研究学习观与学习方略的关系,发现了同样的相关关系。"意义理解取向"的学习观,同制定计划、促进学习的"监控方略"与自我监控自己的理解内容的"监控方略",以及"认知活动"——以作业为中心转述学习内容的认知活动与"友人资源方略"——以友人关系为中心促进学习,有高度相关。这些事例表明,为了让儿童更多地运用学习方略,拥有"意义理解取向"的学习观的重要性。

---

① 栗山和广.编.授业心理学:从认知心理学的方法看教育方法论[M].东京:福村出版,2014:62.

旨在学习观与方略关系的研究表明,重视思维过程、思考方式的意涵,在学习方法上下功夫,从挫败中思考自己的问题所在和——拥有这些认知主义的学习观,就能够采纳多样的方略,利用有效的学习方法。其结果,自我监控学习就有了可能,从而提升学习的成绩。相反,非认知主义学习观强的学习者,认为练习量与时间量是重要的,花费了大量的时间,学习效果却上不去。可以说,让儿童拥有认知主义学习观的支援,对于提升学习成绩是非常重要的。

四、自主学习能力的培育

(一) 协同学习与结对学习

在课堂教学中"协同学习"非常重要。同学之间相互学习彼此进取,相互认同的实践是所有的学习活动场所所期待的。晚近欧美国家盛行"结对学习"(Peer learning)的概念。在这里,可以重新审视一下"自主学习"的模式。

在种种的境脉中常常运用意味着"伙伴"的"结对"术语,指向支持人们学习的"结对"的存在。如今,在学校教育中根据每一个儿童的需求来展开教育受到重视,"结对学习"具有极大的启示意义。以学习者的需求为出发点设计教学与支援学习者集体,借助怎样的过程与机制深化学习,这是必须加以明确的。

(二) 结对学习的过程

"对子"指的是"立场与地位大体同等的伙伴",所谓"结对学习"是指"同样立场的伙伴(对子)相互支撑,形成紧密的关系,掌握知识、技能与思维方式"。在这里,教与学超越了二元对立的关系,潜藏着独特的学习过程。

作为"对子"的特质,可举"互惠性"、"对等性"、"自发性"为例。所谓"互惠性"不同于教授者对学习者的单向的施惠,而是指伙伴彼此之间相互施惠的关系。所谓"对等性"指的是,对子是同等身份的人。因为立场同等,就有易于传递见解、彼此宽容的优越性。所谓"自发性"意味着彼此分享学习的主动权。在结对学习中彼此交流自己的思考,在凭借自身的能力进行问题解决的过程中实现真正的学习。

在课堂教学中实施结对学习之际,教师与支援者的适当的介入是不可或缺的。大体可以列举如下三个切入口。

其一,"社会·动机作用的切入"。通过在集体中形成"报酬"的结构来提升动机作用。这就是借助"竞争"与"协同"来进行。积极的相互依存关系的"协同"比消极的相互依存关系的"竞争",更为重要。通过对结对学习的整体进行获得报酬与评价,有助于结对学习的形成。

其二,"社会·凝聚作用的切入"。重点在于培育"社会能力"。从形成班级儿童的伙伴关系、人际关系的方式,亦即从培育社会能力开始来支撑结对学习。诸如在班级活动中给予发挥各自角色的机会,学会彼此尊重,培育相互信赖的姿态。

其三,"认知·精致化的切入"。作为一例,比如,在结对学习中,布置彼此阅读文章的活动。在结对的阅读过程中,修正错误,修饰文字,展开深度学习。一个人难以解决的课题,通过同对子的合作(结对学习),就有可能超越困难。对子的存在有助于理解与思维的认知处理的深化。

不同切入口的着力点——动机作用、社会关系、认知过程,是有所不同的,但是,没有对子的存在就不能形成学习,这一点是共同的。尝试作用于情绪、社会、认知等多样的心理侧面,作为实践应当指向的是,是否形成了伙伴之间相互学习的高品位的集体。

(三) 课堂教学中的自主学习

在课堂教学中当儿童"自学"之际,同伙伴的人际关系是重要的基础。自主学习不是独立地推进学习,而是在同伙伴与教师的交互作用中自律地调控学习的过程。在学习情境中会碰到诸多困难,学习者未必能够自律地展开学习。在这种情形下就可以通过教师支援学习者自律性的方式,逐步地发展学习者的调控能力与学习的内在动机。关于这种"主体性协同学习",在自主学习的研究中通过"社会分享学习的他者"这一个概念进行了验证。从个人与社会境脉的关系来看,自主学习的过程可以采取三种模式来发展,即"自我调整"、"共同调整"、"社会分享调整"。① 所谓"共同调整"表示,学习者之间自我调整相互整合,目标设定、计划设计、监督控制、反思、动机作用等调整活动相互交融。"所谓社会分享调整"表示这些调整活动是整个集体分享的。指的是分享班级与小组的学习目标与价值,知识与思维方式相互依靠、共同提高。

在"社会分享调整"的研究中,围绕三种调整——我,你,我们——的调整展开讨论。② 所谓"自我调整"是"我"适当地预想、深化、反思自己的学习过程,面对下一个学习步骤进行调整。"共同调整"指的是"你"要更好地学习,就得根据需求获得帮助,相互评价、指引与激励,深化学习。通过协同学习,发挥引领作用或者被转变的状况。最后是"我们"的学习目标,由班级全员共享。倘若控制与反思能够协调地展开,就能够形成社会分享调整的模式。

为了推进原本意义上的能动学习的实践,基于元认知的深度思维与确凿的自我调整的过程是不可或缺的。必须在自学的同时实现协同自学。所有的儿童在班级中内化"我们"的见解,充分地形成协同学习的班级,是当下的教育实践所期许的。

■ 专栏 6-1

积极参与教学的学习者的面貌

儿童积极参与的教学,该是怎样一种课堂教学呢? 或许会有不少的人想象,儿童争先恐后地举手发言的面貌。

日本学者布施光代等人(2006)采用问卷法调查上课的情景,不限于举手发言,尽可能广幅地把握儿童上课中的行为。首先是以小学教师为对象,感到儿童的哪些行为是"积极地参与教学"的,让他们进行自由式记叙。结果表明,教师共

---

① 钟启泉,著.课堂研究[M].上海:华东师范大学出版社,2016:49-51.
② 神藤贵昭,桥本宪尚,编著.教育心理学[M].京都:智慧女神书房,2019:150.

同描述的儿童积极参与教学的形象是:"上课时坐姿端正、认真听课、举手发言的儿童",而消极参与教学的儿童形象是:"坐姿不端、做小动作、无反应的儿童"。根据这个结果制作的项目实施问卷调查,研究抽取了作为积极参与教学行为的三个下位概念——"注视、倾听"、"举手、发言"、"准备、做作业"。

表 6‐1A　积极参与教学的行为项目例举

【注视、倾听】
- 倾听老师的教诲
- 心无旁骛,全神贯注
- 认真记笔记,注视教科书和黑板

【举手、发言】
- 举手发表自己的见解
- 讨论时,踊跃发言
- 倾听伙伴的发言之后,发表自己的见解

【准备、做作业】
- 不忘记带好必须的文具
- 认真做作业

安藤史高等人(2008)围绕这些积极参与教学的下位概念同哪些动机作用相关展开了探讨,显示"注视、倾听"同内在动机作用相关。"注视、倾听"是学习动机的表现,学习动机不高,不会发生"注视、倾听"。

我们可以默认,举手和发言之类的看得见的行为是一种积极地参与教学的表现。但不举手、发言的儿童,不能判断为参与教学的动机作用低下。我们也不能无视在上课中倾听老师的话语、甚至"言听计从"的儿童的积极性。

■ 专栏 6‐2

批判性思维及其培养

(一)批判性思维

不同的研究者对"批判性思维"有不同的定义,但都注重"批判性(怀疑性)、合理性(逻辑性)、反思性(反省性)"这三大特质。普遍引用的定义是艾尼斯(R.H. Ennis)的界定。具体地说,是有助于做出值得信赖并付诸行动的决策的反省性合理性思维。

这种"批判性思维"一般分两个侧面,亦即情意侧面与认知侧面。所谓"情意侧面"是指志向与态度,这里面表示不带偏见、设身处地地对待他者,不冲动不偏颇,保留判断,倘若主张正确就加以采纳的态势,也包含自己质疑自己见解的自我反思能力。而所谓"认知侧面"是指能力与技能。这里面包含同等看待被叙述的前提与未被叙述的前提,不排斥同话题相关的、焦点化的话题。链接推论、演绎、归纳等逻辑,评价信息源的可靠性、可信度。

学会多元逻辑探究、秉持开放心态、践行自我反思,是培育批判性思维所需要的。不是对教师的话语囫囵吞枣,被动地接受教师灌输的知识。儿童自身拥有问题意识,自己思考应当学习什么,能够主动地采取行动——这种态度与能力非常重要。不过,必须注意的是,批判性思维不等于"非难"与"批判"。就是说,"批判性思维"并不是一味地抓住对方的缺陷与短处、穷追猛打地"非难",而是包含了创造性与共鸣。

(二) 从思维技能的视角把握思维能力

在借助学科教学培育通用能力之际,重要的是阐明在各门学科中具体地指导怎样的思维方式。在以往的学科教学中基于各自学科的特性展开了思维方式的指导。不过,即便是"思维能力",其意涵也是纷繁复杂的。为了具体地把握与指导多义的"思维",从"思维能力"的视角来把握思维能力是有效的。所谓"思维能力"是在行为的层面具体化地分析思维,作为具体的技能来把握的。而作为一种技能来习得与运用,进行问题解决的能力,即思维能力,是可以通过学科教学来培育的。比如,在语文学科教学中通过记叙文的教材来学习的思维能力是什么呢? "用记叙的顺序与支撑作者主张的根据的解读方式,来进行记叙的思维方式的指导",学生就可以通过习得旨在说明文章的"序列"方法、解读记叙文"结构"的方法,以及给出主张"理由"的方法。

这样，在学科教学中培育的思维能力，作为具体的术语来把握的话，就有可能明确地展开思维方式的指导。根据泰山裕（2014）等人的研究，在日本的学习指导要领中作为跨学科教学所设定的思维能力，被梳理成 19 种。通过设定思维技能，来把握"习得思维能力、因应情境运用的能力"是可能的。

表 6 - 2A　思维能力的种类及其定义①

思维技能	定　　　　义
多视角	立足多种的视角与观点，观察对象。
抓变化	从一定的视角出发，把握前后的差异。
排顺序	基于一定的视点排列顺序。
比　较	发现对象的异同点。
分　类	根据属性区分复数的对象。
变　换	改变表达方式（文、图、画等）。
关　联	揭示学习事项之间的关联。
链　接	揭示学习事项与体验之间的关联。
根　据	给出见解与判断的理由。
预　设	设想自己行为的影响，作出适当的选择。
抽象化	从事例中抽取规则与囊括性的概念。
聚　焦	确定重点，决定关注的对象。
评　价	以一定的视角与观点、基于证据、发表见解。
应　用	运用既习知识，解决课题与问题。
结构化	根据顺序与逻辑，将相关部分整合起来。
推　论	基于证据，设想结果。
具象化	针对学习事项展示具体案例。
外　推	拓展有关事物的意涵与表象。
归　纳	凝练必要的信息，将信息可视化。

---

① 樋口直宏，编著.教育的方法与技术［M］.京都：智慧女神书房，2019：180.

第 七 讲
学 习 环 境 的 设 计

　　学习环境不仅是物理性的设施与场所,而且包含了课桌椅在内的整个空间,以及在这个空间中谁集中在一起? 进行怎样的活动? 从这种空间出发指向怎样的学习? ——这些都是构成学习环境的要素,一句话,可以归纳为"空间、活动、共同体、人造物(书籍、教材)"。这些要素相互关联形成学习环境。学习环境的设计可以区分为三种水准——组织水准、活动水准、工具水准。就是说,作为学习环境的设计不仅要考虑物理性场所,而且要考虑支撑这个场所里生成的活动、同活动相关的人,以及支撑活动的物品。学习环境设计的重要课题就在于综合地探讨这些构成要素。

一、学习环境及其设计要素

(一) 三种学习情境

　　从"学习环境"这个术语,我们会有怎样的联想呢? 学校的课堂教学是不用说的,企业的研修、终身学习中心和美术馆等进行的研讨会、音乐、舞蹈的播映以及超越物理空间的因特网的虚拟空间,等等。我们可以在多样的学习环境中得到学习。所谓"学习"是人通过与环境、工具等的反思性对话重建经验的过程。所谓学习环境的设计是指为学习者构筑触发、支援创造性学习的刺激性的场所与机会。

学习发生的情境,在目的、方法、场所上是多种多样的。不过,大体可以分为三种学习情境,可以称之为学习 1.0,学习 2.0,学习 3.0。①

学习 1.0 是通过教学获得知识的学习。这是在学校中借助典型的学习方式,从多样的学科领域接受知性刺激,拓展知识的一种学习。学习 2.0 并不是传统的知识传递的学习,而是旨在创作作品与形象,经历反复的尝试错误,来建构知识的创造性、协同性学习。演播室与画室的制作获得、研讨会等就是示例。学习 3.0,经过兴致勃勃的精心准备,在舞台上借助沉浸式的表演,以及通过为此而经营的项目而进行的学习。在受观众的热情所驱动的一种能动的学习中,舞蹈、音乐、戏剧等的表演和演出,长短期的项目活动就是典型的学习。

学习环境的设计需要有机地组合这三种学习的学习环境要素。无论在怎样的场景中都能帮助学习者醉心于学习的课题与活动。特别是在未来的学习中需要掌握的能力,除了知识与智慧的认知能力,还加上了沟通与协同等非认知能力。在这里假定的学习者的形象是,炯炯有神地与伙伴协同,不断地尝试、修正、锲而不舍地朝向自己设定的目标而奋战的人。因此,这里的"学习"不限于传统的 1.0 的学习,讲究"学习环境"之际的"学习",是指境脉中的有意义的"能动学习"。那么,这样一种"能动学习"的环境——能让学习者感受到学习本身的快乐、把挫败视为投资、敢于做出新的挑战的环境,应当如何来设计呢?

(二) 成长心态是学习的引擎

世界充满着种种的可能性。有的学习者认为只要自己努力,能力就会发展起来。另一些学习者认为,自己是无法改变世界的,自己的能力即便如何努力,也是

① 篠原正典,荒木寿友,编著.教育的方法与技术[M].京都:智慧女神书房,2018:59.

不会发展的。对于前一种学习者而言,挑战是快乐的,对于后一种学习者而言,挑战会有暴露自己无能的"危险"。这种学习者拥有的能力与对待挑战的不同态度,是基于怎样的理由产生的呢? 斯坦福大学的德韦克(C.S.Dweck)教授解释说,这是由于人们对智能拥有的个人看法的差异所致。前者的智能观谓之"成长智能观",后者的智能观谓之"固定智能观"。

拥有成长智能观的学习者,拥有"学习目标"(learning goal)——发展自己的能力,使自己成为能干的人。相反,拥有固定智能观的学习者,拥有"绩效目标"(performance goal)——目标不是学习本身,而仅仅是为了取得好成绩,关注他者如何评价自己在拥有学习目标的场合所表现出的行为方式,即以"学习"本身为目标,表现出致力于完成课题的达成取向;在拥有绩效目标的场合,则致力于学习有自信的、成功概率高的课题,避免无自信的、可能失败的、挑战性的课题,采取的是伴有无助感的行为方式。德韦克的研究表明,学习者拥有的对智能的看法,影响到达成目标、问题解决过程中的坚韧性和监控等认知过程,在学校教育中作为一种动机作用理论的可能性,受到关注。

晚近德韦克(2006)把成长智能观称之为"成长心态",固定智能观称之为"僵固心态"。他强调了向学的心理态势与思维态度的重要性,主张教育的课题是,让学习者拥有只要努力,就能改变的"成长心态"。

(三) 环境设计指向的目标

以法德尔(C.Fadel,2015)为核心的"课程重新设计中心"CCR(Center for Curriculum Redesign),聚焦 21 世纪型能力的设计,倡导教育的四个维度,构成"知识、技能、人性、元学习"的新框架,描绘了 21 世纪活跃的学习者形象。[1] 这个框架强调的第四个维度——"元学习"是值得关注的。他们关注"反思性",把"元学习"界定为由元认知与成长心态两个要素构成。"反思"牵涉到学习者的各种能力,可

—————————————

[1] 篠原正典,荒木寿友,编著.教育的方法与技术[M].京都:智慧女神书房,2018:61.

以说拓展了学习的概念。从 CCR 的框架梳理、分析、综合了世界上 32 个核心素养的框架看来,世界各国的教育在面临着同样的挑战,在向着同样的未来前进。

今日倡导"核心素养"的教育,要求学习环境设计必须有意识地培育学习者自身的成长心态,设计驱动"元学习"、着力于创造性的"学习场"。这种能力,事实上是借助教学与项目的具体目标的实现来锻造的。学习环境设计者要有意识地面向教学的课题、学习成果与项目目标的达成,同时要关注元学习方略——学习者如何重建自身关于学习的知识——的发展状态。

(四) 学习环境设计的构成要素: KDKH

概括说来,通过环境,旨在促进学习者的能动学习,就是学习环境设计。"环境"的术语包含了自然环境、社会环境等形形色色的要素,这里指的是以学习者为中心的有关学习的环境。从学习者的角度看来,教师也是环境的一种要素。所谓"学习环境的设计"是教师建构与再建构环境,旨在让学习者自然地展开主体性学习。学习环境从教室的设计到书本与学习作业单,同因特网的链接,等等。学习环境各方面的设计,都要靠教师来做。当你设计学习环境时,必须考虑的是构成"学习场"的四个要素——空间(K)、工具(D)、活动(K)、人(H)。这些要素交互作用,从而产生"学习场"。就是说,首先必须决定在怎样的地方,运用怎样的工具、进行怎样的活动,以谁为对象。

空间(K)。所谓"空间"是物理性的设施,在学校里主要是教室。不过,不同学科的教学可以准备不同的教室——诸如理科教室、音乐教室、体育馆、视听室、演习室、讨论室等。普通的教室也可以根据教学的需要,视不同的状况进行调整。

工具(D)。旨在支撑协同活动、促进对话、进行深度学习的素材与工具是不可或缺的。工具使得沟通得以活跃、拓展,便于运用的媒体、摄像机与录像机作为反思的工具,同样可以发挥威力。

活动(K)。所谓"活动"是指在空间里干什么。学习环境设计者(教师)创造这样的环境——提供脚手架,让学生拥有热情,同伙伴一道实践。活动的形态也可以视为学习环境。比如,可以区分三种功能来使用。亦即,1. 用来沟通的工作室;2. 能够发表自己的思考与作品的舞台;3. 能够安静地琢磨自己的思考的静思室。拥有了这三种功能的空间,便构成了学习场。"活动"是环境设计的关键。要求设计协同学习——参与者通过协同作业,进行创造活动,反思自身的体验并赋予意义。

人(H)。学习环境设计的第四个要素是人。拥有多种作用的人们作为学习资源形成网络。对于学习者而言,通过同伙伴的关系、同教师的关系,同"空间"、"工具"、"活动"发生着动力性的交互作用。

有的研究者把学习环境设计的观点归纳为三个,即空间、活动、共同体。"共同体"的观点是源于"情境学习论"的一种看法:学习不是一个人,而是参与实践共同体。同他者的关系建构,以及广大社会中的共同体,也是学习环境。雷斯尼克(M.Resnick)主张"从做中学",是一种质朴而有效的学习模型,倡导学习环境设计的四个关键词——项目(Projects)、热情(Passion)、伙伴(Peers)、游戏(Play),谓之4Ps。他把"娱乐"的过程区分为:1. 快乐地做实验;2. 尝试新事物;3. 摆弄材料;4. 拓展自我的边界;5. 冒险;6. 反复尝试。有别于单纯的"游戏"。他主张"锲而不舍的精神"对创造性学习尤为重要,倡导创造性学习的螺旋模型——"想象(Imagine)—创造(Create)—游戏(Play)—分享(Share)—反思(Reflect)—想象(Imagine)"的周而复始的螺旋,也是学习环境设计应当借鉴的。[①]

二、ICT 与媒体的运用

(一) ICT 与媒体的定义及其历史发展

所谓"媒体"(media)意味着传递信息的手段与方法。特别是教学媒体,指的是音响、录像胶片、教科书、图片、动画片和图解等能够沟通的教学手段,"多媒体"则是这些媒体的组合。传统的教学媒体是"教科书+黑板"。此外,使用纸质的资

① 篠原正典,荒木寿友,编著.教育的方法与技术[M].京都:智慧女神书房,2018:73-77.

料等印刷品、录像投影仪等视听媒体,电视、无线电广播等广播媒体,教师也是媒体的一种。在这些传统媒体的基础上,加上新近开发的 ICT,媒体运用的状况将为之一变。

　　所谓 ICT 是 Information and Communication Technology 的略称,译为"信息通信技术"。ICT 包括"信息技术"IT（Information Technology）加"通信"（Communication）,是电子计算机与因特网的总称。根据克拉克（R.C.Clark）和梅耶（R.E.Mayer）的界定,教学技术的构成要素被梳理成"样式、方法与媒体"三个要素,见表 7-1。

表 7-1　教学的三个构成要素①

构成要素	说　　　明	例
样　式	所有教学的基本沟通要素：图像、基于声音的文本、声音	画线、动画片、声音、叙事、教科书
方　法	旨在顺利地选择、梳理、综合这一过程的教学要素	例示、练习、类推、反馈
媒　体	配置、提供教学得以展开的手段	教师、电脑、书本 ICT 也包括在内

　　根据该分类,为了教学所使用的沟通要素是"样式"。"样式"是通过媒体发挥作用的,比如"教科书的样式"是借助书籍、电脑监控器、黑板之类的媒体来传递的。因此,ICT 也是媒体的一种。不过,ICT 是以处置所有样式的一种"多媒体"为特征的。

　　20 世纪 60 年代至今的多媒体教材的发展表明,支撑多媒体教材的技术要素值得关注。在应用到教育领域后,随着单纯的要素技术的进展,媒体特性发生变化,而且以学习设计为背景的心理学理论的主流经历了从行为主义到认知主义的推移,可见技术要素对"学习支援设计"的各个方面产生了巨大的影响。

(二) ICT 的基本特性

　　电脑具有极其大的柔软性,能够逐渐地引出电脑使用者的观念等种种优异的

---

① 楠见孝,编著.教育心理学［M］.东京：协同出版,2018：91.

特性。根据日本学者的研究,ICT 拥有如下的基本特性：1. 超越时间与空间。能够赋予学习场以时间与空间的柔软性,比之学生在同一时间同一场所集中作为学习的前提的传统型学习环境,更加自由。2. 具有双向性。信息的传递方向不是单向的,信息的接收与发现能够相互进行。3. 处理多样的信息。不仅处理抽象的语言信息,甚至能够处理数字化的、三维度的视觉信息与触觉信息等一切的信息。4. 处理大量的信息。声音、静止画、动画之类比文字信息量更多的媒体,能够以极其压缩的形态,储存庞大的学习履历的数据,并能有效地运用。5. 能够自主地利用信息。不是接收业已输出的信息,而是积极地取舍,形成并表达新的信息。6. 能够反复地尝试错误。即便是怎样反复地利用储存的信息,原本的信息也不会有丝毫的减损,能够无数次地运用。信息不管如何变更与增加,都可以恢复到原本的状态。7. 能够记录输入、输出的信息。儿童思维的过程与结果能够可视化,便于积累。8. 信息的处理与传递的速度高,不用等待时间就能顺利地处理与传递信息。①

对于教师而言,能够引出 ICT 所拥有的这些特长,将成为一种强有力的武器。

三、媒体的运用给教育带来了怎样的变化

（一）从传统方法的效率化走向运用范围的拓展

媒体运用于教育的方法发生了变化：从"传统方法的效率化"到拓展其运用范围,"产生新的运用方法"。所谓"传统方法的效率化"是指运用新出现的媒体,提高教学方法的效率。比如,电脑制作的画面代替了教师的板书,手写的资料借助电脑能够迅速制作成印刷品或者数据发布,因特网能够配置讲义、教师无需去课堂,借助 e 学习(e-learning)能够随时随地解释新问题的测验,等等。

试看 e 学习的例子,就可以发现传统的方法是怎样效率化的。e 学习是一种囊括了任何课题、任何方法,一切采用技术的广义学习的术语。亦即运用 ICT 通

① 田中俊也,编.教育的方法与技术[M].东京：中西屋出版,2017：88–89.

过联机方式提供教学的所有学习。e学习通常被译为"学习管理系统"。在一般的 LMS 中,除了能够提示教科书与动画功能之外,还几乎可以替代传统教学的所有功能:提交小论文之类的课题提出功能,同他者展开讨论的揭示板功能,小测验功能,等等。借助 e 学习,"一个人的学习"范围拓展了,也能够在面对面的教学中重点地进行集体服务工作、提出规划"学习者唯有在场才能进行的学习活动"。

所谓"产生新的运用方法"意味着随着媒体的进展,历来不能实现的或者以往不现实的教育与教学方法有了可能。借助 e 学习,在现实的学习方法中有"非同期协同学习"。所谓"非同期协同学习",学习者不是一个步调(不是同期),而是在各自适当的时间里,边学习边运用揭示板展开讨论的学习。没有了"时间"的制约,学习者可以按照自己的步调进行教学或学习。所有的学习者都有可能进行发言与提问。这样,借助运用 e 学习的特性,不仅可以提升传统的教学方法的效率,而且有可能开拓以往难以实现的学习方法。

除此之外,作为新的学习方法值得关注的是档案。所谓 e 档案是根据作为数字数据记录的学习成果进行反思,或者旨在获得重建学习成果与反思的信息而公开的工具。e 档案在教育机构中被视为保障教育质量的标识,对于学习者而言有助于反思学习,进而作为帮助学习者制定学习计划的一种支援而受到注目。

从基于教师教育的效率化到支援学习者主体的学习,可以说,媒体运用的范围得到了拓展。在这种背景中不仅是基于技术性要素进展的媒体多样化与高性能化,而且也有心理学研究成果与学习支援设计的影响。

(二) 从心理学潮流看媒体运用的历史

古拉堡斯基(B. Grabowski)梳理了媒体用于教育的心理学的时代背景。见表 7-2。要基于媒体的运用而进行教育设计,重要的是"理解媒体的特性"与"学习支援设计的方法论"。心理学的研究成果对这两个方面都有影响。特别是对学习支援设计的影响极大。在行为主义、认知主义、建构主义相继作为教育背景的心理学的潮流中,人的学习从被视为"刺激与反应的结果",到"知识的自主建构"。这个事实所反映的是教育者着眼点的转移,亦即学习支援的方针从教师指导转向了学习者主体的学习。表7-2归纳了在心理学发展的不同时代教育媒体的运用状况。

表7-2　教育媒体利用时代的三区分①

时代划分	行为主义心理学	认知主义心理学	建构主义心理学
学习的特征	形成刺激—反应—反馈的周期,重视显性的反应。	重视以刺激—反应—反馈周期为中心的反思。	重点放在通过社会意义的沟通,建构反思。 强调容许学习者的责任与多样性。
媒	演示	双向媒体	社交媒体
体	电视、投影仪、社交档案 电影、印刷物 早期的PC	CBI、CAI、教学录像、因特网	Blog、Wiki、虚拟世界
实现程度	● 视听信息的一切提示方法 ● 学习者学习进度的控制 ● 历来不可能的判定正错的即时反馈。	在历来丰富信息的提示之上,出现通过信息刺激思考的方法。比如: ● 插入提问,让其做出明示的或者非明示的回答。 ● 学习者操作经过梳理的刺激,非明示的答案。 ● 学习者通过梳理的刺激促进理解。 ● 从因特网获得基于境脉的现实数据。 ● 支援以电脑作为思维工具的思考与理解的过程。 ● 利用多媒体的多样的反馈。 ● 基于知性代理的高阶回答处理。	● 通过运用因特网的庞大资源,提示真正的课题。 ● 运用电脑的划时代的可视化与数据分析。 ● 借助揭示板之类的新媒体促进并公开个人的、小组的反思。 ● 支援基于公共数据的知识建构。
示例	程序学习教材	CAI、双向视频教材、多媒体教材	e学习、开放教育

(三) 从教师主导的教育到学习者主体的学习

　　使用媒体的教育支援的对象也从学习者遵循教师的指令的教师主导型教学转向注重学习者自律性学习的学习者主体的学习。表7-3归纳了不同学者的教

———————————

① 楠见孝,编著.教育心理学[M].东京:协同出版,2018:98.

育形态的分类,反映了教师与媒体的角色分工、信息技术的运用方法和学习者主体性的程度。

表 7-3　教育形态的分类[①]

代表者	教师主导		学习者主体
教学形态:教师与媒体的角色分工(中野照海,1982)	**作为教学辅助手段的媒体:**媒体通过教师的过滤,向学习者提示。教学的全过程由教师运用媒体直接对学习者讲解,教科书即是这种形态的代表性媒体。	**半自立性媒体:**与教师或协同或独立作用于学习者。承担教学的一部分,剩下的由教师担当。教师在说明学习课题之后,利用 CAI 进行训练,或者观看讲课录像之后说明相关事项。	**全自立性媒体:**学习者直接运用媒体自学,教师即便不在教室,学习者也能进行学习的学习环境。诸如慕课与 e 学习等。
学校的信息技术模型(R. K. Branson,1990)	**口头传承的范式:**教师口头(尔后也使用印刷教材等)单向传递知识与经验。学生为评价而读书。	**现行的范式:**教师提供信息与经验。对所提供的信息进行选择,师生交互作用增加,学生之间非正式的交互作用也起作用。	**信息技术范式:**学生同专家、数据库、专家系统及其他学生也在交互作用中学习。教师不传递知识,只承担数据库和专家系统不能承担的部分。
联机学习的三种类型(LHarasim,2017)	**联机远距离教育:**根据分配的教学内容进行个别学习。教师以传统的授课方式进行函授教育。	**联机教学录像:**基于电子计算机的个别学习。联机录像上课。没有讲授者与学习者之间的人—机对话。	**联机协同学习:**学习者之间进行讨论的联机协同学习设计。

(四) 新媒体利用者的角色变化

　　谁都可以借助因特网进行检索,通过慕课上课。过去作为信息提供者的教师的作用也发生了巨大的变化。那么,哪些变化是必要的呢?

　　教师的作用是"教学的媒体"与"支援学习的设计者"。随着媒体的发展,教师这两种作用的发挥变得越来越迫切。作为媒体的教师不仅要修得运用新媒体的教学方法,而且必须在转变传统的角色、让新媒体发挥作用上,承担新的角色,教

① 楠见孝,编著.教育心理学[M].东京:协同出版,2018:98.

师从知识传递者转向应对学习者的多样需求的角色转型。作为"设计者的教师"必须理解新媒体的特征,具备学习支援设计(不仅仅是信息提供者)的本领。这就要求教师修得适应其角色的知识与技能。

媒体的进展不仅影响到教育提供者的作用,而且一旦学习形态发生了前所未有的变化、新的学习方法问世,利用媒体的学习者也迫切需要新的知识与技能。除了操作电脑的技能之外,能够展开运用电脑的一系列活动是一个大前提。这就意味着学习者必须具备能够适当地运用媒体的素养。亦即,不仅能够获得适当的信息,而且能够发出信息,防止学习者错误使用媒体,养成适当的发信者的媒体素养。

四、教学设计(ID): 寻求优质教学的框架

(一) 何谓"教学设计"(ID)

所谓"ID"(instructional design)是指旨在提升教育活动的效果、效率、魅力之手法的集大成的模式与研究领域,以及应用这些实现"学习支援环境"的过程。在欧美各国自古以来就一直在运用教育技术学的核心概念。可以说,ID是借助授业设计的方法、理论、实践研究而支撑的形成教学之基础的技术。ID指向的,对于学习者而言是构筑最优的学习环境来支援学习者的学习技术,也可以说是为儿童提供"最优学习"的一种框架,这是任何教师都梦寐以求的。在梳理这种教师的学习活动的设计的技术中,拥有ID的成分,也能够成为教育者客观地看待自身的教育实践,是旨在说明与改进是否能够提供优质教学的一种工具。

ID寻求的"优质教学",聚焦"懂与不懂"、"能与不能"的课题,涵盖了三个特质: 效果、效率与魅力。其一,"效果"。教学中总是有"想教的东西",即"学习目标"的。可以说,能够达成教学目标,教学就是有效果的。其二,"效率"。指的是在物理空间与时间方面都不能浪费,应当选择、践行适于学习目标的教学方法,最大限度地发挥课时的效率。不仅教授者,学习者也期待效率。又好又省地达成目

标是儿童自然而然的心态。其三,"魅力"。干劲、动机作用、意欲、达成感等等,都可以用这种语汇来表现。教学的期待感会点燃儿童的学习热忱。不仅是效果、效率的手段,把魅力作为一个目标来把握,指的是儿童在教学的每一个阶段里醉心于学习。倘若做到了这一点,可以说教学就是有魅力的。在 ID 中,通过组合上述三个要素,就能够达到"优质的教学"。

(二) 抓住 ID 的基本形

怎样才能提升 ID 指向的"效果、效率、魅力"呢? 这就意味着,需要借助学习目标、评价方法以及教学内容三个要素的平衡组合,才能实现。上课并不是一节课能够了事的。每上一节课,都需要求得目标、评价内容的平衡。一节课上不好,就得调整前前后后的教学。没有时间,就得从优先度出发,进行聚焦。是否能够最大限度地发挥有限的资源(时间、人力、物力),展开"优质教学",取决于整合"目标"、"评价"、"内容"三个要素的 ID 的基本形。

ID 的基本形所指向的第一个要素是"学习目标"。不是谁"接受了多少课时"的教学,重要的是确认"学了什么"、"会做什么",这是 ID 的基础。第二个要素是"评价"。无论怎样的学习目标,要确认儿童的达成度,就得预先制定评价的步骤。在 ID 中"评价"与"目标"是表里一体的,不是在教学实施之后再考虑评价的方法,而是在揭示目标的同时,就探讨评价阶段的步骤。第三个要素是"教育内容与方法"。亦即教学应当怎样展开。比如,登山的路径有多个,面对同样的目标,到达的方法是多样的。现代的学习环境多样、方法的选择范围宽泛。应当最大限度地运用这些,选择适当的方法。可能的话,准备好几个选择项,也可以探讨哪些是儿童喜好的选择项。这是同真实性学习联系在一起的。

(三) 取得教学平衡的诀窍

在上述的 ID 的基本形中三个要素的一致,谓之教学设计的"整合性"。这是一种在符合目标的教学计划中,其教学内容与教学方法所采用的状态。比如,以培育思维方式为目标的教学中的评价就不应当是一味死记硬背的考试,或是以教师的讲授为中心。否则,三个要素七零八落的,不可能有教学的平衡。我们需要指向三个要素彼此一致的整合性。取得教学平衡的重要诀窍是,不是从教学内容与教学方法的探讨入手,而是从谁、要学习什么入手,来探讨教学的方式与进度。宜在学习目标及其评价明确之后,探讨基于学习者与环境,该选择怎样的教学方法。

早在 20 世纪 60 年代,美国教育技术学专家马杰(R.Mager)就提出"三问",旨在阐明目标的重要性:一问"去哪里",二问"怎么样",三问"怎么去"。具体地说,第一问是教学的指向——"学习目标是什么?"亦即明确学习目标。第二问是明确旨在确认目标达成度的评价方法——"怎样评价学习目标达成了?"第三问是选择同目标匹配的教学方法——"怎样进行教学以便达成学习目标?"马杰的这"三问"揭示出从"现状(问题的状态)→目标(理想状态)"的演变过程中,教师的教学设计需要考虑的问题,强调了明确学习目标、评价方法与教学方法、保持三者的整合性的必要性。保持学习目标、评价方法与教学方法的整合性是一切教学所必须的,在让学习者自律性展开学习的场合,尤为重要。这是因为,教师在这种场合不可能随机应变地处置,所以预先规定学习者指向什么、怎样学习、怎样才算合格,是非常必要的。

另外,取得教学平衡的一个诀窍是"改进"。即便意识到三个要素的整合性质,也未必如愿以偿。重要的是根据评价结果,"改进"教学。

■ 专栏 7-1

ID 第 一 原 理

众多的人以为,大量地灌注教科书的知识内容便是"学习"。借助这种学习,在现实生活中能够运用的知识到底掌握了多少呢? 学校与现实之间终究是存在差别的,仅仅靠死记硬背的书本知识,是不能运用的"死的知识"。怀特海

(A.N.Whitehead)称之为"非活性的知识"。不用说,从学校毕业走上社会,需要的是有助于实践的知识。这是因为,在自己直面的情境中,倘若不能发挥能力,那是没有意义的。那么,这种学习方式的要诀是什么呢?

从习得"活的知识"的角度,梅里(M.D.Merrill,2002)提出了"ID第一原理"。所谓ID是Instructional Design的简称,是一种学习环境设计的理论。该理论凝练了晚近ID领域提出的教学理论的共性部分。ID第一原理包括五个要件:

* 问题——把现实中发生的问题摆在学习者面前,让学习者"挑战现实中发生的问题"。在这里重视的是尽可能以接近现实的境脉来展开学习,谓之"真实性"。可以认为,越是真实性的学习,学到的内容越是能够在现实的情境中得以活用。

* 激活——唤起学习者过去的经验。为了解决"问题",在给出正解之前,首先要提出"你认为应当怎么解决"的问题,借以动员业已掌握的知识。倘若能够使得学习者感悟到"唔,以往学得的知识不够了,需要有新的智慧",那就是走向新的学习的契机。

* 例示——在提供基本的信息、作出逐一讲解之前,先举例说明。所谓"百闻不如一见",让学习者接触案例的诀窍,在学习情境中是有效的。

* 应用——在学习中一旦明确了怎样的事例,就得进入在不同的案例中实际运用的阶段,谓之"应用"。亦即在示例之后设置运用(练习)的机会。

* 综合——所谓"综合"是指准备好在实际的现场中运用业已学到的知识、反思学习成果的机会。借助学到的知识在实际情境中活用的经验,才能真正掌握新的知识与技能。而后,再反思学习的成果,展开检讨。这是同培育"能够客观地发现自身的学习、优化尔后的学习"的"自律性的学习者"息息相关的。[1]

---

[1] 铃木克明,等,编著.学习设计指南[M].京都:北大路书房,2018:159-161.

■ **专栏 7‑2**

学习的水准与保障

学习的水准

近年来,学习的水准受到重视。"学习"可以从"整体(性)、领域(境脉)与状况"三个水准来加以把握。比如,"整体"包含了语文学习、数学学习、英语学习等各式各样的"领域"。在英语学习中,又包含基于课堂对话的学习、单词学习、利用视听教材听力练习等各式各样的学习状态。这样,教师在把握儿童的学习与动机之际,这三个水准也可供参考。

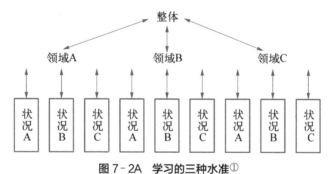

图 7‑2A　学习的三种水准①

三重保障

以往关于动机作用大多关注整体水准(学习的动机)、领域的水准(比如语文学习的动机之类),几乎没有聚焦情境动机作用与学习。不过,比如,对英语的练习显示不感兴趣的学生,却在课堂的英语会话中炯炯有神,即便是同样的学习动机作用与学习也会随着情境的不同而不同。在这里,值得注目的是"保障"的概念。所谓"保障"是指要求把握人与环境之间以现在进行的方式能动地发生变化、

①　田爪宏二,编著.教育心理学[M].京都:智慧女神书房,2018:95.

更加浸润于"情境"的学习状态与参与方式。具体地说,主要采取如下三重保障:

1. 行为性保障:包含特定的具体学习情境与学习课题中的参与、努力的持续性与忍耐力。

2. 情绪性保障:特定的具体学习情境与学习课题中有关兴趣、懒散、焦虑、乐趣之类的学习者的情绪性反应。

3. 认知性保障:包含特定的具体情境与学习课题中的注意、专一、挑战的癖好、认知性操作(运用认知性方略、元认知等)。

所谓"保障"是表示根据情境而不断变化的对学习的进取(包含动机作用的要素)的一种概念。这种"保障"直接牵涉学业成绩,所以对学习而言是非常重要的。在日本的《学习指导要领》中,作为学习评价的有关观点,就是"兴趣、意欲、态度"。亦即,教师也必须适当地把握和评价儿童的能动状态。为此,教师就得从日常的细节中关注儿童在种种情境与状况中的动机作用。

■ 专栏 7-3

个性、个别差异与认知风格

何谓"个性"与"个别差异"

在学校中,每一个学生都是不一样的。不用说身长、体重之类的身体特征,性格与思维方式等心理侧面也存在种种不同的个性与个别差异。"个性"与"个别差异"的术语,在是否同他者比较这一点上有所不同。就是说,所谓"个性",指的是每一个人拥有的独特的性质,而"个别差异"是指同他者比较的时候显示的素质与能力的差异。比如,性格温和、循规蹈矩、急躁,等等。有种种的个性,这些即便有异于他者,一般也是不能比较的。另一方面,就性格温和而言,在某种情境中,按照某种标准是可以同他者进行比较的。这个侧面谓之"个别差异"。尽管如此,在学校教育的种种情境中,教师根据儿童的个性与个别差异展开指导是十分重要的。

性格与个别差异

表达人类的心理侧面的个性与个别差异的代表,可举性格。首先梳理一些有关性格的术语。

表7-3A 有关性格的种种术语①

术 语	主 要 定 义
人 格	赋予其人的行为以时空的一贯性的特征。自我、性格、个性之类的综合概念。
性 格	每一个人特有的行为方式。作为综合的组织体的个人的整体形象。制约个人适应的独特性的要素。
自 我	个人把自己视为唯一的持续的存在而发挥作用(自我意识)。在自我意识中,活动的感觉(能动性)、独立的意识(单一性)、抱持定力的意识(同一性)、面对外界与他者时的自我存在的意识。
气 质	以性格为基础的有关情感的遗传性、生物学特质,对刺激的感受性、情绪的质、情绪的强度、动摇的程度、反应的强度、速度等。

如何对性格与个别差异进行分类,有代表性的是类型论与特性论。所谓"类型论",表示基于某种标准的典型性格。对不同个性进行分类的思考方式是20世纪初在德国发展起来的,其代表是德国精神医学家克雷奇默(E.Kretschmer)倡导的基于性格的性格"类型论"。德国心理学家斯普兰格(E.Spranger)基于"理论、经济、审美、宗教、权力、社会"之中寻求哪一种文化价值,作出了六种性格分类,亦即,1. 理论型——寻求理论的价值。2. 经济型——寻求金钱与社会地位的价值。3. 审美型——寻求审美的价值。4. 宗教型——寻求信仰的价值。5. 权力型——寻求他人服从的价值。6. 社会型——寻求服务活动与福利的价值。类型论有助于对性格的理解,不过其缺点是,中间型的性格往往不符合典型案例的性格而受到无视,或者把性格类型加以僵化。

所谓"特性论"是基于性格的特性(在某种状况下表现出特征性的行为倾向)的组合而决定的思维方式,以英国与美国为中心发展起来。代表性的案例是,利

---

① 田爪宏二,编著.教育心理学[M].京都:智慧女神书房,2018:127.

用英国心理学家卡特尔(R.Cattell)倡导的基于因子分析方法的"16 种性格特征"。另外,美国心理学家戈德伯格(L.Goldberg)倡导性格特性由五个因子组合而成的大五因子论,见表 7 - 3B。

表 7 - 3B　戈德伯格的五种性格特性①

性　格　特　性	特　　征	表达性格的术语例
神经质倾向(N)	对环境刺激与精神紧张的敏感性、焦虑与紧张的强度	担心、易受伤、易紧张
外向性(E)	社交性与活动性、积极性	社交性、善言辞、阳刚
对经验的开放性(O)	知性好奇心的强度、想象力、对新鲜事物的亲和性	独创性、思维敏捷、好奇心强烈
协调性(A)	利他性和共鸣性、大度	温和、宽容、协同性
诚实性(C)	自我控制力与对达成的意志、一丝不苟、责任感强	计划性、勤恳、循规蹈矩

在大五因子论中,性格的个别差异被视为各种特性的量的差异。因此,其优点是能够过细地把握性格的特性,也便于进行个人之间的比较。其缺点是难以综合各个特性,将其作为一个人的整体的特征与个性来把握。

认知风格

在学习与工作中,解决课题之际的速度与准确性,以及如何把握课题的认知方式,也存在个别差异。这种个别差异谓之"认知风格"。认知风格是一种在处理信息处理与判断方式中表现出来的个性。美国心理学家凯根(J.Kagan)等人利用MFF 测验的研究,将解答快但错误多的谓之"冲动型",费时但错误少的谓之"深思型"。这里所谓的 MFF 测验指的是,尽快精准地找出同例图一样的图。借用这个思路,设计出有细微笔画差异的汉字让学生分辨,有助于提升识字率。比如,美国心理学家威特金(H.A.Witkin)等人根据是否容易接受周遭的信息,区分为

---

① 田爪宏二,编著.教育心理学[M].京都:智慧女神书房,2018:128.

"场—依存型"与"场—独立型"。"场—依存型"的人是一种容易受到周遭的影响的类型,在问题解决中能够利用信息,但其负面是容易接受周遭环境的蛊惑。相反,"场—独立型"的人,不容易受到周遭的影响,不容易受到周遭环境的蛊惑,但有不善于利用周遭信息的倾向。

思维风格

关于在教学中是否能够很好地理解教学内容的差异,不仅在于知性能力的高度,还包括如何运用自身拥有的能力来解决问题——这种"思维的偏好"的个别差异也是一个影响要素。美国心理学家斯滕伯格(R.J.Sternberg)把这种个别差异谓之"思维风格"。在他看来,关于思维风格存在若干范畴。

表7-3C　思维风格的类型①

思维类型	特　　征	擅长的情境例
单独型	专一	要求集中作业的情境
序列型	决定优先顺序之后再进行	教师提示优先顺序、有效地应对重点课题的情境
并列型	同时处理多项课题	必须兼有多项课题的情境
任意型	无边际地应对复数的课题	必须从种种的场所获得信息的情境

要使得儿童易于面对课题的解决,就得整顿符合儿童个性与个别差异的学习环境,这就是"环境的结构化"。

专栏7-4

"学习者中心"的学习环境的创造

（一）"北风型教育"与"太阳型教育"

在《伊索寓言》里有一则《北风与太阳》的故事。说的是北风与太阳争论谁最

---

① 田爪宏二,编著.教育心理学[M].京都:智慧女神书房,2018:132.

强,看谁能最先让一个旅人脱去衣服。北风向旅人发威,风势越猛,旅人越是寒冷,越是添加了衣服。太阳则把阳光洒向旅人,旅人感觉暖洋洋的,而后热烘烘,于是干脆脱去了衣服。孰优孰劣,泾渭分明。如果把北风与太阳比喻为不同类型的教师,旅人是"儿童",脱去衣服的行为是"学习",实在是意味深长。

在我国教育界"北风型教育"根深蒂固,以为只要北风使劲地往旅人身上吹,就能逼得旅人脱去衣服,相信强制教育是可以奏效的。相反,"太阳型教育"以温暖的阳光让旅人脱去衣服。这则故事表明,"晓之以理胜于命之以令",教师的职责在于为儿童创造自主学习的环境。围绕两种教育路线的论争,以往一般是基于"教师—学生"、"指导—支援"、"动机—知识"这种二元对立的图式展开的。我们应当超越这种二元对立论,以"北风与太阳"的对比作为一个线索,洞察两种教育的分野,并重新审视"学习者中心教育"的理念。

"北风型教育"的局限性是显而易见的。在这种教育观看来,基础知识与技能应当优先,"动机"是次要的。但学习当然不是单纯知识、技能的习得,动机与知识、技能是浑然一体的,不是对立的。学习的目的是提升"经验的自我",形成自己的创造力。在建构主义看来,知识、技能原本不是从外部灌输的,而是通过尝试错误、借助主体性学习活动,深化自身的认识,才得以巩固确证的。形成知识与技能的认识主体正是学习者自身,学习意欲乃是其原动力。

"太阳型教育"(学习者中心的教育),绝不是从"强制"的一个极端走向"放任"的另一个极端。所谓"太阳型教育"指的是,创造出能够激发每一个儿童内在的"进取心态"的学习环境。教育的职责在于最大限度地尊重个人作为学习者的存在的同时,保障他们的学习与成长。就是说,所谓"学习者中心教育"意味着同时着眼于兼顾每一个"学习者"与他们富于个性地展开的"学习"的一种教育实践,而非"有活动、无学习"。

为了实现"太阳型教育",就得统整地、相辅相成地发挥"知识·技能的习得"、"思维·表达的活动"、"学习意欲"的功能。这种高质量的学习正是主体性学习的真貌。

（二）"学习者中心"的学习环境的创造

"学习者中心"的学习环境设计需要特别留意的几个要点：[①]

1. 体验探究文化的场域。"探究"是基于最高维度的学习意欲的学习体验，这只有在学习者自身感受到想求得"更深更广的理解"、"达到更高水准"的场合，才能持续发展。就是说，即便教师强调探究，倘若学习者自身并不想探究，那么探究活动是不可能发生的。教师的工作就是让学习者自身发生探究的欲望。唯有如此，才能在班级与学校中把"探究文化"扎下根来。在探究文化中，受到求得更深更广的学习意欲的支撑，共同分享问题，彼此探寻根据与逻辑，从而展开协同学习。这样，重要的不仅是作为学习成果的知识，在学习过程中体验到的感悟也应当珍惜。

2. 同真实性课题相遇的场域。"学校里学习的课题"与"社会上遇到的课题"，往往存在着鸿沟。当然，"学校课题"并不是毫无意义的。尽管如此，在日常生活与社会生活中遇到的"真实性"的课题，在单元设计中是不可忽略的一个要点。让儿童直面真实性的课题，学会思考、判断与表达，是人类生存不可或缺的。教师应当持有真实性课题的视角，让儿童真切地感悟到课题的意义与价值，并同儿童学习意欲的培育关联起来。

3. 通过对话展开交流的场域。毫无疑问，学校是共同学习的场所。通过语言的、非语言的沟通，求得理解与学会问题解决。不仅是同班级同学与教师之间的沟通，倘若是真实性的课题，同校外人士的沟通也是重要的。这就要求教师展开"交流场域"的设计——通过儿童同他者的沟通过程，能够体验到主体性学习的充实感与达成感。一般而言，在课堂教学中有"发表型言说"与"即兴型言说"两种。前者是有预先准备好的"原稿"用以发言的。儿童的发言往往是"发表型言说"。这种发言尽管娓娓动听，但难以说是一种真正意义上的沟通。所谓"即兴型言说"，有时包含了一时难以明言的、临场发挥的一种言说。我们日常生活中的沟通

[①] 鹿毛雅治.授业这一活动：同儿童一起创造"主体性学习的场域"[M].东京：教育出版,2019：52-56.

基本上属于这种"即兴型言说",然而却没有成为学校课堂教学言说的主流,"发表型言说"远比"即兴型言说"多。我们并不全盘否定"发表型言说",但倘若是重视基于"进取心态"的主体性学习,那么,学校的课堂就必须重视"即兴型言说"。

第八讲
教材与教学创造

教材是教师上课之本,所谓"教材"不是单纯的学习素材,而是根据学习者拥有的经验与学习环境、课程标准所示的学习目标及学习内容而编制出来的。教师要根据教材与教科书的特点、基于学习者的理解,寻求教学效率提升的教材研究与教材开发。本讲围绕教材与教科书的基本性质及其演进,同教学实践与教材研究相联系,做出若干解读。

一、"教材"及其在教育实践中的作用

(一) 从"素材"到"教材"

教育在本质上拥有两个主体,即必须发生某种变化的主体与施加影响作用于该对象的主体。在这两个主体之间,介入了变化的目的及其过程中获得的内容;根据影响作用而使用的方法与技术。教育的这种状态在"学校"的场里,主要表现为教师对学习者施加的影响。教师是教育实践创造的主体——学校的整个课程,特别是通过教学的机会,来促进学习者的变化与发展,塑造理想的人格,培育"生存能力"。

　　教师的教育实践及其教学的创造是凭借学习目标、学习内容、教学与评价的方法等多样要素与相互关系而创造的一种活动。倘若把它比喻为"烹饪"的活动，那么，关于教育的方法与技术的见识与体制，旨在将教育实践作为一种"学"来把握的场合，就相当于烹饪中的"食谱"了。

　　要"烹饪"就得有肉与蔬菜。不过，食物本身并不是适用于一切的烹饪、预先存在于环境之中的。食物仅仅是一种存在，只是有可能成为烹饪要素的"素材"而已。这些素材往往需要改变其大小、形状，剔除不要的部分，加热或者冷却等，食物是根据烹饪的用途而加以甄别与加工的。同样，在食物构成烹饪的一系列过程之中，要根据"烹饪"的目的与材料、工具与技术等要素的组合，做出适当的步骤与设想。食物是否做一些加工、要做成怎样的料理，是在设想之下做出的判断。作为教育实践之学的方法，就像做料理的步骤、记录美味的诀窍的"食谱"那样，可以说是人格塑造的范式及其实践经验与知识的集大成，是一种体系。

　　顾名思义，所谓"教材"指的是基于广义的教育实践中所组织的学习活动的需要而运用的学习材料。这种材料既然是视学习活动而用的，就得根据学习目的的要求来判断是否可以作为"教材"。在学习目的之下，一种材料同其他材料匹配、加工、取舍选择、作为学习内容而构成的材料谓之"教材"。因此，"素材"可以成为形成学习之用的材料，但素材并不就是教材。"所谓'教材'不是单纯的学习素材，而是在学习者拥有的经验与学习环境、课程标准等所示的学习目标及学习内容的链接之中创造出来的"。[①] 就是说，所谓"教材"是把有可能用于种种学习活动的"人、事、物"之类的"素材"，置于特定的目的与条件下，进行取舍选择、加工重建而成的材料。这就要求教师作为教育实践的一个承担者，能够在"素材"所具有的运用可能性之中，发现学习目的与学习内容，掌握并发挥重建教材的专业能力。

（二）教材：学习者与学习内容的媒介

　　在承担教育实践的两个主体之间，"教材"要在学习活动中发挥作用，就得满

---

① 樋口直宏，编著.教育的方法与技术［M］.京都：智慧女神书房，2019：91.

足两个要素。第一个要素，学习者以"教材"为媒介，掌握学习内容及其价值。通过获得"教材"拥有的价值，满足自身的学习意愿，达成学习目的。在这种场合，在具体地构成学习内容的"教材"中，要求发挥两种功能。其一，遵循教育期许的理想的人格塑造的目的，各门学科及领域各自规定的目标、内容与处置方式，向学习者传递承担人类社会普适的文化的、社会的价值。其二，激活学习者自身所拥有的经验，通过文化的社会价值的再生产，促进多种能力的发展，实现理想的人格塑造。这是学习者在自身生活环境中主体性地获得文化的、社会价值的创造。第二个要素是，"教材"在满足第一个要素的同时，作为信息内容中媒介的考察对象或操作对象，得以具象化，在学习者的学习活动中发挥作用。这种"教材"的功能状态，以学校教育为例，大体可以分为四种。在这些"教材"运用的场情景中，适应学习活动的种种情境的需要，可以期待发挥更好的作用。

1. 表达活动用教材——学习者用于表现活动与发表。以及具有旨在理解的图表、演示功能的教材（实物投影仪、幻灯机、电子黑板等）。

2. 工具、实习用具教材——学习者实际使用的具有旨在深化理解学习与实习功能的教材（粉碎机、卷尺、卡片教材）。

3. 实验、观察体验用教材——具有有效地推进学习者的实验观察和体验功能的教材（携带用扩声机、便携式无线收发两用机、栽培工具、室温度计、应急工具系列）。

4. 信息记录用教材——具有记录有关教育实践信息功能的教材（数码相机、DVD）。

在以上所示的"教材"中，有很多是被视为"教具"的，在没有特别必要区分的场合，一般采用"教材·教具"并列的提法。教材与教具的差异是受学习活动中发挥的功能的差异所制约的。对于学习者而言，直接以学习内容为媒介的，称为广义的"教材"，间接采用媒介的被视为"教具"。比如，在"理科"教学中观察植物的生长所实际使用的栽培工具，是理解植物的培育方式与植物构成本身起作用的一连串学习所必须的"教材"，而作为观察植物之器具加以使用者，就是"教具"。学习者不仅作为"教材"，理解有关植物生长的概念与法则之类的学习内容，而且作为"教具"，理解栽培工具的功能，并利用其功能展开实验与观察活动。

（三）教材：促进学习活动中的对话与思维

"教材"在承担教育实践的两个主体之间，是作为媒介使教育实践得以形成的材料。不过，"教材"作为结果，在人类社会中受到广泛认可，认识到教材是文化的、社会的价值观与知识体系世代相传的材料，但不能说，"教材"在实践中的应用是充分的。在教育实践中，为了更好地发挥"教材"的两个要素，必须从学习活动单纯地通过"教材"的介入学习内容得以"传递"与"记忆"的立场，转向通过学习活动中的对话与思维，来获得理解经验的机会。在这里，设定学校教育中的教学场景，以"水"作为"教材"的例子，从若干视点出发思考一下"理解"的经验。

首先，水具有什么性质呢？倘若能够通过重量、味、色等尽可能多的要素与指标来理解的话，那么就能够理解水了。于是，学习者就有可能通过关于水的多样的要素与指标，结合引出的事实，进行谁都能够接受的、关于水的多样的分析性说明。

其次，倘若运用多样的要素与指标能够"表达"水是什么的话，那么就能够"理解"水了。于是，学习者是否能够理解前提性概念——重量、味、色等，和概念之间的相互关系，就成为一个问题。学习者是否真正理解这些不言而喻的概念，是否确凿地把握了知识，通过向不同的他者重新解说的机会，也是成为把握学习者自身的理解程度的一种方法。

把水同其他的物质与要素进行比较对照，倘若能够"理解"此前掌握的关于水的信息、建构新知的话，那么就能够理解水了。学习者或者联系生存于"冰川水"流域的人类与产业，或者作为"饮料水"想起日常生活场景。通过同自身的生活经验相结合来思考水的作用，学习者就不仅停留于水的物理性、科学性的知识理解，而且是将其作为社会知识得以重建。即从某种学问侧面建构的知识，将其同自身的经验与体验相结合，使之产生质变，从而重新获得了新的知识。

这样，为了在教学情境中活用学习者自身的既有知识与生活经验，通过伙伴之间多样的知识与经验的交流，获得"理解"的经验，每一个学习者就必须有"参与"的阶段，亦即通过同分享教育实践的其他学习者的对话与思维交流的阶段。在这个阶段里，必须让学习者认可学习者之间的差异，充分运用各自的素质与能力，保障多样的学习机会与学习内容。

同时，教师必须以"教材"为媒介，通过组织、刺激与帮助学习者的自主性活动，建构有助于引出学习者多样性与个性的"教材"与教学；教师必须不断地调整自己的影响作用，借以促进每一个学习者的问题解决。并且发挥作为一名"人师"的人品、个性、教育观和能力，讲究对"教材"进行加工的功夫。

二、基于教材研究的教学创造

（一）教学三角形与教材的地位

教学的概念与功能，可以比喻为"教学的三角形"。这里所谓的三角形，是指"教师—教材—儿童（学习者）"，从而形成"教师—教材"、"教师—儿童"、"教材—儿童"的关系。所谓"教师—教材"，意味着教师面对教材，选择、排列怎样的内容，思考教学方法这一广义上的教材研究，这是建构教学所不可或缺的。不过，离开了作为学习者的儿童的发展阶段与兴趣之类的实际，恐怕只能是教师的一厢情愿。对此，"教师—儿童"关系就意味着教师对儿童的指导与支援，这是教学中的核心关系。不过，倘若没有传递知识的教材，就不能掌握知识、技能以及相关的能力。缺乏教材的"教师—儿童"关系，被称为有别于教学指导的"学生指导"、"生活指导"，它是作为一种对人格起直接影响作用的功能。再者，关于"教材—儿童"的关系，相当于学习论中聚焦儿童怎样学习的问题。不过即便没有教师的影响作用，儿童对作为对象的事物与事件具有兴趣，就可以展开学习。

所以，教学要满足"教师—教材—儿童"这一三角形的条件。正如"教育性教学"那样,学科内容的教学不仅传递知识,而且同人格的形成息息相关。这就是教学的真貌。在教学中求得这三者的平衡是至关重要的。

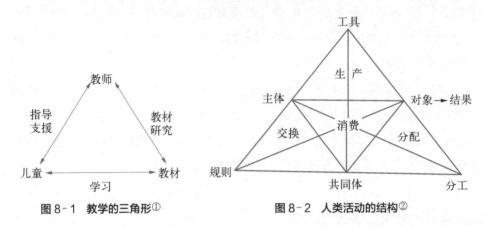

图8-1　教学的三角形①　　　　图8-2　人类活动的结构②

不同于教学的三角形模型,恩格斯托姆(Y. Engestrom)受维果茨基(L. S. Vygotsky)的影响,提出了"拓展性学习"的不同模式(图8-2)。在这里,基于人类的活动是以文化为媒介的活动的认识,提出了活动系统模型,由如下要素构成——"主体"、"对象"、"共同体"以及彼此相互连接的"工具"、"分工"与"规则"。具体地说,教师是"主体"、学习者是"对象"、班级是"共同体",凭借学科内容与教材的"工具",进行说明、发表、讨论的"分工",在学习纪律那样的"规则"之下形成教学。③ 教材的性质,以及作为"主要教材"的教科书的模式,在教育实践中是学习者自身完成自我实现不可或缺的要素。

(二) 编制"好教材"的若干原则

日本教育学者从教材的"科学性"的角度阐述了编制"好教材"的若干原则。④

第一原则,把教学内容提升到"高水准科学"的高度。这是编制教材、决定教

---

① 樋口直宏,编著.教育的方法与技术[M].京都:智慧女神书房,2019:65.
② 樋口直宏,编著.教育的方法与技术[M].京都:智慧女神书房,2019:65.
③ 恩格斯托姆,著.拓展性学习:活动理论研究[M].山住胜广,等,译.东京:新曜社,1999:79.
④ 宇野忍,编.教育心理学[M].东京:中央法规出版,2007:251-270.

学成败的第一个原则。学习无非是"既知的变革与拓展"，倘若是同儿童的既知没有接点的知识，原则上不应当成为他们学习的对象。任何一个人都是基于生活经验，自主性地形成有助于适应环境的知识的，这种知识就是人的"既知"。因此，"既知"对一个人而言，是适应自身环境对其起作用的"正确知识"，是以往的认识经历形成的"信念"。然而，基于生活经验而形成的既知，即便有可能适应狭小的日常世界，但在处于日常世界外围的广阔世界是不通用的。儿童上学就是旨在把日常世界是"正确"的种种既知，变革为更广阔的世界也能通用的知识。这种知识就是作为人类历史遗产的科学。

第二原则，尊重而又否定儿童的"既知"。学习的出发点是儿童的既知。在出发点上，他们相信自己的"既知"是正确的，因此，在学习过程中就得包含让他们明白自己的既知的局限性，并习得更为普遍适用的知识的过程。这里包括两个要点。其一，以现在为线索，探索过去。以过去为起点的问题，难以认识到是必须解决的"问题"。现在是过去的归结，现在与过去一定存在某种联系，所以说，"过去是现在的关键"。但也可以反过来，以现在为起点眺望过去。就是说，"现在是过去的关键"。把起点置于现在，比把起点置于过去，容易得多。把现在与过去链接起来，引导出过去、现在、未来共同的普遍的规律，乃是一种超越日常的作业。其二，从纷繁的日常生活中引出未知的令人惊异的现象。科学的发展总是抽象性的。抽象的法则难以直接地听闻，不能直观地理解。唯有通过语言的操作，在抽象与具象之间循环往复，才能达到理解。然而，尚未理解日常世界事物的儿童是难以单纯地用语言来理解科学的法则的。对于儿童而言，科学法则的理解所必须的语言，原则上是没有意义的。因此，在初习科学基础知识之际，应当反过来，必须以直接看得见的事物为中心，让儿童以全身心的感受来读取看不见的法则。科学的基本法则在儿童的日常世界比比皆是，这种体验的场所是他们的日常世界所能实现的。在日常生活的纷繁事物中让他们体验不可思议的令人吃惊的现象，那么，科学的基本事实与法则的学习是必然会产生的。

第三原则，法则不在问题解决中运用，就不能理解。倘若这个原则被无视了，儿童的学习也不会产生。科学的法则是在逻辑地建构、不断地修正错综复杂的无数事实中形成的人类历史遗产，不是某一个人发现的。科学法则与基于日常经验而自成的法则之间，不管如何相似，也是大相径庭的。要使得儿童正确地接纳法则、自在地运用，就得运用它们去预测未知的事实，借助预测体验"意外的喜悦"，不断积累这种体验是重要的。这里包含如下几个要点：1. 教材的支柱是一连串的问题。从受法则支配的事实中选择事例、并且改编为用儿童能够理解的语言来表达这些事例的问题，加以排列与组合——这样有意识地选择、制作、排列的一连串问题而构成的教材，谓之"教科书"。就是说，教科书的支柱终究是问题的系列。2. 一种教材以一种法则为重点。为了从各种法则中选出特别重要的法则，让儿童理解就得编制多种教材。每一种教材的编制需要安排旨在让儿童接纳的多个实验与调查，支撑学习的展开。3. 法则应当大胆地单纯化。懂得了法则，就能做出合理的判断。然而，任何法则必然支配众多的事实，任何事实也必然受众多法则所支配。因此，只能大胆地从单纯化了的法则出发，经过反反复复的否定之否定，逐步地增加构成法则的要素和法则的数量。4. 从典型事例出发。典型案例的学习可以说是学习的原点。5. 另外，在多样的事例中运用同样的逻辑，诉诸感性，寻根究底的提问，具身活动与操作的相互促进；重视例外，等等。都是这个原则的要点。

第四原则，真实性。教授基本法则之际，内容与方法是不可分割的。真实的事物与工具，会吸引儿童。凭借真实的事物与工具，参与学习的儿童，会持续地活跃地思考，持续地发生变化。

第五原则，重视非语言情境。非语言情境具有非常重要的意义，出色地设计非语言情境是教学成功的一个条件。在编制教材之际，应当考虑到这一点。这里包含两个要点。一是一旦准备好了问题解决的线索，儿童的思考会飞跃地发展。二是发挥儿童的多元智能，为儿童提供多样的能力发展的天地。

（三）教材研究与教学的创造

从包括教科书在内的广义教材的视点出发，要发挥学习者的主体性、求得深

度理解,展开创造性的教学,就得在教材研究方面下一番功夫:

第一,要有助于实现教材本身拥有的高度价值——培育人格的教育宗旨。为了实现教育宗旨规约的种种学习目标,就得有打磨切合这些有别于机械作业目标的教材的功夫,仰赖教师打磨教材的这种功夫也叫做"教材研究"。在这里面包括了一系列的创造性活动:1. 教材选择——选择合乎教育目标与内容的教材。2. 教材解释——发现学科的价值,梳理并赋予学术研究及课程标准等所揭示的学科与领域目标、内容之间的关联。3. 教材建构——根据单元与课时的计划,按照教材的使用顺序进行排列、组织,形成一定的系统。

第二,围绕经过琢磨的教材,发挥学习者的主体性条件。教育活动所指向的目标——谁都必须掌握的素质与能力,即便是一样的,学习者不同,切合学习者的方法、题材、工具等具体材料也是不一样的。在教学中运用教材之际,必须把握学习者的实态,亦即学习者的既习知识与生活经验、对各门学科领域的兴趣爱好的程度、个别差异等所谓的"准备",让他们兴味盎然。比如,每一个人的视觉(文字、幻灯、照片、图像)与听觉(语言)等认知特性是不同的,必须准备好适应学习者差异的教材与教学的方法。

第三,盘活教师周边的环境与各种条件。要有效地实现上述两点就必须充分利用学校的人事组织、设施设备、教材教具、社区环境条件。据此,学习者不仅可以获得教材所拥有的价值,而且可以获得实现这种价值的方法。就是说,所谓有效的教学创造的条件是教材所拥有的价值、目的、内容,是通过学习习得,以及在教师的指导帮助下得以挖掘出来、加以掌握的。为了充分挖掘教材、实现优质教学,日常的教材研究不仅仅是教案的设计与实践,还得从一连串的教学实践中去积累证据,从教学评价的角度来衡量这些教材是否适当。

教学的三个要素要发挥其功能,就得在教学设计的各个阶段及其循环——"计划(Plan)—实践(Do)—评价(Check)—改进(Action)"——中,通过日常的教学实践,教师自身展开反思,积累教材研究的成果与课题。

三、从"纸质教材"到"数字教材"

（一）学习理论与数字教材

所谓"数字教材"是指，"旨在实现教育目标，综合管理数字化的学习素材与学习过程的信息系统"。[①] 数字教材同纸质教材一样，是旨在达成教学活动的教育目标所需要的。众所周知，在教学研究中教师、儿童、教材构成的教学三角形模型，在教学的领域中受到"学习是如何形成的"学习理论的影响是极大的。这就意味着，寻求学习现象的原理与发展的学习理论是支撑教师教学的教材研究的基础。因此，将学校教育中数字教材的利用可能性与支撑教学活动的学习理论的变化链接起来探讨，是必要的。

1. 行为主义学习理论与 CAI 教材

行为主义是 20 世纪初的一种心理学研究流派。行为主义在教学领域受到关注的一个契机在于学习机制的科学根据。此前的教育学对人类学习偏重于思辨性的解释，行为主义则基于实验的学习与动机机制的揭示，在教育学领域中成为揭示人类学习的一种强有力的学习理论。在行为主义学习理论中，学习是用"条件作用"来说明的。条件作用分"古典条件作用"与"操作条件作用"两种。前者以巴甫洛夫（И. П. Павлов）做的以狗为对象的实验来解释，后者以斯金纳（B. F. Skinner）的"斯金纳箱"实验来做解释。操作条件作用更接近于人类的学习机制，其最大理由在于老鼠操纵杠杆的行为是对自发行为（操作行为）的一种强化。换言之，"古典条件作用"用狗借助先天性反应与刺激的结合来解释学习，操作条件作用则用老鼠借助自发的杠杆操作行为反复强化而形成学习来加以说明的。

正如狗与老鼠的实验所示，在行为主义学习理论中学习的形成被视为借助刺激而产生可观察的学习者行为的变化，这种行为变化借助强化而得以巩固。根据

---

① 山内祐平，编.数字教材教育学[M].东京：东京大学出版会，2010：1.

这个原理,教学通过调整对学生反应的报偿(强化),学生的学习可以得到保障,因此,倘若能够借助对学生的理想状态反复地提供即时报偿(强化),那么就能构成更好的学习环境。基于这种原理开发的反复教学就是"程序学习"。程序学习的原理有五个,即:(1)小步子原理——学习行为尽可能做出过细的分析,建构学习内容。(2)积极反应原理——小步子学习内容需要诱发学习者的操作性反应。(3)即时确认原理——在操作性反应之际,立刻显示是否正确(强化)。(4)自定步调原理——程序依据学习者的差异而展开。(5)学习者验证原理——在上述原理中学习效果不良的场合,就必须修正学习程序。

这种程序学习使得载有学习内容的程序的"机器人"得以诞生。它可以应对每一个学生的个别差异,旨在取得真实的学习成果。机器人有两种程序,即"直线式程序"与"分叉式程序"。前者的设计特色是对所有的学习者提示同样的信息,学习者选择误答的场合不能进入下一步程序。后者的设计特色是根据学习者的回答,提示的信息有所差别,给学习者设计学习内容的选择项为其特征。

"分叉式程序"成为尔后电子计算机辅助教学(CAI)的基础,早期的 CAI(1950 年代)强烈地反映了教的理论,学习者不过是面对学习目标,消化电子计算机给出的学习内容的被动的存在而已。换言之,通过电子计算机替代人类教师,学习者能够达成教师设定的学习目标。以行为主义的学习原理作为基础的 CAI 教材,由于是把学习视为学习者的行为变化,借助教师主导的教学与诱导性程序的学习,在达成目标、培育学习者的高阶思维能力方面,是存在极大的局限性的。

2. 认知主义学习理论与多媒体教材

认知主义是作为抵制行为主义——以外在的行为作为研究对象的行为主义——的思想而产生的。人类的复杂行为不可能仅仅借助外在的行为来理解,在以看不见的思维过程作为研究对象的认知主义学习理论看来,学习被视为每一个学习者个人所拥有的知识结构(图式,即同环境交互作用之际主体所应用的既有知识与活动的框架)的变化,学习的过程类似于电脑的信息处理过程。在这里,设定可视化的模型,把看不见的过程变成看得见的过程,是不可或缺的。"信息处理模型"把电脑进行的信息处理的"输入"、"输出"、"记忆"、"编码"、"检索"等的处理,视为人类的学习中也同样可以实施的过程。

信息处理系统由三个信息储存系统——感觉储存系统(感知记忆)、短期储存系统(短期记忆)、长期储存系统(长期记忆)构成。感知记忆只能在极短时间里保存视觉信息与听觉信息,要记住这些信息就需要"注意"。而注意的信息只能在短期记忆中移动,短期记忆的保持时间短,一旦不能编码化,信息立刻会被忘却。另外,在从短期记忆输送来的信息中,对学习者而言,只有被判断为今后有利用价值的信息才被送到"长期记忆",这种信息终生不会被忘却。

我们在日常的生活中被"忘却"的状况,是从长期记忆到短期记忆的信息不能"检索"的状况;而长期记忆的信息一旦构成图式、同新的信息相遇而发生了变化,即为学习。在认知主义的学习理论中,学习者自身是积极地进行信息处理(学习)的存在。因此,教师的指导成为学习者信息处理的助手。学习者为了更有效地处理新的信息,就得对学习者的先行知识、前提知识进行分析,并据此设定学习目标,展开教材编制。这样,认知主义学习理论设定学习者是自觉的存在。为了有效地展开学习指导,首先就得把握学习者的状况。这样,就同行为主义划清了界限。不过,认知主义学习理论也同行为主义学习理论一样,假定在学习者的外部存在客观知识。因此,教师的指导旨在向学习者有效地传递应当学习的知识,他们在课前设定学习目标、基于学习者的状态进行周密的课题分析与教材编制。但这种指导在学习者没有学习过的辅助性学习内容与情境中,亦即直面现实的课题的场合,学习者自身是难以应对的。

把学习视为新的信息纳入长期记忆的认知主义学习理论中,学习者更顺利地从短期记忆转送信息至长期记忆,被视为学习形成的重要关键。在教师的指导中,学习者进入短期记忆的信息转送到长期记忆的认知方略,必须容易发动起来,同样的考虑也适用于教材编制。基于这种指导原理受到关注的是"多媒体教材"。多媒体教材的含义多有分歧,一般强调的是,以电脑为中心,能够提示录像动画、动画片、静止画、多样的声音信息的信息表达系统。

支撑这种多媒体教学的基础理论是"双重编码理论"。基于这种理论，人类的知识是借助两种形式——语言性的编码与非语言性的编码——来记忆的。在记住语言之际，倘若借助两种形式进行编码，由于线索增加，信息容易再生。换言之，积累的感知样式越多，记忆越是深刻。这种认识同多媒体教材的学习效果的期待相结合，一旦以种种的方式，诸如教科书、绘画、动画片、录像等提供学习内容，学习者就有可能更有效地记忆与检索信息。

3. 建构主义学习理论与信息网络

建构主义理论有多样的解释，但有一个共同点是，把"知识"视为学习者自身通过同外界的交互作用而得以建构。这是同行为主义与认知主义起支配作用的前提——"知识"是独立于学习者的绝对真实而存在的观点大相径庭的。"学习"是与学习者的知识、需求以及兴趣相关联、建构意义的活动。特别是在重视学习者之间的协同与协同活动的"社会建构主义"看来，在复杂的急剧变化的未来时代所需要的绝对知识是不存在的，教师向儿童传递现成的知识类型的教学是没有意义的。

基于这种建构主义的学习理论，就像历来的学习理论那样，让学习者记忆独一无二以标准答案的知识为目标的教学，是被否定的。换言之，教师借助课前准备好的学习目标、课题分析以及教材编制，支援基于每一个学习者的知识、需求与兴趣的知识建构活动，是困难的。取而代之的是，建构主义学习理论认为与其让教师帮助学习者遵从课前设定的一套明确的学习系列，不如设计"学习环境"，根据每一个学习者的需求、经验或者兴趣，帮助学习者同外部世界交互作用，建构自身的理解。换言之，学习环境的设计是教师不可或缺的作业。

根据建构主义学习理论，传统的教科书教材着力于把权威的唯一见解呈现给学习者，所以学习者凭借有自身的见解去发现问题，是不可能的。相反，基于建构主义学习理论的教科书应当是一种让学习者经历多样的见解，使得学习者自身的知识建构过程变得容易。这种教材是旨在让每一个学习者吸收网络上的种种信息,建构自身知识结构的意义的一种网络教材。建构主义教材设计的特征是:1. 学习者经验知识的建构;2. 学习者经验多样的见解;3. 学习者拥有学习过程的主导权与见解;4. 浸润在社会性的境脉之中;5. 促进学习者利用多种方式的表象。特别是作为学习者学习活动的重要要素,在关注学习者周边的文化与情境的社会建构主义看来,借助信息网络的运用,便于为拥有多样见解的学习者之间提供协同学习的场所。

半个多世纪以来,数字教材经历了如下的发展路径:1. 适应个别差异(CAI);2. 形成学习境脉(多媒体教材);3. 在议论中学习(CSCL)。① 所谓CSCL,并不是在协同学习中单纯地互帮互学,而是旨在形成共同抱有一种有意义的目标与价值,每一个人承担起对学习的责任,通过沟通,达成学习小组目标的学习者共同体。所谓"CSCL(Computer Supported Collaborative Learning)是利用信息技术,学习者同其他学习者相互沟通,协同地展开问题解决,借此深化思考、构筑新知的教育实践,或是支援这种学习活动的环境研究领域的总称。"② 这个界定的特色是,不仅是教育支援系统,而且运用这种系统的教育实践的方式也囊括在内。

(二) 数字教材在教学中的运用

数字教材的魅力在于,不仅是单纯的文字的扩大与缩小、截取,将纸质教科书的图示、照片用图像显示出来,而且能够贴近拥有种种的学习经验(先行知识)的儿童的需求,提供远远超越纸质教科书知识的丰富内容,进而借助网络世界得以和不同领域的知识与人们相联系。所以,数字化教材的编制是未来社会不可或缺的。

从"纸质教材"到"数字教材"的发展具有划时代意义。"印刷术的发明产生了'书籍'这一媒体,旨在知识流通的百科全书得以编纂,原本为少数人垄断的知识

---

① 山内裕平,编.数字教材教育学[M].东京:东京大学出版会,2010:11-58.
② 山内裕平,编.数字教材教育学[M].东京:东京大学出版会,2010:41.

得以解放,并且催生了新的教育形态。信息技术的发展产生了'网路'这一媒体,并且正在成长为远远凌驾于百科全书之上的存在。不过,网络媒体的规模再大,倘若信息不能通过理解转化为人们的知识、多样知识的相遇未能产生新的价值,那就不能说是超越了百科全书的存在。"①我国改革开放 40 多年来,尽管教材的设计取得了长足的进步,特别是在实践层面积累了丰富的经验,但教材研究的团队寥寥无几,教材开发的活动有待规范,改革实践的经验尚需挖掘。我们需要变革教材研究的方法论,彰显教材研究"规范性"与"实证性"的特质。在教材研究中恐怕离不开最基本的 ADDIE 模型。所谓"ADDIE"包含了如下五个基本步骤的循环往复,即"分析"(Analysis)、"设计"(Design)、"开发"(Development)、"实施"(Implementation)、"评价"(Evaluation)。遵循这个模型将有助于消弭教材设计中混沌的状态。日本学者通过数字教材的研究,强调了教材设计的三大原则——真实性原则、反思性原则、脚手架原则的重要性。② 所谓"真实性"亦即培育"真实性学力",不是传统的学校知识,而是重视知识建构的能力,养成真实情境中运用知识与处理问题的能力。所谓"反思性"是指学习者琢磨自身的思维方式与实践方式。学习者能够把自身的思考同他者分享讨论,从不同的角度相互批判性地进行分析与判断。所谓"脚手架"是指学习者求得他者的帮助,形成学习支援的系统。学习是在社会情境与关系性中形成的,唯有参与"协同学习"才能实现"真实性学习"。

教材研究任重道远。从"纸质教材"到"数字教材"的发展是一场深刻的革命性变革,但这不意味着"纸质教材"的离场或消亡,也不意味着未来的教材应当"全盘数字化"。从本质上说,今日教材的变革体现了学校教育转型的诉求——从"记忆者"的培育转向"思考者"、"探索者"的培育。面对网络时代的挑战,我们需要有新的学习理论的武装和信息技术的准备,唯有如此,才能使得我国的教材发展跨上新的台阶。

---

① 山内祐平,编.数字教材教育学[M].东京:东京大学出版会,2010:187.
② 日本教育方法学会.教育方法学研究指南[M].东京:学文社股份公司,2014:61.

四、教师的教材分析与教材解说力

（一）教师的教材分析

加涅（R.M.Gagne,1985）把学习成果分为五种，即语言信息、运动技能、知性技能、认知方略与态度，囊括了一般课程标准中的学力的三个要素——基本的知识与技能；思考力、判断力、表达力；主体性学习的态度。我们可以根据这种分类的角度去明确不同教材的不同特质，诸如注重学习内容的教材，注重学习体验的教材，注重发挥信息媒体特点的教材，等等。大体说来，教师的教材分析方法可以列举如下：

1. 脉络分析——语言信息的分析。信息分析是以再现理解（暗记）的知识作为学习目标的，其基本结构是应当深度理解的项目索引。不是单纯的并列，而是把彼此关联的部分统整起来或者辨析清楚。通过把达成学习目标中应当理解的项目彼此关联起来，形成模块的分析方法，谓之"脉络分析"。

2. 步骤分析——运动技能的课题分析。体育、家政、艺术科目等借助身体运动的课题就是运动技能。运用步骤分析，探讨用怎样的步骤进行实施，梳理清楚一步步的顺序。这些步骤，既有作为运动进行什么动作，也有在头脑中思考什么的内容，确认是否有这些下位目标的支撑。运动技能的学习根据列举的步骤展开。在每一个步骤有下位目标的场合，分别练习每一个局部的技能，然后结合有关整体进行练习。

3. 层级分析——知性技能与认知方略的课题分析。诸如数学与理科中学习的法则运用于其他情境的学习目标谓之"知性技能"。课题分析运用层级分析的方法。在学科教学中，一般而言，不仅是语言信息的记忆，而且包括能够运用于其他练习问题的学习。层级分析从最下位的目标到更上位的目标，逐层推进。因此可以说，层级分析是课题分析的基本形态。

4. 态度的课题分析——没有确定的方法。这是因为并不是达成了某种目标，情绪就会发生变化那么简单。即便如此,也提出了一些重点思考的提案。这里所谓的"态度"是指拥有具体的知识、技能和着力于解决问题的心情。态度的学习目标是因为借助"在某种情境选择理想的行为"表现出来的,所以能够判断是否掌握了。把理想的行为设定为"是否实施"、"能否实施"之后,可以特别从两个角度探讨下位目标:(1) 选择该态度的意义与理由(行为的意义);(2) 当态度表现为行为之际,必须能够做什么(态度表明的技能)。

(二) 教师的教材解说力

当教师基于"培育儿童的心愿",采用"素材"影响作用于儿童之际,才称得上"教材"。倘若借用格式塔心理学所谓的"地理环境"与"行为环境"的概念,那么,"地理环境"相当于"素材","行为环境"(教材)才是名副其实的"影响作用"。这就是说,所谓"教材"是"旨在达成教育目的而在教学中使用的材料",不"使用"是无效的。即便是教科书也不过是一种"素材"而已。

这里的问题在于,教师怎样"运用"教材,亦即做出怎样的教材"解说"。所谓"解说"是指,教师把握学习者"不明白"(不理解)的状态,借助言说,使之成为"明白"(理解)的状态的一种支援行为。教师在把握学习者从"不理解"到"理解"的阶段中事实上牵涉到两种逻辑。一是"学科的逻辑",这就是学科知识体系;二是"儿童的逻辑",系指学习者接受学科内容(教材)的心理。"儿童的逻辑"是由"生活的逻辑"与"认知的逻辑"构成的,"生活的逻辑"扎根于儿童生活的理解方式与思维方式,"认知的逻辑"是指儿童理解过程中认识论的原理。

在"认知的逻辑"中最知名的模型是梅耶(R.Mayer,2015)的意义理解(生成学习)模型。这个模型由"选择"(Selection)、"组织"(Organization)和"整合"(Integration)三种生成过程组成,简称 SOI 模型。倘若根据梅耶的学习支援模型,要使得素材得以教材化,教师就得关注三种生成过程、支援学习者自身去形成三种理解方略。这就是:第一,选择方略——注意聚焦方略(关注重要事项的方略)与反复阅读方略(发现选择的困惑、反复阅读的方略)。第二,组织方略——链接方略(建构文字链接的方略)与架构方略(把握最上位结构,运用解读的方略)。第三,整合方略——检验(语言模型与视觉模型相互呼应的方略)与编织(同既有知识融合起来,形成相关关系的方略)。①

■　专栏 8-1

夸美纽斯的《世界图解》

《世界图解》是捷克斯洛伐克教育思想家夸美纽斯(J.A.Comenius)于 1651 年(59 岁前后)在匈牙利设计、编制的,1658 年在纽伦堡出版,翌年在伦敦发行英译本。这是"世界第一本插图教科书"。

顾名思义,该书是夸美纽斯基于教育学与泛智论的思想,用绘图与文字向儿童传递世界各式各样的现象与观念的一本初级教科书,也可以说是一本图鉴或者画本。它向儿童打开了一扇知识的大门,在《世界图解》"给读者的序言"中,他说,"在感觉中不存在的事物,在理性的世界中是不存在的。"幼小的儿童要理解抽象的概念是困难的。他针对此前的教学法尽是语言的抽象概念的灌输,强调"让儿童基于看见的东西描绘感觉,去理解种种的事物"。因此,"首要的是训练感觉,让儿童接受周遭事物的印象。"他在《大教学论》(1632 年)中宣言,教育是"把一切事物教给一切人类的全部艺术"。②

这是一种"有助于儿童刻印事物的姿态"、"有助于在儿童柔软的智能中引发乐趣"、"让儿童能够愉快地学习知识"的艺术。《世界图解》的一大特点是每页一张图,这本教科书描述了人世间 150 项事物,包括天文地理、花鸟虫鱼、人世百态。比如"人的身体",描述了男女的姿态,标注了身体各个部位的编号,注明名称并作出简约的解释。夸美纽斯的口号是"教给一切人以一切的事物",但夸美纽斯自身主张,不是要求所有的人习得所有的知识与技能,而是反对百科全书式的灌输式

---

① 　山本博树,编著.教师解说实践的心理学[M].东京:中西屋出版,2019:100.
② 　夸美纽斯.大教学论[M].傅任敢,译.北京:人民教育出版社,1984:1.

的知识教学。他的着眼点在于培育儿童的"求知欲"。为此,他注重作为初级教科书的系统性、实用性与易懂性,这些主张都在《世界图解》中具体地体现出来了。

■　**专栏 8-2**

教科书与教材

教科书是最有代表性、最基本的教材

作为教学三大要素之一的"教材"是一个涵义多歧的术语,其最普遍的广义的界定是,教材涵盖了教师的教学行为中所利用的一切素材与手段,教材是一种"文化财产"。[①] 教材当然包含了教科书,但不限于教科书;而教科书则是最有代表性的、最基本的教材。"教科书"是根据《课程标准》规定的"教育内容"加以系统编制的教学用书。教科书集中反映了国家的教育理念。在近代国家的学校创立与发展过程中,特别是作为义务教育的教科书,历来借由教科书制度,强化国家权力机构的控制,体现了鲜明的政治性格与历史性格。因此,无论从教材排列的"系统性"抑或经专家或行政权力严格审定的"权威性"上,教科书都是学校教育中最重要的教材。从这个意义上说,轻视教科书的任何想法和做法都是不恰当的。不过,我们不能因此走向了另一个极端:把教科书视为唯一绝对的教材——"教科书中心主义"。

在学科教育实践中体现的"教科书观"大体表现为三种:第一种,"教教科书"——教科书是学科课程与内容(教学内容的系统安排)和教材。教师的作用就在于指导学生习得教科书所提供的系统化知识。第二种,"用教科书教"——教师依据自身的实践与研究,自主地探讨学科课程与教科书,以课程、教学内容的自主创造为前提,把教科书作为教材之一加以利用。基于这种观念的教师的作用在于,不仅钻研教学方法,还包括教科书之外的更好的教材开发和学科课程与教材

---

① 　日本教材学会.教材学概论[M].东京:图书文化社,2016:8.

的创造。第三种,"不用教科书教"——这是一种教科书否定论。在这种场合,大多是教科书编制本身的缺陷,倡导以教师团队的教材开发、课程与学科的自主编制为前提。在上述三种教科书观中,"用教科书教"可以说是最传统的观点。应当说,"用教科书教"还是"教教科书"乃是区分新旧教学的分水岭。[①] 前者视教科书为一种重要的教学媒体,但并不拘泥于教科书;后者则把教科书视为神圣不可侵犯的"圣经",这是一种"教书匠"的态度。

教材的发展与教材研究的视点

如果说,教科书作为"主要教材"的涵义在以往是指教师为教而用的教材"据点",那么,信息化时代对其赋予了新的含义,这就是更多地强调教科书作为学生使用的"学材"的性质。在"学材"的语境中强调的是"儿童自主学习的材料"。其基本视点是:1. 在师生交互作用的过程中发挥"学材"的作用。2. 在同其他教材的关联中发挥"学材"的作用。3. 当教科书有助于预习和复习时才能成为"学材"。4. 教科书只有适应个别差异才能成为"学材"。教材的发展形态同认知心理学的研究不可分割,我国的教材心理学研究是一个尚待开发的领域。

教科书作为"学材"具有五大功能:第一,唤起学习欲望的功能。教科书不仅要具备学术性、科学的逻辑性,还必须适应学生的认知过程及感性、情意方面的特点。亦即教科书具有使学生产生对未知世界的期待与憧憬,并产生学习热情的魅力。第二,提示学习课题的功能。不仅提示学生必须共同达到的目标,而且提示拓展和深化学习的多种选择方向,以适应每个学生的不同兴趣。亦即教科书具有"使学生明确意识到自己的学习目标和课题"的功能。第三,提示学习方法的功能。教科书内容的编写,要考虑如何去促进学生进一步改进学习方式,改进制定计划的方法,调查、观察、实验的方法,讨论的方法和发表的方法等,要有助于学生的深度学习。亦即教科书具有培养学习方式、思维方式等"元认知能力"的功能。

---

① 钟启泉,著.学校的变革[M].上海:华东师范大学出版社,2019.126-129.

第四,促进学习个性化和个别化的功能。教科书不仅要提示多样化的拓展学习的方向,而且要体现学习不只是为了求得正确答案而已,也允许各种思维方式的存在,允许开放性的学业成果,并提示这种学习所需要的信息源。第五,巩固学习成果的功能。主要是指包括学生的自我评价在内的确认与巩固自身学习成果的功能;在反思学习过程、确认和巩固学习成果的同时,发现深层次的学习课题和学习方法的功能。如何求得主要教材与辅助教材的相互支撑与汇通,是教材研究的一个重要视点。

从纸质教材到数字教材的发展具有划时代的意义。"印刷术的发明产生了'书籍'这一媒体,并且催生了新的教育形态。信息技术的发展产生了'网络'这一媒体,并且正在成长为远远凌驾于百科全书之上的存在。不过,即便网络媒体的规模再大,倘若信息不能通过理解转换为知识,多样的知识的相遇未能产生新的价值,那就不能说是超越了百科全书式的存在"①。如何求得纸质教材与数字教材的相互支撑与汇通,是教材研究的又一个重要视点。

---

① 山内佑平.数字教材教育学[M].东京:东京大学出版社,2010:187.

第 九 讲
教 育 评 价 的 意 义 与 方 法

　　"教育评价"不是无缘无故的活动,它是旨在正确地评价儿童的
学习与成长,因此在学校教育实践中占据中心的地位。不过,在应试
教育背景下学校的教育评价被严重扭曲了,变成了分数主义的竞争。
那么,应当从怎样的视点出发、用怎样的方法展开呢? 本讲采用
5W1H 的六个视点——What,Who,When,Where,Why,How(何谓
教育评价、评价谁、如何评价、评价场所、为什么评价、怎样评价),解
释各种教育评价的概要,着重讨论教育评价的新范式。

一、教育评价的概念框架

(一) 教育评价的功能与目的

　　所谓"教育评价"是指"旨在教育中做出种种的判断与决定,收集、利用有关学
生、教师和诸多教育环境之信息的活动"。一般而言,为了进行评价,收集作为其评
价之根据的信息是必要的,这种信息收集谓之"测量"。在测量评价对象之际,必须
使用同样的尺度、收集客观的信息。评价者赋予主观的意义、解释这样收集起来的
信息,就是评价。旨在收集客观信息的测定,与评价者根据收集的信息做出解释的

评价，是不能分离开来考虑的。对这样收集起来的信息做出解释，把结果反馈给被评价者也是评价的重要功能。就是说，所谓"教育评价"是指收集、整理与分析、解释、反馈同教育有关的一切信息的一连串过程，可以为教育工作者带来有意义的信息。

儿童通过接受评价，就能够取得旨在反思自己的学习、改进自己学习方式的信息。通过设定定期测验的日程，就能够合乎进度地唤起学习的意欲，也能够期待获得有规则的学习习惯。借助这种过程的反复，儿童就能够把握自己的长处与短处。这些评价一方面可以成为家长了解儿童特征的有效信息，另一方面，教师通过对每一个儿童的评价，可以了解自己所教的儿童的特征。也可以了解自己日常教育活动的有效性与问题所在，取得旨在改进的可靠信息。另外，每一所学校根据学校教育目标，进行了怎样的教育、取得了哪些成果的信息，也是学校经营管理不可或缺的信息。特别是基于这些信息，积极地公开自己学校的教育活动及其成果，是教育行政与社会舆论所要求的。

（二）教育评价的主体与对象

教育评价的主体，亦即谁来进行评价，大致可以分为他者评价与自我评价两种。另外，特别是在学校评价中也实施第三方评价，即由同该校无直接关系的第三方实施的评价。

1. 他者评价。由教师做出对儿童学力的评价，是一般的评价形态。他者评价由于是评价者能够环顾整个评价对象，可以做出具有比较性、客观性、全局性的均衡的评价。不过，由于不是考虑被评价者每一个人的具体状况的评价，对于被评价者而言，难以取得有助于改进自己的活动的信息。

2. 自我评价。自己对自身的活动进行评价的形态。学习者个人根据自己的目的，就有可能调整自己的活动。不过，自己评价自身的信息活动，在改进问题所在的自我评价活动中就得有自我概念与元认知能力。不到小学高年级以上，是难以做出适当的自我评价的。另外，由于一般人不能客观地看待自己，自我评价的结果也可能出现过松或过严的风险。

3. 相互评价。伙伴之间进行评价的形态。自我评价容易陷于主观,在相互评价中,被评价者通过相互评价,不仅可以把握自己的长处与短处,也可以了解他者的长处与短处,容易实现客观的评价。不过,倘若评价的目的与角度不明确,往往会存在风险:过严的评价给他者带来不快感;反之,走过场的评价并不能提供有助于改进他者活动的有益的信息。

提起教育评价,往往容易联想起对儿童的学业评价,这是理所当然的。学习者是最重要的评价对象。不过,不仅是这种评价,学校评价、教师评价、课堂评价等与学校教育相关的一切,都是教育评价的对象。

以儿童为对象的评价。对每一个儿童的学业成绩,要求做出多方面细致入微的评价。智能、体力、运动能力等的评价,能力倾向评价,儿童拥有的种种特质,都是评价的对象。

以教师为对象的评价。课堂教学与学生辅导、校务分工、教师日常的教育活动,是评价的对象。比如,着眼于"意欲"(积极性、责任感、纪律性、变革性、协同性),"能力"(知识技能、见识、构想力、实践力、决断力、判断力、沟通力、运营力),"实绩"(目标达成度、业务实绩、确凿性、迅捷性)而实施的教师评价。

以学校行政为对象的评价。学校评价的主要视点包括:教育成果(学力保障与成长保障)、教师研修、教育活动反思(教学内容、教学方法、学校例行安排)、教育场所(社会文化氛围、物质条件、社区特色),从这些维度出发进行的评价不限于每一所学校,也包括所在社区的公共团体。

(三) 教育评价的分类与方法

1. 基于时期的分类

布卢姆(B.S.Bloom)从学习活动应当在哪一个时点、获取怎样的信息的问题出发,将教育评价分为三个阶段:诊断性评价、形成性评价、终结性评价。[1]

---

[1]　永江诚司,编著.教育心理学关键词[M].京都:北大路书房,2013:150.

所谓"诊断性评价"是在学习活动开始之前,预先了解个人层面的准备(学习的准备状态)而进行的评价。基于这种评价结果,钻研使用的教材与提问的技术,对基础学力不足者,借助补充教材,为展开更有效的学习活动进行准备。

所谓"形成性评价"是在学习活动的途中,旨在了解儿童在该阶段之前学习内容的掌握程度而进行的评价。基于这种评价的结果,确认教学是否按照预设的教案进行。根据需要或修正教学计划,或就不充分的部分修正教学方略。

所谓"终结性评价"是在学习活动终结的时间,旨在确认教学的成果而进行的评价。基于这种评价结果,将学习目标掌握的程度,以评定(成绩)的方式,反馈给学习者。

在布卢姆倡导的"完全习得学习"中形成性评价受到重视。在完全习得学习中,明确各个单元应当达成的目标与应当达成的最低成就标准,实施形成性评价,据此,确认儿童是否达到了最低达成标准,并推进整个教学。对被评价者施以补习等手段,使得未达标的儿童全员达标,指向"完全习得学习"。

2. 基于评价标准的分类

根据评价标准,教育评价可分为相对评价、成就度评价、认定评价、个人内评价。

所谓"相对评价"是表示同一个年级和班级、以某特定的集体为标准,明示其在集体内个人位置(排序顺序)的评价方法。比如,同一年级的排序,最上位的 7％ 为"5",其次 24％ 为"4",然后是 38％ 为"3",24％ 为"2",最后的 7％ 为"1"。另外,偏差值也是表示相对评价的一种指标。在相对评价中采用考试之类的尺度,能对所有对象者进行评分。评价者主观介入的余地少。从评价结果看,便于把握对象集体内的个人排位。但另一方面,相对评价的短处是,个人的努力未必能够反映在评价结果之中,而且可能加剧彼此之间的恶性竞争。

所谓"成就度评价",是以教育目标与达成目标作为基准,表示个人达到了怎样的程度与目标的评价方法。成就度评价是设定评价什么的具体目标,然后基于具体的指标(判定标准)评价该目标达到了怎样的程度的一种评价。成就度评价的长处在于能够把握每一个人的成就状况。基于评价结果有助于尔后教学方案的设计。对未达标的被评价者,能够做出适当的应对。被评价者也容易了解自己的成就度。重要的是在成就评价中能否设定适当的评价规准与评定基准。在评价规准与评定基准不明确的场合,被评价者不明确自己在哪些方面受到评价,难以获得旨在改进的信息。而且在这种场合,评价者的主观性容易反映在评价结果之中,整个评价可能会出现偏宽或偏严的倾向,丧失评价的公允性。

所谓"认定评价"是根据评价者拥有的内在标准,表示个人是否在一定的程度上满足了其评价的标准。比如,钢琴、烹饪、武术之类,就是采用这种评价方法。在认定评价的场合,评价标准全掌握在评价者手中,倘若评价者能够做出适当的评价,从中获得的信息对于被评价者而言是有益的。但是,倘若希望评价者做出好的评价,被评价者就此服从于评价者的权威,或者对评价结果不服,对评价者产生抵触情绪,容易滋生评价者与被评价者之间的人际关系问题。

所谓"个人内评价"是以学习活动之前的个人状态作为基准,表示是否取得了进步的一种评价方法。由于是适应每一个人的状况与需求,来评价个人取得了什么程度的进步,所以被评价者能够根据自己的进度,取得有助于扎实地获取进步的信息。但另一方面,个人内评价只能凭借个人的变化,被评价者难以明了自己同他者相比,具有哪些长处与短处,达到了何种程度的教育目标。

表9-1 形形色色的评价方法[①]

评价方法	具　体　做　法	长　处　与　短　处
标准化测验	揭示被试团体中的平均成绩与得分分布状况,采用具备信度与效度的测验方法。	长处:明确被试者在受试团体中的排位,能够把握学习者个人的优缺点。 短处:只有少量的智能测验与一部分性格测验可利用。
教师编制测验	采用合乎自己教育活动的、由教师自身编制的测验。 1. 客观测验:不介入评分者的主观性,采用是非题、信息填充题、多项选择题的方式。 2. 自由叙述测验:解答者自由地思考、叙述解答的测验采用单词、长文、图解的解答方式。	长处:教师能够收集到自己真正需要的信息。 短处:受教师的测验编制偏好的制约,获取的信息存在偏差的危险。

---

① 永江诚司,编著.教育心理学关键词[M].京都:北大路书房,2013:154.

续 表

评价方法	具 体 做 法	长 处 与 短 处
问卷法	围绕回答者的实际与思考、兴趣爱好、态度等等,让其根据提问的问题进行作答的方法。	长处:易于从回答者自身引出回答者的见解与思考的内部状态。 短处:存在回答者有意无意扭曲回答的危险。
问答法	提问者与应答者面对面交谈的方法。	长处:不仅从话语中获得信息,而且可能从其表情与姿势中获得应答者的非语言信息。因此可运用于幼儿、儿童、不会写作的人身上。 短处:倘若提问不明确,或者提问者对存疑的应答不能适当处理,会存在扭曲信息的危险。
观察法	观察某特定场面被试者的活动的方法。	长处:通过原原本本地观察被试者的日常活动,能够把握被试者在自然状态下的面貌。 短处:不能观察被观察者的一切行动。在观察结果中,容易嵌入观察者的主观性。
写报告法、作文法	让被试者围绕对某课题写报告与写作文的方法。	长处:通过让其写长文,能够了解个人的见解与思维,同时能够评价其思维能力与逻辑性。 短处:特别是在写报告的场合,要归纳自己的见解、写成有逻辑性的文章,需要高度的认知能力。因此不适于儿童。
制作作品法	绘画或者制作作品,让被试者获得成就的方法。	长处:不是单纯地评价知识与理解,而是能评价其才华。 短处:评价的维度应当是多方面的,评价规程与评定标准一旦模棱两可,就会失去评价的焦点,存在着评价者可能变更评价标准的危险。

二、真实性评价: 意涵与课题

(一)"真实性评价"论与表现性课题

20 世纪 80 年代后半叶,美国以强调学力提升而著称的报告《处于危机中的国家》作为契机,引发了"标准测验"不能综合地评价学力的批判。在这个大背景下,"真实性评价"应运而生。在这里,"真实性"(authentic)是指评价的课题与活动必须是"真实性"的课题。所谓"真实性评价"(authentic assessment)是指通过挑战"真实性的课题",借助"五官"来"表现"丰富的学习面貌,进而要求儿童选择"表现"学习成果的评价方法。这种评价不仅重视学习结果,而且重视过程。其思想前提是建构主义学习观。在建构主义学习观看来,所谓"学习"不是量的积累,而是学习者在自己的经验中建构意义,在同环境的交互作用中教学学习。就是说,儿童不是无能的学习者,而是主动地作用于自己周边的世界(自然、社会、人类),建构有整合性、逻辑性的有作为的存在。这样,在以往重视的"知识"、"理解"的基础上,加上了对兴趣、动机、态度的重视。从某种意义上说,看不见的学力也囊括在评价之中,这是传统的标准测验覆盖不了的。

作为真实性评价,两种评价方式——"表现性评价"(performance assessment)与"档案袋评价"(portfolio assessment)是有名的。① 为了有效地评价"高阶学力",就得聚焦重点目标,采用相应的课题。这些目标可以归纳为 GRASPS。

1. 表现性目标(Goal)。例:你的目标是有外国旅游团来访,你的任务是帮助他们理解我们地区的主要历史、地理、经济特征。

2. 儿童应当承担的角色(Role)。例:你是该地旅游向导中心的实习生。

3. 表现的对手,诸如听众、观众、读者(Audience)。例:客人是来自海外的 9 人旅游团。

4. 设定的情境(Situation)。例:该旅游团在当地逗留四天,要求你做出包括预算在内的计划。试做出一份旨在旅游团能够了解到体现我们地区的历史、地理、经济特征的日程表。

5. 完成产品、表现与目的(Product,Performance and Purpose)。例:你必须准备好旅游日程与预算。包括说明为什么选择这些景点,为什么这些景点有助于了解我们地区的历史的、地理的、经济的特色。一并准备好一份游览图。

6. 评价成绩的标准与维度(Standards and Criteria for Success)。例:在旅游计划(旅程、预算、交通图)中必须显示出如下几点——这个地区的历史、地理、经济特征;关于景点选择的明确的理由;正确而完备的预算。

---

① 田中耕治,编.教的构想与学的创造[M].东京:学文社,2011:151.

(二) 量规

在"真实性评价"中,像标准测验那样用目标的达成与未达成的二分法来评价是困难的。由于真实性课题的学习者的多样性与广幅性,需要依赖于教师质性的专业性的解释与判断。为了避免主观性的评价,采用谓之"量规"(rubric)的评价熟练度的评分方针是有效的。所谓"量规"表示表现的成功度是由若干阶段的尺度与各种的评分、评语相应的表现特征的叙述语构成。

在制作量规之际,运用下列步骤是有效的:1. 大量收集儿童的表现事例。2. 按照若干阶段(等级)进行评分(可能有数名评价者参与)。3. 根据同样评分与评语的作品所共同体现出来的特征,编制表述语。

表9-2是日本学者宫本浩子、西冈加名惠、世罗博昭等人归纳的语文学科教学中"小组对话力的量规"的例子。

表9-2 语文学科教学中"小组对话力的量规"[①]

5 优	能够活跃地参与讨论,积极地发表见解。能够联系彼此的见解陈述自己的意见或者提出异议,深化讨论。也能顾及参与讨论的成员,促其发言或从旁提醒等,发挥主持人的作用。在讨论中能够感受到自己的思考得以深化而高兴。
4 良	讨论中发言次数增加。能够仿照教师提示的范本(指引)的语句,为梳理讨论或为转换话题而做出发言。能为发言少的同学提供帮助。
3 中	能够持续20分钟左右的讨论。能够在适当的时机陈述自己的见解。能够倾听对方的发言,提出自己的疑问或者感想,介入对方的发言。
2 尚可	能够发表各自的见解,但难以融入讨论。在伙伴的督促之下,也能发表见解,但需要周边伙伴与教师的帮助。
1 需努力	能够坐在一旁听取伙伴的发言,但不能对伙伴的发言做出回应,或者发表自己的见解。
0 不评分	不能参与讨论。

如表9-3所示,这里所谓的"量规"指的是以3—5个阶段左右的数值尺度来表示成功的程度,表示各自尺度所体现的认知与行为之质性特征的术语,构成了

---

① 田中耕治,编.简明授业论[M].京都:智慧女神书房,2007:117.

评价标准表。在诸多场合,添加了表示各种分数的典型作品案例。典型作品案例可为教师与学习者具体地理解量规表述语的意涵,提供帮助。

表9-3　数学教学的一般量规(方略、推理、步骤)①

抽取数学问题解决能力的三个要素——"情境理解"(能否以数学方式重建问题情境)、"方略、推理、步骤"(能否以巧妙的逻辑解决问题)、"沟通"(能否用数学表达清晰地说明问题的解法),可超越单元普遍采用。这里表示的仅仅是"方略、推理、步骤"的部分。

【熟练者】运用极其有限的凝练的方略,直接促使问题的解决。运用凝练的辅助性推理。正确地应用步骤,从而得以正确地解决问题、验证解决结果,验证解法、评价其合理性,做出数学的见解与结论。

【解决者】运用生成问题解决的方略。运用有效的数学推理,运用数学的步骤。所有步骤均正确,得出了正解。

【见习者】由于运用局部有效的方略,尽管达到了某种程度的解决,但问题的解决不充分。可以发现若干力图做出数学推理的证据,但并没有完美地实施数学的步骤。某些部分是正确的,但未能得出正解。

【初习者】看不出运用方略与步骤的证据。或许运用了无助于问题解决的方略。看不出做了数学推理的证据,在数学的步骤中,错误过多,因此问题得不到解决。

三、教育评价的新范式

在成果主义与竞争主义愈演愈烈的当下,评价往往指向测验容易看得见的成果,作为检查儿童的信息的一种机械性的活动。相反,表现性评价不仅提出了新的评价方法,而且也提出了把评价作为更人性化的创造性活动来重新建构的新范式。这种教育评价的新范式,可用三个关键词来把握,这就是:"真实性评价"(authentic assessment)、"基于标准的评价"(standards-referenced assessment)、"作为学习的评价"(assessment as learning)。

(一) 寻求评价的境脉与学力的质

在表现性评价中,受到重视的是评价境脉的真实性。比如,运球与投球出色,

---

① 篠原正典,荒木寿友,编著.教育的方法与技术[M].京都:智慧女神书房,2018:222.

在篮球比赛中未必是好的球手。在传统的学校教育中儿童仅是练习（知识技能的训练），而不知道"真正的学习"就离开学校了。在急剧变革的社会中要求学校教育的是保障学生能够综合知识与技能，同他者协同地完成问题解决的"真正的学习"。因此，学校教育需要纠正那种陷入"为问题而问题"（缺乏思考的必然性的不自然的问题）的传统学习与评价的境脉。在这里所谓真正的境脉，并不限于现实社会中实用的境脉。专家学者的学术性文化性境脉——诸如发现科学法则、寻求历史上的真理之类的、知性发现与创造性乐趣的——也包括在内。在大多数真正的学习中，正解并不是一个，并没有定型化的解法。这就要求学习者思考哪些知识有助于问题的解决，收集必要的信息，同他者协作，不定型地投身问题情境，展开对话。在这里，教科书也不过是资料的一种而已，必须统整所拥有的知识、技能，思考解决方略。思考问题解决的多种思路，作出该情境中最优解的判断。通过寻求真正的学习，培育运用水准的思维能力。

（二）长跨度地评价认知能力与非认知能力

支撑表现性课题完成的认知性与非认知性能力的培育，必须从长期地跨越单元与学科的视野来加以思考。一方面，"关于知识、技能"的目标是基于课时与单元的教学内容的"习得目标"，进行"是否伴随着理解而习得"（达成与否）的评价。另一方面，关于"思考、判断、表达"采取的是以分阶段描述的方式，明确长期的螺旋式成长的水准，在每一个重要的单元中布置表现性课题，是以学期、学年为单位，来评价认知能力与非认知能力的，即作为基于水准判断标准的评价。不过，这里需要注意的是，其一，所谓"提高水准判断——真实性评价——的信度与效度"，量规表的完成并不是终结，必须在这种量规表的分享过程中锤炼评价者眼力，提升其评价能力。其二，当我们思考学力与学习的层级性的时候，并无必要在所有学习中全都按照量规来进行评价。量规在"理解"水准的学习中可以运用，但最为适切的是，评价伴有"应用"水准思维的实践。

(三) 学习的评价: 新的教学创造的催化剂与纽带

正如表9-4所示,在晚近的形成性评价中,不仅强调了指导教师评价的"为了学习的评价",而且强调学习者自身改进学习或者为自己的学习与探究"掌舵"的"作为学习的评价"。

表9-4　教育评价活动的三个目的[①]

种 类	目 的	目 标	主要评价者	评价标准的定位
学习的评价	成绩认定,有关毕业、升学的判定	其他的学习者与学校教师设定的目标	教师	评分标准(保障效度、信度、可行性。有限而简约)
旨在学习的评价	旨在教师教育活动决策的信息收集,据此的教学改进	学校与教师设定的目标	教师	实践指针(长期教学的经验。不仅参与客观性评价,而且重视教学的有效性,以及同同伴分享的可能性)
作为学习的评价	学习者自身的学习监控,自我修正与自我调整(元认知)	学习者个人设定的目标与学校、教师设定的目标	学习者	师生分享自我评价的指标(分享学习学习者活动内在的"善",亦即分享卓越性判断标准的内涵,锻造师生的"慧眼")

即便是设计了旨在实现深度学习的课题与活动,实际上儿童未必是在追求学习的深度。学习的深度是受儿童怎样看待自身的学习,怎样根据元认知自我调节学习过程所制约的。而这种儿童的学习观与自我评价的方式,又是受他们课堂中的评价方式所塑造的。所谓评价课题的境脉符合实际生活,暗示其境脉本身是有助于形成儿童真正的学力的。这就不限于旨在把握创造性教学所培育的真正的学力,而是必须拓展到整个学校的教学改革。

要求儿童自身判断自己真实性的好坏与否,靠教学之后的反思与感想卡片,在课后来确认学习的意涵是不充分的。在学习过程中师生就得分享目标、评价标准以及相关评价信息,据此认识到自己的目标与自身的信息状况,并且促进学习者自身思考改进的方略。在作品相互评价的场合、在日常的课堂讨论与集体讨论

---

①　篠原正典、荒木寿友,编著.教育的方法与技术[M].京都: 智慧女神书房,2018: 227.

的场合,让学习者围绕优秀作品与解法的具体案例,展开何谓"真实性的质"的讨论。这是提升学习者的评价力、鉴赏力的机会。

比赛、竞赛、展演会等现实世界的真正的活动,为学生提供可以试炼学科实力的试验之外的舞台。表现性评价的一个要点是,在课堂中创造这种测验之外的舞台。在教师和其他年级的同学、家长与专家面前,展示自己的学习成果,通过获得课堂之外设定的专业标准的反馈机会,激发学习者的责任感与锲而不舍的探究。同时,通过学习专业的标准(其他学科领域的活动优异性的标准),即便没有教师的价值引领,学习者自身也会自律地展开学习,并且也可能超越教师设定的目标与框架,实现"学习的超越"。

关于儿童的信息收集及其价值赋予的"评价"这一活动,是教育权力的源泉,也是学校组织中知识管理的精髓。正因为此,"评价"倘若发挥其作为管理与追求效率性工具作用的话,就有可能成为阻碍教师与儿童的自律性与协同性的主要原因。反之,倘若对此种评价模式施以手术,"评价"则有可能成为促进师生协同的纽带,深化对学校教育的信赖,让儿童形成以学习事实为中心同成人对话的协同关系(社会关系资本)。这样,正是通过儿童、教师、家长、社区居民的参与和合作、寻求教育的质性评价,才使成果取向的改革得以推进,不是测验容易看见的学力的量的提升与一时性的学校改变,而是包括难以看见的学力在内的学力的质的追求与持续的学校改进。

一般而言,说起评价,无非是借助效度与信度的概念,探讨是否能够正确地测定想要测定的东西。不过,既然评价本身是产生新型的学习机会、纽带与价值、未来取向的价值创造活动,那么,我们就应当思考拥有催化剂与创新性的评价对象的学习方式与分享方式。

四、"不评分制":评价改革的突破口

(一) 转变对"成绩"与"评价"的看法

转变对"成绩"的看法。一个世纪以来,评分制度深深浸染着各国的教育文

化。在我国,分数主义的恶习更是甚嚣尘上。由于应试教育的评分制度,在学校里原本重要的东西却被我们忽略了,这就是"学习"与"成长"。众多的学生、家长、教师过分看重考试的分数,大凡教育工作者都用数字与符号来表示学习成就。在这种情形下,评分制度存在着必须改进的一系列问题:

1. 成绩把学生的成长过分地简单化,学生被置于妨碍其成长的狭小的笼子里,不能正确地传递自己知道了什么和能够做什么。

2. 成绩让学生以为成长并不重要,产生相互对抗、基于竞争的学习文化。由于成绩往往夸大了同学习无关的要素,因此难以显示真正意义上的学习过程。基于此,学生不能发现成绩单记载的分数与符号之类的成绩并不能正确地反映自己的能力,在这种状况下,就不可能产生挑战新的难题的氛围。

3. 有关成绩的评定,往往含有终结学习过程的否定性意涵。试想想看,当教师给学生传递"这是错误的"信息、在作业本打上"×"的时候,学生会是怎样一种心情,而这种心情是不可能促进学习的。

我们必须改变传递的方式。学生获得 C 的成绩,就给学生贴上 C 的标签。教师给学生做出反馈的时候,重要的不是对他们进行评价,而是培养他们向上的心态。斯坦福大学的心理学家德韦克(C.Dweck)指出,与其滋生抑制学生成长的"僵化心态",不如促其拥有变化与变革的"成长心态"。所谓"成长心态"是持续学习的出色的学习者,亦即成长为并不是根据数字与符号之类等不充分的评价、调度自己的学习的学习者。"成长心态"(或者"成长的思维方式")决定了学习过程中理解的方式。

重要的是,转变对"评价"的看法。在进行评价的时候,必须思考"旨在什么目的而评价"、"评价什么"。倘若目的在于"取得高分",是旨在完成家长的期待和教师的职务,那么就是"教师中心"的评价。在实施学习者中心评价的时候,需要考虑的是为了学习者的什么而进行,一次性的教育评价是不可能从所有的角度来展开的。佩莱格里诺(J.W.Pellegrino,2001)用"评价三角形"(认知、观察、解释)来表达教育评价的特征。[①]

---

① 大岛纯,千代西尾祐司,编.学习科学导引[M].京都:北大路书房,2019:169.

在"评价三角形"中，所谓"认知"是教师针对教学内容所拥有的认知——应当教授怎样的内容、怎样体现这种知识、怎样提升能力的理论与实践知识，根据当下学习者的状况怎样来实现假设，等等。在这些种种要素之间存在着关系。在此基础上，进行"观察"。在这里重要的是，需要适当地引出能体现学习者是否掌握了学习的目标与知识、技能的"成绩"（发言、行为、叙述的内容、作品等）。倘若没有这种契机，那是不可能适当地把握学习者的学习的。在这一点上，在"认知"侧面也是一种体现教师关于学习者学习面貌的评价的假设，所以需要一体化地思考教学与评价。最后是"解释"，根据观察到的证据（学习者的成绩），发挥教师拥有的"认知"，探讨"为什么会产生这种学习"；"同假设的学习的面貌有哪些差异"；"如何加以改进"。所以，在学习者中心的评价中，重要的是，学习者能够做什么，能够观察到作为学习证据而存在的成绩。

（二）"不评分制"

在工业革命时代，学校的目的是培养顺从的劳动者，这种教育模式把重心置于"服从、划一以及死记硬背"，这种制度在 21 世纪已经过时了。实施"不评分制"需要超越种种难题。一般而言，学生和家长对这种转型并不表示理解——他们习惯于"成绩"，这是常见的现象。成绩的制度是他们唯一知道的事情。以为"好成绩即成功"的家长也对孩子灌输同样的信念。当然，家长终究会认识到"学习"比"成绩"更重要，这种见解会逐渐获得认同。超越这种停滞心态的最好方法是持续地围绕"不评分制"的理由，根据解释性的反馈与自我评价的"评价的价值"展开讨论。评价制度并不是一朝一夕就能转换的，需要花费时日，需要众多的人自觉地转换思维方式。

"不评分制"的实施，不是教师单向的评价，而是通过服务于所有儿童的学习，才能达到，在这里存在着难度不一的挑战。[①] 第一，让所有家长对"不评分制"达成

---

① 　S.Sackstein.挑战不评分制[M].高濑裕人，吉田新一郎，译.东京：新评论社，2018：25-219.

共识。第二,所有的课题均为项目式,课堂中的经验必须是支撑所有学生持续成长的活动。在这里重要的是,必须使得学生拥有孜孜以求的学习热情,以及把种种课题留存在记忆之中,借以重建学习经验。第三,支撑学生之间的相互合作。不是单纯靠教师的努力,而是学生自身做出努力。倘若仅仅依赖教师控制的"教"这一重要因素,众多学生是不会好好学习的。第四,重视数据的收集与数字化。要提升课堂学习的质量,就得探讨如何为课堂学习提供更多的信息,如何运用数据。必须认识到,像教科书之类的软件,并不是学习过程中唯一的工具,真正的学习也不是拥有丰富经验的教师与家长的参与能够替代的。第五,最大限度地确保学习的时间,持续地展开课堂内外的协商。作为教师需要考虑的是,向学生提供怎样的反馈;以怎样的频率同学生展开关于学生的成长与进步的一对一的对话机会;在哪里能够实现这种机会,等等。第六,让学生的成长可视化。第七,教会反思,帮助学生成为拥有元认知的学习者。第八,把测评权还给学生。第九,走向真实性评价。

从转变教学用语开始。关于成绩,以往的教学用语大多是被动的、消极的。为此,必须转换教师的教学用语,用"评价"或者"教学评价"的话语来替代"成绩"或者"分数"的评定。

表 9-5 教学用语的变化[①]

关于成绩的用语	同成绩无关的用语
成绩	评价
分数	进行评价
"你得了多少分?"	"你学到了什么?"
"这是错的。"	"用别的方法试试看。"
问题	挑战、机会
评定与批评	反馈
取得好成绩	出色,掌握

① S.Sackstein.挑战不评分制[M].高濑裕人,吉田新一郎,译.东京:新评论社,2018:14.

教师的教学用语,是以边思考、边对话的方式来进行引导的,必须意识到教师自身期许的方向性。实验表明,一种语言的变化会带来某种戏剧性的效果。

专栏9-1
教育目标分类学与评价方式的开发

教育目标分类学

教育目标分类学教育目标与评价理论的渊源可以追溯到"泰勒原理",这就是:1. 学校应当达成怎样的教育目的。2. 准备怎样的教育经验可以达成这些目标。3. 这些教育经验怎样才能更有效地组织? 4. 怎样判定这些目标是否达成? 在此基础上,泰勒(R.W.Tyler)引入"教育评价"的概念来替代"教育测量",强调教育目标与教育评价是不可分割的关系。

泰勒的弟子布卢姆(B.S.Bloom)则引进分类学的概念,开发了"教育目标分类学",倡导"三评价论"——诊断性评价、形成性评价与终结性评价,这就从内涵上发展了泰勒的教育评价论,并且提出了分类别地、清晰地表述教育目标的"教育目标分类学"框架。这个框架由三个领域——认知领域、情意领域与心智运动领域组成。认知领域用六个主要范畴表述——知识、理解、应用、分析、综合、评价。情意领域用五个主要范畴表述——接纳、反应、价值作用、组织化、关系化。这些主要范畴又进一步做了下位范畴的分类,并举例说明了每个下位范畴的评价方法与测验项目。[①]

20世纪60年代末,布卢姆的目标分类学及其背后的"行为目标论"与"泰勒原理"遭到批判,其缺陷在于,机械性地做出的三个领域的分类导致了线性式分层的学习。2001年,安德森(L.W.Anderson)推出教育目标分类学修订版,采用知识与认知过程的二维结构,并引进"元认知"这一新的学力要素。这就是说,"知识维

---

① 田中耕治,编.简明授业论[M].京都.智慧女神书房,2007:52-53.

度"包括四个范畴——事实性知识、概念性知识、步骤性知识、元认知知识,这四种知识类型按照"具体→抽象"的组织原理,顺序地排列。"认知过程维度"包括六个范畴——记忆、理解、应用、分析、评价、创造。这样,知识维度的明确使得认知过程维度也易于明确,这就更容易进行教育目标的分类。

高阶思维能力的培育及其评价

20 世纪 80 年代培育儿童的"高阶思维能力"成为重要的教育课题,展开了活跃的思维教学的研究。[①] 1988 年马扎诺(R. J. Marzano)发表了他的"思维教学"(teaching thinking)研究的成果——"思维维度"(dimensions of thinking),1992 年又在他的指导下对"思维维度"作为重建单元设计的实践框架进行了验证,揭示了思维教学中知识与情境的重要性。他强调,一线教师在培育学生的"高阶思维能力"之际,必须考虑如下三个问题——应当怎样思考知识教学的理想模式?知识教学与一般思维技能的教学应当怎样结合起来?应当怎样面对学习境脉的依存性的问题。这就是说,"深度学习"应当既重视学科内容(知识维度)的习得,又重视"思维能力"(认知过程维度)的训练。

1997 年马扎诺进一步推出基于"学习维度"(dimensions of learning)的旨在"深度学习"的单元设计模型,借以推动学校课堂中的"高阶思维能力"的教学与评价。而作为引领单元设计的隐喻的"学习维度"包括五个层次——维度一,学习的态度与感知。维度二,知识的习得与综合。维度三,知识的拓展与凝练。维度四,知识的有意义运用。维度五,心智习惯。这个框架是从教学实践中提炼出来的,它清晰地界定了"学习"的几个范畴或层次,表明了"学习"一定是以某种形式的知识为基础而展开的,而且是不断地建构的。这个框架是从实践中提炼出来的,它有助于学校现场的"高阶思维能力"的培育及其评价。事实上,马扎诺实施了表达这种单元设计流程的三种模型——1. 聚焦知识的模型。2. 聚焦论点的模型。

---

① 石井英真.现代美国学力形成论的进展[M].东京:东信堂,2011:88-112.

3. 聚焦学生探究的模型。这三种模型主要是从强调维度的差异来区分的,不存在哪一种理想,也不以特定的顺序展开。其共同点是,从重视知识到重视思考力,并不是把两者对立起来、指向后者,而是明确知识习得与思考力培育之间不可分割的关系,而且寻求培育思考力的教育实践得以多样化。

新型评价方式的开发

近年来国际教育界的"核心素养"的思潮集中体现"真实性目标—真实性学习—真实性评价"的学校变革的趋势。众多国家的评价研究与改革实践显示了旨在"21 世纪型能力"评价的各种可能性。在学校教育的评价实践中,可以区分三种视点的评价——"学习的评价"、"为了学习的评价"、"作为学习的评价"。而今,评价活动的中心发生了转移,即从历来的以"学习的评价"为中心的评价实践,转向重视以"自我评价"为中心的评价实践。这就不仅强调教学与评价的结合,而且意味着"评价"隐含在学习活动之中,也成为一种学习的机会。这样,在新型的评价方式中强调了重视"反馈"的"形成性评价"。

伴随着对标准(客观)测验的批判,也催生了旨在聚焦"运用知识、技能的高阶学力"的评价方式。在新开发的测验标准中不仅明示了知识、技能,而且明示了思维能力。标准测验所测的内容往往局限于碎片化知识与技能的有无之类的容易评价的部分,而"真实性课题"与"量规"之类的新型评价方式却可以反映每一个学生的"真实性学力"。实际上,"真实性评价"可将学校课堂中丰富的课程与教学的实践加以可视化,因而得以在学校现场推广。

"质性评价"与"量化评价"是相对的两种评价方式,前者基本上是针对后者的偏失而表现的一种补充。"档案袋评价"就是"真实性评价"的一个典型。其优点是,"其一,着眼于学生的整体发展,兼顾认知、情意、技能的整体的学习评价;其二,适应学生的个别差异,肯定个人的努力进步与整体成就,呈现个性化的学习进程;其三,师生共同参与评价内容的设计、作品选择标准及档案评价标准的制订,激发学生自我反思、自我督导、自我评价的主体性学习的潜能;第四,建立相关资源库,达成资源共享的目的,提升学生沟通、合作、表达及组织能力"。"档案袋评价"有可能使教学真正成为一种激荡师生智慧的艺术。①

在我国应试教育根深蒂固的土壤中,"分数主义"尤为猖獗。所谓"分数主义"是"基于碎片化知识的记忆与再现的纸笔测验得分的数值所显示的结果,来判断学生一切(学力、业绩、能倾乃至人格价值)的一种思维方式"②。要真正从"知识中心"的评价走向"素养中心"的评价,阻力重重。不过,倘若能够围绕"深度学习"及其评价的实践,作为开发新型的"教学与评价"的一个出发点,将是大有可为的。

① 钟启泉,著.核心素养十讲[M]f 福州.福建教育出版社,2018:80.
② 北野秋男、下司晶、小笠原喜康、等,著.现代学力测验批判[M].东京.东信堂,2018:215

第 十 讲
教 学 研 究 与 教 师 成 长

新时代的教师必须具备因应社会的变革而变化的教学能力，以及任何时代都不会变化的教学能力。这就是所谓的"流行与不易"。本讲讨论教师的教学研究、教师的实践知识和教师"学习共同体"的形成，借以揭示支撑教师成长的教学能力的要素与教师成长的密码。

一、教师面临的现代课题

（一）教师工作的特征

教师具有多方面的作用。1. 作为授业者的角色——向学习者传递知识使之掌握技能（选择、收集、传递文化信息）。2. 作为学习环境设计者的角色——营造具有丰富的刺激学习的环境（设定能够发挥多种感官功能、经验学习的场所）。3. 作为学习媒体的角色——教师的言说动作与态度对于学习者的学习而言，起着促进理解的重要作用。4. 作为范本的角色——学习者观察教师的行为，使之了解在社会中的行为方式与社会拥有的价值观与标准。5. 作为学校促进者的角色——帮助学习者能够控制自己的学习。6. 作为辅导者的角色——帮助学习者揭示自身的问题所在，给予明确的支援。7. 作为对话者的角色——通过教师与学习者之间的对话活动,实现学习刺激环境整体(课程)的创造。

按照佐藤学的分析,教师工作的特征是:第一,回归性——所谓"回归性"指的是,对于对方的态度,会通过对方折返自身。在儿童身上表现出来的面貌,是通过学习者同教师的相互作用而产生的结果。就是说,教师怎么做的,儿童也会怎么做。教师的工作归根结底是要回归自身的。第二,不确定性——教师的工作未必一定会在儿童身上体现出成果来,换言之,不存在万能的教学技术与方法。就是说,不可能有确定无疑的唯一的答案——不同的教育思维、不同的价值观,是难以形成何谓好的教育的标准见解的。第三,无边界性。教师的工作与教学并不是上课结束,教育即终止。还有诸多的事情,包括组织管理、事务处理、社区合作等要求。①

从这些特征看来,可以引出教师工作的如下几种可能性,即教师工作是一种拥有高度责任感与荣耀的工作;一种持续地挑战新的情境的工作;一种要求高度自律性的工作。因此,教师的工作是极其艰苦而又拥有高度使命感的崇高的工作。

(二) AI 的进化与教师的教育实践力

在现今时代,技术革新正在推进着信息通信产业的应用,"人工智能"(AI)、"物联网"、"机器人"等关键词在农业、制造业、服务业等领域中,将成为不可或缺的话题。据预测到 2045 年,当下的小学生到 40 岁前后,随着信息技术的进化,会发生"信息机器人的认知水准超越人脑的现象"的所谓"技术发展的拐点"。于是出现了两种展望:一方面,人类社会可以从繁琐的工作与疾病中解放出来,享受生活的乐趣;另一方面,也出现了"人类将被 AI 所支配而丧失存在的理由"的悲观论。但不管怎样,AI 的使用将会对教育领域产生莫大的影响。可以预料,AI 在促进教学的有效性上会发挥胜于熟练教师的作用。

---

① 佐藤学.课程与教师[M].钟启泉,译.上海:华东师范大学出版社,2003:264-268.

　　"教师"这一职业的使命就在于接受国家和家长的托付,负责保障儿童的学习权与发展权。从这一角度出发,新时代要求教师的"教育实践力"应当是什么呢?

　　1. 要求教师把握儿童发展的可能状态。每一个儿童都蕴含着发展的潜能,使其潜能变为现实、变革自我,就是教师应当抱有的信念。教育的工作唯有立足于这样的信念才能成立。

　　2. 要求教师拥有了解每一个儿童的内心世界、把握其思想情感变化的技能。无论是学科教学还是课外教育,教师首先必须了解儿童的现实:通过儿童的言行举止获得经验性理解;通过调查、测验作进一步的客观性理解。不过,仅仅满足于这些仍然不能深入儿童的内心世界。因此,还需要"移情性理解",即所谓的"共鸣"。共鸣,意味着人格更强的同一状态,一种设身处地地感受对方内心世界的状态。

　　3. 要求教师是真理的探究者,教育实践的研究者。对于多数教师说来,学科教学是主要的部分,其前提性作业就是编制课程,琢磨课程的目标、内容、方法与评价。而教授某门学科总要采取一定的教学形态,所以,教师必须懂得教学的法则。教师正是在每日每时的教育实践中,获得实践性智慧,实现教学相长的。

　　4. 要求教师致力"学习共同体"的形成。儿童的教育,就是尊重儿童的自主性,指导儿童展开自治性的集体活动,培育儿童的价值观、世界观之基础及其生存能力。同时,也要求教师寻求扎根社区的教育。社区不仅是教育的内容与方法层面的问题,而且是支撑学校教育、创造社区教育活力的场所。

　　5. 要求教师成为自我变革者。这就是说,教师从一开始未必就是名副其实的教师,而是通过每日的教育实践逐渐地炼成的。不要忘记,教师自身也是处于发展的过程——教师的人格形成过程——之中的人。教育实践终究是儿童与教师自身的人格同时发展的过程。

　　贯穿教师上述素质的,就是对于儿童的爱——"教育爱"。唯有"教育爱"才能在教师与受教育者的关系之中产生教师应有的"权威",而权威关系才能拥有教育的意蕴而存在。可以说,"教育爱"是教师教育力的源泉。当"教育爱"成为教育生活本身的时候,教师就有了无坚不摧的教育实践力。

二、教师的教学研究

(一) 概念界定: 研究与分析

所谓"教学研究"是指,分析教学中师生的课堂行为、两者之间的沟通与儿童的协同学习,以及教师与儿童的知识、思维、决策与学习过程的实态等,揭示教学技术、课堂氛围、教学信念之类特质的一种研究性实践活动的总称"。[①] 类似的概念有"教学分析"。有的学者认为,两者由于取向的不同(教学开发与理论建构)而有所差异。但难以截然地区分,两者是相辅相成的关系。"教学研究"的提法似乎更自然一些,更具包容性。

早期的教学分析可举美国的弗兰德斯(N.A.Flanders)的交互作用分析与贝拉克(A.A.Bellack)的沟通分析。20 世纪 80 年代受认知心理学的影响,开始探讨教师与儿童的内在过程。90 年代的教学研究,一方面是倡导"学习共同体"与"反思性实践家"这两个概念的框架,成了学校改革的核心课题,促进了教师之间的协同学习(同僚性),另一方面,流行行动研究,从质性分析的角度,展开课堂对话的分析。1999 年,斯蒂格勒(J.W.Stigler)与海伯特(J.Hiebert)比较了美国、日本与德国的课堂录像,著有《The Teaching Gap》一书,介绍了教师的教学研究作为教师研修基本方式的重要性。2006 年,世界教学研究学会成立,教学研究在世界各国盛行。

教育心理学的教学研究作为学术研究的教学研究,向来是特别活跃的,行为主义研究、认知主义研究、社会建构主义研究、系统研究,纷纷登场,涵盖了多种多样的研究课题: 包括旨在揭示课堂文化与课堂教学中起作用的规则研究、教学设计研究,教师与儿童的课堂行为、教学过程的分析与评价、教师教学能力的培育,

---

① 樋口直宏,编著.教育的方法与技术[M].京都: 智慧女神书房,2019: 133.

等等。从方法论上的角度说，大体采用如下方法的组合——实验法、临床性面谈、问卷法、教师采访、现场作业、行动研究。从 20 世纪 90 年代以来，教学研究的对象越来越显示出拓展的趋势：从历史遗产的传承到现代社会的需求；从外国的教学原理到周边具体课堂实践案例的研究；从教学技术论与学科教学论到学习集团论与方法论的举措；从同步教学到运用 ICT 工具的"翻转课堂"与能动学习；从课程标准到校本课程的开发；从教师的备课到儿童的学力评价，研究的范围极其广泛。

作为现场实践的教学研究。教师的成长是受"反思"与"行动研究"的行为所支撑的。以此为契机，校本研修——作为现场实践的教学研究，愈益受到关注。所谓"教师的反思性成长"意味着，通过某种手段批判性地分析教师自身的教育实践，以过去与现在的活动分析作为出发点，开拓教育实践的新的境界。持续地展开有效的"校本教学研究"需要有三个条件：第一，基于教学的事实。这就必须进行案例研究，不是彼此披露观念层面的教学观，而是基于教师全员对教学事实的反思与分析。为此，需要有反映教学的真实面貌的声音、影像、速记。第二，指向教学的改进。参与者必须秉持前瞻的期待，超越学科与年级的局限，相互学习。第三，旨在教师的成长。不是为了某一个特定的教师，也不是旨在特定教师的诊断与评价。以教学研究为中心的校本研修，不是旨在单名教师的提升，而是所有参与者的能力培育与教学的改进。教师的教学研究是同整个学校的教育能力的提升息息相关的。在教学研究中，通过课堂录像之类的工具，教师之间展开讨论与协议。在这里研究者并不是作为一个理论的解释者，带着某种理论，去验证什么，或者进行单向的评价，而是同一线教师一样，作为一个平等的成员参与教学的研究，一道咀嚼教学的复杂性；一道经受烦恼；一道展开反思，发挥促进教师反思的作用。一言以蔽之，教师的教学研究从"效果传递模型"转向了"协同建构模型"。

（二）儿童学习研究的过程与方法

教学的目的在于儿童的学习，那么，怎样才能精准地把握儿童的学习呢？为了在教学过程中把握儿童的学习过程——有哪些儿童、在怎样的状态中，怎样致力于问题的解决。要充分了解这种教学的境脉,教师首先需要掌握研究儿童"学习步骤"(learning process)的方法。借助测验的分数加以数值化,是可以客观地进行探讨的。倘若经过统计学的验证,可以引出可信度高的见解。不过,观察学习过程是要求分析在教学中究竟发生了什么的描述,并不仅仅是量化的分析,而是必须有质性的分析。

1. 儿童学习研究的过程。质性分析并不是单纯地说明事实。既然是分析,就得有一定的客观性。由于是深度观察一个事例,即便把单纯的印象作为分析结果来叙述,也难以获得有用的见解。在学习过程的研究中,以少数的案例研究为主。为了确认见解的准确性,就得同学习理论相结合,以某种理论为背景过细地探讨学习过程,从所得的结果来修正与发展教学理论;再运用这样所得的新理论,去探讨不同的学习过程。通过如此的循环往复,建构优异的学习理论的过程,就是研究的积累过程。在学习过程相关研究中,重要的是根据什么去把握。如果要观察测验前后的差别,就可以用数字来观察儿童掌握的知识、技能。不过,实际的学习过程并不是一帆风顺地展开的。比如,在儿童的对话中,会出现这样那样的情形,每一个儿童的学习过程都有所差异,仅仅观察课堂教学是难以把握学习过程的。因此,必须把握学习过程的具体维度。比如,琢磨儿童围绕某种话题展开的对话,就可以把知识协同建构的过程视为学习,这就是社会建构主义的学习观。社会建构主义中所谓"正确的知识",就是在某种共同体中探讨众多的人认为是"正确"的知识。教科书中记载的知识也是经过历史上研究者共同体琢磨而成的,是妥当的知识。知识是社会建构的,儿童的对话过程即学习过程。

2. 儿童学习研究的方法。为了探讨学习过程,收集与整理儿童对话与课题探讨的状况,课堂笔记之类的记录,这在前阶段是必要的。在这里,讨论一下数据收集的方法与所收集的数据的特质。①

影像数据——运用录像机可以进行课堂录像。课堂录像包括儿童座位的配

---

① 秋田喜代美,坂本笃史.学校教育与学习心理学[M].东京:岩波书店,2015:230-234.

置、教室里的壁报、黑板的使用等物理环境，以及儿童的姿态、表情、教师的动作与手势、表情等，能够收集到丰富的数据。要有效地收集数据，就得探讨镜头摆放的位置。在逆光的位置上，儿童与教师的表情会显得阴暗，摆在教室的后方，只能拍下教师的表情。因此，摆在教室的中间或前方，摄影者就可以根据教室的状况而转动，能够同时（尽管是勉强）拍摄到儿童的表情与教师的动作。同时，在想拍摄的场合，也可以设置 2 台录像机。在想拍摄教师的所有动作的场合，还可以设置 3 台录像机。不过，镜头越多，给儿童的压迫感就越大。因此，在利用录像机的场合，需要考虑被摄影者的心理。另外，利用数字照相机，课堂教学中的某一个瞬间，最终板书的样子，作为一个画面摄影下来，也是有效的。由于录像数据容量大，很费工夫，但有了录像数据，处理也简单，也能够打印输出。

声音数据——利用录音器械，能够收集声音数据。IC 录音机的优点很多。比之录像机，课堂里的压迫感少，容易记录小组活动的声音，数据少，机器也由于有充分的电池而能够长期录音，容易携带与安装。因此倘若准备充分的数量，除了能够做若干小组的对话录音之外，由于数据少，录音器械也能够在电脑上进行处理，录下的声音比录像机清晰。也有同录像机兼用，为了制造文字记录，将 IC 录音机置于有声场合。

文本数据——从手写的笔记截取眉批也有用。录像机不能摄影的数据，诸如当日的天气、上课的时间、教室里有多少儿童、完成作业情况等。这些眉批有助于日后备用。数据的保存也容易，宜尽可能快地把眉批输入电脑。从 IC 录音机与录像机文字产生的记录有助于尔后的分析，打印输出之后，可以进行细致地探讨。

问卷法——对儿童实施问卷，把其回答作为数据收集的方法，尽管是一时的数据，但有助于作为支撑学习过程的探讨。倘若采用选择题式的问卷，容易量化，可以据此理解儿童的个性特征。

儿童的作业——在教学中儿童的作业单也是重要的数据，可以从中了解不发言的儿童在思考什么，怎样思考的。另外，儿童通过用不同颜色记下自己原本的思考及同他者对话之后所想的内容，也可以了解该儿童在对话过程中产生的思考。

采访数据——在教学中无法对儿童的发言与作业单中写出的话语进行解读的时候，可以在教学之后对儿童做一个短暂的采访，借助此间进行的记录，来确认其发言与书写内容的意图。同样，采访数据也有助于探寻教师提问的意图与教学中的发现、呈现教师是怎样把握儿童的学习状态的，从而成为一种有助于解读学习过程的数据。借助电脑，可以记录学习者发现了怎样的信息，在哪里发现的这一类操作过程或者通过作业单与采访的信息，也可以进一步收集更为聚焦的数据。总之，学习的目的是什么，验证学习效果所必要的数据是什么，在教学之前需要有某种程度的界定，进行数据收集的工作。之所以要求用多样的手法尽可能地收集丰富的数据，是为了在分析学习过程的阶段，能够提供必要的数据。人的学习过程是复杂的，或许不可能尽善尽美，但若是没有数据，那是寸步难行的。

3. 数据分析的底线。通过运用数据，可以降低随意解释的弊端。不过，要关注如下两点：其一，个人信息的保护。在处理每一个学习者的数据之际需要考虑个人信息的私密性。数据收集需要获得允许，发表之际使用匿名等等，必须避免泄密。其二，与现场关系的考虑。采录学习过程的数据主要是现场作业。数据采录者需要时刻注意如何介入现场、自己在现场中是怎样一种存在。自己的介入越是强烈，所获得的信息就越是增加，但也容易做出主观的判断，这是客观分析的大忌。研究结果与现场处于复杂的关系，因此，明确怎样进行研究，同现场的对话如何进行——就是研究活动的开端。收集了有关学习过程的数据之后就得进行分析。在收集数据的过程中或许形成了儿童学习过程的某种印象，但在着手分析之际，需要细致地研究数据，特别是"质性分析"（qualitative analysis）并不是轻而易举的。学习过程的分析存在种种的方法论，一般应当注意的是：

谨防随意的数据解释——基于自己的好恶来选择事例，谓之"确证偏见"。亦即通过只看见同自己的假设相一致的数据这一"确证偏见"，而往往忽略了反证自己的假设的数据。

谨防扩大解释——在详细地解读数据之际，会获得某种发现。这种发现会使人想到或许能够对数据进行概括化解读。在这里需要认识到，终究是从少量案例中得出的数据,避免做出过分概括化的解读。复杂的教学境脉的解读、丰富的学习过程的描绘,是无穷无尽的。急于做出概括化的解读,反而毁灭了丰富的境脉。从某种案例中可以引出哪些见解,需要慎重地探讨与叙述。

理论与数据的应对——把案例研究的分析结果同先行研究中引出的理论链接起来,获得抽象性数据是十分重要的。一个案例的探讨,通过同理论的结合,就可以链接尔后的教学实践。通过研究同行之间的协同,学习理论得以发展,更优化的学习过程的见解得以积累。重要的是案例研究所依据的理论与步骤、所得的结果,向他者开放,这样能够从他者的视线展开新的探讨。

提升解释的可靠性——从一种角度出发做出的解释是否正确,未必肯定。比如,通过这种探讨——根据发言记录的解释,确定一旦学习了某论题、在教学结束之后的问卷与采访是否一致,可以提升解释的妥当性。这样,从两种数据来看一种解释,可以提升探讨的妥当性。[①]

三、教师的实践性知识

(一) 教师的知识与 PCK

教学的良莠不仅取决于教材研究和课程标准,也受教学中教师的教学行为左右,其背景是教师对教学的知识与思考。随着认知心理学的发展,教师知识的研究昌盛起来。

舍恩(D.Schon,2007)把科学技术知识合理地运用于实践视为"技术熟练者",主张教师是反思自身的行为、直面复杂问题的"反思性实践家",提出了崭新的专家形象。习得学科内容的学术专业性与指导技术,并借助基于深度思考与反思性实践知识的习得,从而形成教师能力——这一反思性实践家的思维方式,构成了教师知识研究的基础。

---

① 秋田喜代美,坂本笃史.学校教育与学习心理学[M].东京:岩波书店,2015:236.

　　对实践性知识的研究产生巨大的影响的是,李·舒尔曼(L.S.Shulman,1987)的"教学内容知识"(Pedagogical Content Knowledge:PCK)的概念。李·舒尔曼把教师拥有的这种知识分为7种,即关于内容的知识、关于一般教学方法的知识、关于课程的知识、关于教学论内容的知识、关于学习者及其特性的知识、关于教育境脉的知识、关于教育的目的、目标、价值及其哲学史基础的知识。此外,课堂教

理解	教师对"教学目标、学科结构、教材内容"等学科内涵与外延知识的理解
转化	① 准备:对文本进行批判性解释与分析(结构化与分节化、开发课程、明晰目标)的准备过程 ② 呈现:运用一系列呈现方式(类推、比喻、举例、展示、解释等)的过程 ③ 选择:教学构成(概念、教学手段、教学组织、管理、教材的编排等)的选择过程 ④ 预设:根据学生特点预先规划学生的学习过程,视学生的种种状况(概念、错误、困惑、语言、文化、动机、性别、年龄、能力、资质、兴趣、自我概念与态度等方面的表现等)进行的调适过程
教学实施	班级运营与教材提示、同学生的对话。俱乐部活动、规范、幽默、提问等能动的指导。发现学习、探究学习等种种课堂中学习策略的指导
评价	在师生互动中评估学生的学习成效,在课时与单元终结时测验学生的理解,评估自身的教学表现并修正自身的教学行为
反思	分析、反思、纠正并重建教师自身与班级的运作、基于证据的解释
新的理解	对教学目标、学科教材、学生、教学状况及教师自身,形成新的理解并巩固新的理解,从经验中学习

图 10-1　教师的备课过程[①]

_____

① 秋田喜代美.学习心理学:教学的设计[M].东京:左右社,2012:164.

学、学区的政策与社区的特征之类的"关于教育境脉的知识"也是实践知识的特征。与此同时,李·舒尔曼倡导教师知识得以激活的"教育推论与行为模型",突出了"理解—转化—指导—评价—反思—新的理解"的过程。特别是在"转化"中,由"准备—呈现—选择—预设"构成,该模型体现了教师教育行为的特质:教师批判性地解读教材、思考教学方法的可能性,以便合乎学习者的特性。PCK 同"转化"有着密切关系,同时,通过教学实践,PCK 又进一步深化。两者之间形成循环往复的关系。

(二) 熟练教师的思维与决策

在探讨教师的实践知识之际,应当关注的是,熟练教师与初任教师的差异。在这方面,佐藤学(1991)等人通过观看熟练教师与初任教师同一课题的教学录像,同时采用自由地叙述所思所感的方式进行了比较分析,结果表明,熟练教师显示出如下的特征:1. 教学过程中即兴地思考丰富的内容。2. 推测教学中学生的学习过程,发现学习的意义并求得解决。3. 从执教者、观摩者、儿童等多元的视角出发,做出多义的事实解读与判断。4. 把儿童的发言与教学内容与其他儿童的思考关联起来。5. 在教学中重建学科问题的框架。这种实践性思维是以 PCK 为主的多样的实践知识为支撑的。

为了具体地显示教学中教师的思维,研究者展开了教育技术学的决策模型的编制。吉崎静夫(1991)参考国际教育界的研究,提出了如下的模型。据此,首先是关于学生、教材内容以及教学结构(教学方法)的知识,在此基础上,加上教学常规的方式,编制教学计划。其次,教学一旦实施,教师即开启旨在把握教学状况的监控图式。特别是以学生的注意、反应、行为和时间等作为线索,认识教学计划与教学实态之间的落差及其原因。然后,根据监控中落差的有无,从教学常规、教材内容与教学结构的知识出发,引出相应的对策、采取应对的行为。在这种教师的决策中,比如,往往可以发现教学中学习者预料之外的应答场面;或者教师在提问之际也会发生并不按照教师提问的意图而做出的应答,或者原本就没有做出应答。这时,教师就会有意无意地设想学习者的应答会有多大程度的落差,思考应对的行为。具体地说,在符合预想水准或者超越预想水准的场合大多会按照设想的教学方案进行。在预想水准以下的场合,教师就会进行即兴式的决策与判断:对别的学习者反复地发出同样的提问,或者改变提问的内容,寻根究底地探寻应答。

(三) 教学论信念与情绪

教师的"实践性知识"也以"教学论信念"(pedagogical belief)的方式表现出来。信念是制约教师的思考与行动的因素,包括其背景与理由在内,多采用听取与采取描述情节的分析方法来揭示。黑羽正见(2005)以执教 23 年的小学教师为对象,进行了大约为期 1 年的观察与面谈,展开了阐释信念的研究。[①] 诸如,在教材钻研中"教师的高度促进儿童的高度",在上课中"教师应坚守自己的实践"和"教学应随机应变",在自主研修中"教师应最大限度地挖掘儿童丰富的潜能"等信念,因其在不同的情境是各不相同的。进而可提取"蕴含效能感的教师观"、"接纳性教学观"、"肯定性儿童观"之类的教师信念体系。

与此同时,教学论信念是以教师的教学方法为特征的。比如,某高中教师拥有的信念是:1. 教师通过选择教材,可以让学生多样地思考。2. 不是教师给出唯一的正解,而是由学生自己发现教材的本质。3. 在展开对话中心的教学中,教师发挥着重要的作用。在这种随机应变的教学实践中,其要点是:1. 活跃学生的对话,使其不断接近教材本质的课题。2. 教师也作为一个学习者参与,发挥链接多样见解的作用。这样,基于教师的学生对话中心的教学,是同教学论信念相呼应的。

随着教学的进展,教师在同学习者的关系之中往往会感受到丰富多样的"情绪"。比如,学生自觉的发言,当超越了自己的预想之际,教师就会体验到喜悦、惊

---

① 樋口直宏,编著.教育的方法与技术[M].京都:智慧女神书房,2019:114.

愕、快乐、满足感之类的情绪。反之,当面对学生窃窃私语、打瞌睡、懒散、开无轨电车之类的行为之际,教师就会感受到哀伤、焦虑、无聊、失望等不悦的情绪。同时,感受到困惑、罪恶感、懊丧之类的自我意识情绪。另外,不同的教师的情绪是不同的,尤其同教学目标与信念密切相关。比如,重视同学生对话的教师,对于学生的窃窃私语与打瞌睡会感到焦躁;但重视学生之间相互倾听关系的教师,窃窃私语会被视为一种朋友之间的关系与关照,教师对此会感到喜悦。

这样看来,教师一方面是沿着具体的步骤与形式设计教学,另一方面,教师又是在即时地运用暗示性知识、思考,乃至在构成其基础的信念与情绪之中,展开教学实践的。进而表明,教师在日常的教学实践中不断展开反思、提升教学的设计与实践能力,是同教师的成长息息相关的。

四、教师"学习共同体"的形成

(一)共同体与学习

广阔的视野、和谐的人际关系,以及不断探究的意志——这就是"成长的教师"的主要标识。教师"学习共同体"的形成是每一个"成长的教师"所需要的,这种共同体是教师之间形成相互学习关系的共同体。那么,这里所谓"学习"是怎样一种学习呢?

斯伐德(A.Sfard)把学习的方式分为两种类型,即"习得隐喻"与"参与隐喻"。在习得隐喻中把学习视为知识与技能的习得。就是说,学习仅仅是在个人头脑中就可以完事的,同他者的关系不受重视。而在"参与隐喻"中把学习视为共同体的参与,同他者一道参与共同体的活动,即为学习。这是同个人头脑中习得的隐喻大相径庭的。

那么,学习是共同体的"参与"是怎么一回事? 莱夫(J.Lave 1993)从"合法的边缘性参与论"出发,进行了阐释。莱文等人以玛雅族的产婆与西非裁缝店的师徒制的研究作为案例,阐明参与共同体即学习。在这些共同体的师徒制中,最初的参与者,开始是观摩先辈的做法,被授以点滴的技艺而已,然后逐渐地委任更多的工作,最后进入共同体的中心。就是说,学习什么,是离不开学习场周边的情境的。通过参与的"学习",参与者从周边的角色变为核心的角色形成个性。以这种视角来看待的信息,谓之"合理的边缘性参与论"。在合理的边缘性参与论中,人的学习被视为从边缘性参与共同体到完全性参与的过渡。另外,参与的共同体,由于是在以实践为中心的集体中,所以称为"实践共同体"。

然而,合理的边缘性参与论与实践共同体论毕竟是校外学习的理论化,未必完全适合学校内的学习。因为课堂教学中的儿童未必是和共同的实践结合在一起的集体。另外,实践共同体会随着实践的终结而解散,而课堂教学通常是儿童根据课时表而集结或者解散的。不过,合理的周边参与论与实践共同体论,终究是有助于矫正当前的课堂教学的。就是说,学校中习得的知识之所以无助于投身社会,是由于没有经历过这种实践共同体的参与。

在学习共同体的背景中,形成学习研究中的"学习手"是重要的。布朗(A. L.Brown)列举了形成学习手的五个原理。第一,儿童是学习的主体。儿童在展开尝试做出解释、尝试做出设想、或者持有疑问的学习活动之中,可以促进自己的学习。通过反思学习活动的展开,儿童自身的深度链接得以形成。第二,课堂教学中,他者被视为自己学习的协作者,并且重视同他者的差异。班级中的每一个学生都是不同的,拥有不同的思考、不同的经验、不同的知识。在集结这些思考、经验与知识的同时,学生在差异中学习,同他者分享知识,此外,每一个学生都能够展开多样的学习,借助多样的知识,按照自己的步调展开学习。第三,在教学中重视对话与协作。借助课堂教学中的对话,触发种种的思考、知识、经验,并且分享对话的内容。第四,参与真正的文化活动。在学校中经常展开旨在教学而设定的课题与活动。比如,在英语教学中利用沟通的场景。当然,为了支撑儿童的探究活动,教师要选择、准备好必要的资料,提供实验的框架,提供形形色色的支援。第五,尤其重视学习的境脉、情境。重要的是,明确为什么而进行,展开锲而不舍的挑战。

（二）支撑教师的教学研究的理论

"专业学习的共同体"论。在这里，教师是"专家"，教师团队是专家团队。这是经营管理学家森格（P.Senge）倡导的"学习型组织"。校本研修具有"专家的学习共同体"中作为"学习的组织"的性质。"学习的组织"是为了产生自身期待的成果，而产生必要的能力，特别是产生新的思维方式的一种专业的学习共同体。罗伯茨（S.M.Roberts）指出，教师团队要形成并发挥作为专家学习的共同体的功能，需要"共同性"、"情境性"、"以校为本"、"持续展开"四个条件。按照霍德（S.M.Hordd）的分析，这种"学习共同体"具有"信念、价值、愿景分享"、"分散的、支援性的核心"、"集体学习及其应用"、"支援条件"、"个人实践的分享"等特征。①

关于反思的研究。舍恩（D.A.Schon）认为专家在"行为中的反思"是多层面进行的，并将其称之为"反思性实践家"，教师的学习是在情境中发生的，在教学中教学的反思是同作为专家的教师的成长联系在一起的。这个概念本身意味着教师形象的划时代的转型。艾斯纳（E. W. Eisner）则提出了"教育鉴赏"（educational connoisseurship）的概念——识别教育现场所发生的复杂微妙的事件的能力，并把它上升到体现教师专业性的高度。他指出，无论哪一个领域的专家，在其专业领域都必须具备相应的慧眼。而体现教师的专业性的，就是要求教师在"教育的瞬间"能够识别、判断浸润在学校教育中的"复杂微妙事件"，具备"教育的慧眼"。

从假设验证型到事实解释型。即便是有了自觉反思专业性的工具，教师关于教学研究的信念，亦即教学研究观，倘若一味指向旧有的假设验证型，是难以期待作为当事者的教师的成长的。确实，即便是发表了研究报告，有了达成感与满足度，也会在推广成果的工作中埋头于日常琐碎的事务性工作，其结果不能说是形成了"专业的学习共同体"。

佐藤学（1997）以舍恩（1983）的"反思性实践"概念为基础，列举了"反思性教学"的表现特征：1.尊重境脉的独特性，寻求具体经验的生动活泼的叙述。2.要

---

① 鹿毛雅治，藤本和久，编著.创造授业研究[M].东京：教育出版股份公司，2017：97.

求用第一人称叙述(亦即,尊重主观性,且这种主观性得以反思),避免非人称、第三人称。作为教师的"我"登场,儿童个人的名字也登场。通过每一个人的具体经验的叙述,寻求课堂事件的多重意义的解读。3. 上述的结果,要求做出实践记录,在表达中要求"故事性",叙事的方式也被视为一种理论探究的方式。当然,教学研究并不限于佐藤学指出的上述三点。不过,即便在教学研讨中,为了促进教师的教学方式,用特定人称来叙述故事是不可或缺的。在日常教学研究的实施过程中,不乏假设验证型,不能否定带着假设投入实践。应当矫正的是,为了验证假设而倾注心血、急于定型化和推广的心态。在专家团队中则是基于事实的细致的解释,通过同专家的交流,不断地反思、革新、分享教育实践。换言之,从"假设验证型研究"走向"事实解释型研究"乃是形成"团队自律性"与"专家学习共同体"的关键所在。

(三) 教师"学习共同体"形成的条件

"学习共同体"不仅是对班级的要求,在教师之间也要求形成学习共同体。在教师共同体中,通过愿景、知识理解、工具、实践、思考取向五个领域,相互学习,以一定的目的所形成的"教师专家的共同体"分享规范与实践,将会给儿童的学习带来强烈的影响。①

愿景——达令·哈蒙德(L.Darling Hammond)和布兰斯福德(J.Bransford)归纳了关于教师学习的调查与研究,提出了以教学愿景为核心的模型。所谓"愿景"(vision)是指优质教学的鲜明的形象。"愿景"是具体的而且是依存于每一个人的经验的,所以未必是同样的。要形成教师的学习共同体,每一个教师就得相互交流各自的愿景,探讨在教学中是否有实现的可能性。这样,教学的愿景就可以在共同体中分享。

知识理解——对教师的知识理解的要求,不仅要求所教学科内容是深度知识,而且包括如何使得儿童达到深度理解的深度知识。不仅是对每一个儿童的理

---

① 樋口直宏,编著.教育的方法与技术[M].京都:智慧女神书房,2019:219-222.

解——理解每一个儿童和儿童之间的关系，儿童拥有怎样的先行知识与经验，而且也包括关于儿童学习过程的知识。此外，在学科内容知识中，包括四个方面的理解——理解该学科所拥有的完整的概念体系及其相关知识；理解该学科知识通过种种学术讨论是否得以合理化的学科方法论本身的知识；理解为什么该学科是重要的；理解如何才能把该学科知识传递给他者。教师在共同体中相互交流学科内容与儿童学习的知识，通过协同学习，能够更有效、更深度地学习。

工具——所谓"工具"是指在课堂教学实践中实际运用的学习理论与教学方法，关于学习的框架与认识。教师在共同体中分享这些思维方式与具体的工具、教学方法的创意，有助于应对多样的儿童。

实践——在"实践"中包含多样的活动。解释概念、展开讨论与辩论、实验设计、设置作坊之类的促进儿童学习的多样的教学实践的集合，这些构成了教师的教学库。另外，还包括单元设计、课时的设计与实施的学习、形成性评价与终结性评价的开发与实施、提供结构化、特定化的反馈之类的活动。不仅是教学实践的内容，而且也涉及何时、如何、为什么运用之类的背景。教师在学习共同体中彼此公开教学实践、分享教学经验是十分重要的。这不仅是单纯地观摩现场的教学，而且通过倾听执教者的叙述，对教学的探讨，可以拓展到教学活动的全域。

思考取向——所谓教学的"思考取向"指的是关于教学、儿童、教师角色的思考与行动的习惯，甚至包括实践的反思、教学的模式。关于儿童的思考取向包括促进儿童取得成功的方略、对儿童学习负责的倾向、寻求优质教学、讲究新的教学方法的倾向；也包括同儿童的良好关系、对儿童的价值作用、尊重儿童、关爱儿童的个人的思考反思。教师的教学观、教师观、儿童观影响教师个人的人生经验。因此，每个教师个人的思考取向，都是不同的。倘若每个教师固步自封、互不交流，就不能分享不同的思考特性。当各种可接受但又存在矛盾的"取向"会在教师共同的探讨中表露出来，相互碰撞的时候，教师们对于不同取向的肯定、质疑、反驳与修正，不仅可以充分展示教师团队的实践理性，而且可以在一定程度上充实每一个教师的实践理性。

■ **专栏 10-1**

柯尔布的经验学习模型

柯尔布(D.Kolb)不满学校的传统教学方式,倡导基于经验的教学法——"经验学习"(Experience Learning)。对于柯尔布而言,所谓"学习"不是被动地记忆知识,而是从自己的经验出发,编织独自的思维方式。就是说,是"通过变革经验而创造知识的过程"。在这里所说的经验,包括了日常生活中的事件与工作上的事务,或者是学校中的教学,意味着同新的世界相遇的机会。为了学到什么,重要的是如下四个阶段的循环往复:(1) 积累具体的经验;(2) 反思经验的内容;(3) 从中获得的教训凝练为抽象的假设与概念;(4) 把它应用于新的情境,亦即倡导"经验学习"。以往的教学流程是,学习了什么知识,学习结束之后再应用知识。但是,柯尔布的流程却是"用中学"的流程,亦即通过应用来进行学习。这就是借助经验(应用)来展开学习的周期,谓之"经验学习模型"。

这个模型意味着需要从根本上转换教学方式,实现哥白尼式的转型。在这里重要的是,与其说是经验本身,不如说是解释经验,从中获得某种启示与教训。换言之,即便两个人有同样的经验,通过经验的解读,学习内容是不同的,尔后的行动也会有所不同。即便是上同样的一节课,思考什么,内化什么知识,不同的人也会有所差异,就是基于这个原因。所以教学不仅是单纯地多多积累经验,重要的是反思与接纳的方式。

运用经验学习的四个阶段将有助于学习者反思自身以往的学习过程。表 10-1A 显示了经验学习及其涵盖的主要学习活动与教师的作用。在这四个阶段中,喜好哪一个阶段或者擅长于哪一个阶段,是因人而异的。人们在以往学校中获得的上课的诸多"经验",并不是直接感受到某种具体的东西,大体是以接受教师作为一个信息提供的现成抽象知识为中心的。

表 10‑1A　柯尔布的"经验学习"阶段论①

学习的阶段	主要的学习活动	教师的作用
1.具体经验 　感受	游戏、角色演习训练与反思	教练、支援者
2.反思性观察 　观察	讲授、观察、多视角的提供、知识测验	向导、师傅
3.抽象概念化 　思考	教科书讲解、个人自学、系统提示	信息提供者
4.能动性实验 　尝试	反馈＋练习、小组讨论、个别学习活动	榜样角色

　　柯尔布在揭示学习的四个阶段的周期的同时,又着眼于该周期涵盖的每一个阶段的个别差异,描绘了学习周期与学习样式的关系,见图 10‑1A。

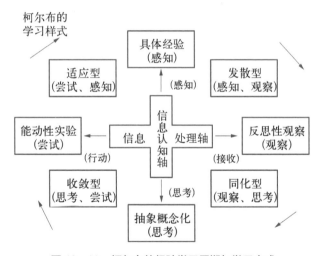

图 10‑1A　柯尔布的经验学习周期与学习方式

　　学习的四个阶段是怎样把握信息的这一信息认知的纵轴,加上怎样处理信息的这一信息处理的横轴。在纵轴中,①具体的经验(图上)与③抽象概念化(图下)

①　铃木克明,等,编著.学习设计指南[M].京都：北大路书房,2018：184—185.

显示相对的"感知"-"思考"这一信息认知的阶段。相反,在纵轴中,②反思性观察(图右)与④能动性实验(图左)显示相对的"接收"-"尝试"的信息处理的阶段。

从图 10-1A 上按顺时针方向旋转,可以看到学习阶段的进展——"感知"具体的经验(①图上)、仔细地观察、"接收"(②图右),"思考"自己的解释(③图下),然后积极地"尝试",加以确证(④图左)。在教学中单纯地"接收"新的知识,经验学习的周期是不可能旋转的。把接收的知识应用于新的场面,时而失败、时而陷入预料之外的事态,"思考"其原因所在。当原因有了某种程度的认知,于是在实际上"尝试"解决问题的对策。这是实现能动地旋转学习的周期所必须的要素。

在经验学习周期的各个阶段中要求相应的"④能动-②反思-①具体-③抽象"的学习姿态。由于以往学习经验的优劣,从而产生擅长与否、好恶与否的差异。这样就可以得到如表 10-1B 所示的四种不同的学习样式。擅长感受与观察的类型是"发散型",擅长观察与思考的类型是"同化型",擅长想想看再进行尝试的类型是"收敛型",擅长试试看再感受的类型是"顺应型"。

表 10-1B 柯尔布的四种学习样式及其特征[①]

学 习 样 式	特　征
A. 发散型 擅长感受与观察的类型	想象力旺盛,大多思考价值与意义。从种种不同的角度观察情境,倚重观察更甚于行动求得适应。喜好与人打交道,重情感。
B. 同化型 擅长观察与思考的类型	归纳性思维,倾向于建构理论模型。对抽象概念与理论的兴趣甚于与人打交道,重视理论思维甚于实践。
C. 收敛型 喜好想想看再进行尝试的类型	问题解决与出谋划策的实践出色,少有情感表达,喜好技术性问题甚于与人打交道。
D. 顺应型 喜好试试看再感受的类型	喜好执行计划,着手新的工作,借助尝试错误进行问题解决的居多。与人相处随和但缺乏耐性,往往给人一种多管闲事的印象。

人的一生应当是持续学习的过程,教师的学习也是同样。学习永无止境。越是学习,就越想学习,越能增效——这就是学习的特质。

---

① 铃木克明,等,编著.学习设计指南[M].京都:北大路书房,2018:186.

余 论
儿 童 学 习 的 现 代 课 题

　　随着社会的发展与技术的进步,"教师讲,学生听"的"划一教学"理所当然地遭到了批判与摈弃。从根本上变革教学的方式、推进课堂的转型,成为教育界的重要课题。毫无疑问,作为这种变革的前提是,首先必须明确儿童的学习与成长应当是怎样的。这是因为,不能促进儿童更好地学习与成长,就谈不上"优质教学"。而以教学心理学为中心的研究表明,学习者自身的主体性学习活动正是优质学习的基本特质。本书基于这一立场,围绕学校教育、特别是课堂教学中儿童的发展与学习的心理学问题,从种种不同的视角出发,展开了一系列专题的论述。不过,今日学校教育的问题错综复杂,这里再从另一个角度,梳理一下有助于促进儿童"真正的学习"与"真正的学力"的若干心理学课题。

　　更新教学目标。"核心素养"的教育思潮期许的"21世纪型的学力",亦即"可信赖、可迁移、可持续"的学力。这就是说,学校教育中教学目标的第一性质是,并不单纯局限于在课堂中求得"理解"与"运用"。学习的成果并不是在某种学科中就可以完事的,而是需要持续地获得有助于跨学科学习的机会,以及对未来工作之基础知识起作用,谓之"可信赖性"。要求"可信赖性",就得让儿童拥有好奇心与兴趣,支援儿童自主地生成知识的学习活动。学习目标的第二性质是学习成果能够在别样的情境中运用"可迁移性"。可以说,学习成果的"可迁移性"是指,能够洞察教学内容的特质并将其成果灵活地"运用"于别的情境之中的能力,它同"元认知"密切相关。当然,这种学习成果的"可迁移性"有广义与狭义的差异——不仅能够运用于学校的考场,而且能够运用于未来的工作场景。再者,我们发现,在儿童时期课堂中学到的成果往往会随着科学技术的发展而变得陈腐,陈腐的知识必须更新,亦即学到的成果并不能保障永远以同样的方式发挥作用,重要的是让知识得以持续发展。这就是教学目标的第三性质,亦即所谓的"可持续性"。知识得以更新的、得以持续发展的结果是,学习与工作的领域得以拓展,从而成为知识不断更新和拓展的机会。当今国际教育界受到关注并达成这些教学目标的一种手段,就是"协同性问题解决学习"。"协同性问题解决学习"是学习者一起解决共同的问题,在循环往复地提供并交流每一个人的主见、知识、资源之中,达成目标的过程。这是一种超越传统的灌输教学的局限、超越每一个儿童的局限,而发展出的新型学习方式。

从失败中学习。在课堂学习与日常生活中倘若失败了,就得追究失败的原因。只要修正了错误,就会开拓走向成功之路。"失败是成功之母",真正的理解往往是通过失败获得的。一个人往往在学习成功之后,学会了"倘若如此,就不会失败",于是如法炮制,免得失败。这就无异于学习了一种具体的方法,但并不明白"为什么这种方法不至于失败"。这样,一旦意外地失败了,就会茫然不知所措,进而丧失自信。一个人总是想避免失败,于是开始思索"为什么会失败"、"怎样才能避免失败"。答案大体不可能是轻易获得的,但在此过程中获得新的知识,然后才会发现不至于失败的策略。学习者经历了这种过程,就不再是单纯地获得具体的方法而已,而是能够理解"为什么这种方法不至于失败",亦即能够理解方法与结果之间的因果关系。因此,一旦出现了意外的事件,就能够沉着地思考为什么会出现这种意外,探讨解决的方略。不过,失败未必总会带来真正的理解。这是因为,失败者不仅会开始思考"为什么",而且容易油然而生一种"敷衍了事"的心情。倘若受到这种心情的支配,或是难以从失败中得到学习,或是重复同样的失败。即便是想学习,也难以清醒地发现其间的因果关系,最终只能导致局部的、表层的理解,亦即所谓的"走过场"的弊端。其实失败并不是坏事。在教学心理学中有"抗逆力"、"有效失败"、"极限训练"等术语。所谓"抗逆力"是指"从失败中学习,通过失败激活自己成长的能力"。作为应对失败的策略有四个阶段——"不扩散影响"、"精神振作起来"、"从失败中学习"、"不畏失败",亦即能够跨越应对失败的四个阶段的能力,谓之"抗逆力"。① 所谓"有效失败"是指在问题解决的过程中失败体验的重要性,所谓"极限训练"即指"置身于逆境之中,反复经历挑战与失败",从而锻炼自我、获得更深的知识。一旦拥有了这种能力,就能立于不败之地。

　　知识是社会建构的。学习不是一个人的事,一个人的学习是有局限的,需要互帮互学。在日常的生活中一个人解决课题之际,当发现某种能够解决的方法的时候,往往会有一种悠然自得的感觉,但这种发现究竟能产生多大程度的理解,倘若没有向他者解释或者一起切磋的机会,是很少有自问自纠的。唯有当你向他者解释、却同自己的设想相反、不能很好地做出解释的时候,才会发现自己的不足之处。这可以说是在对话中围绕自己的思考发现了新的见解与疑问的瞬间。在人际关系中深化个人的知识与理解的思维方式,谓之"社会建构"。人是一种社会的存在。注重从人际关系与沟通的侧面来揭示学习的本质,这是一种"社会建构主义"的立场。那么,当作为个体的儿童面临不能理解的问题、同他者一起切磋之际,每一个人需要发挥怎样的作用才能深化知识呢? 研究表明,在同他者一起切磋的机会中,每一个人拥有各自的理解过程,通过彼此交流,实现两种角色作用——自己的思考(课题执行者与解释)的角色与接纳对方的思考(监控者)的角色——的相互交替,而深化各自的理解。就是说,监控者不仅承担着作为倾听者的角色,而且也承担着作为探究自身的探究者的角色。借助这种角色的交替,从而获得相互汲取对方的思考,拓展、深化自身思考的机会。在同对方的理解水准有落差的场合,理解浅的一方总要向理解深的一方打探自己尚未理解的内容,亦即展开提问与辩证。可以想象,这时前者就得把自己"不懂的地方"告知后者,后者则会思考如何向前者解释其"不理解的地方"。被问的当事者会重新梳理自己的思考,着力于以明白易懂的方式传递给对方。这样,即便水准有所差异,也能够一起进行切磋,在角色的交替中拓展并深化自己的知识与理解。在长跨度的理解

---

① 铃木克明,等,编著.学习设计指南[M].京都:北大路书房,2018:104 - 105.

与不理解的循环往复之中,调动学习的能动性。可以说,这就是儿童持续学习的机制。应当说,人是通过沟通而体现其潜在能力的。对于参与课堂对话的儿童而言,倘若能够确凿地引起深化各自理解的交互作用的话,那就可以提升每一个人的学习的品质。可以说,这种教育支援就是对教师的一种要求。不过,需要注意的是,倘若让儿童展开对话,最终却陷入了取决于对话的当事者之外的、诸如期待教师给出准备好的标准答案的氛围之中,去进行所谓的问题解决活动,那么,这样一种活动的意义将会黯然失色。

教育信息化与信息素养。作为一个社会人,知识是不可或缺的。如果说,在传统的学校教育中学生是通过系统的知识授受,形成"堆积型知识",那么,在"信息云端化"的时代,学校教育的信息化与"信息素养"的培育成为紧迫的课题,以便学习者借助多种渠道获取信息,形成"网络型知识"。[①]"教育的信息化"由三个要素构成:1. 信息教育——培育儿童的信息运用能力。2. 学科教学在 ICT 的运用——旨在达成学科教学目标的云 ICT。3. 校务的信息化——减轻教师的工作负担,确保直面儿童的时间。[②] 儿童必须学会运用信息通信技术(ICT)。人是在有限的时间里作出种种的判断的,不能囫囵吞枣地吸纳信息,形成凡事问个"为什么"的习惯是必不可少的。因此,寇奇(J. D. Couch)和托恩尼(J. Towne)主张需要定义"21 世纪型的学习 ABC"即,"存取"(Access)、"建构"(Build)、"编码"(Code)。这就是说,第一,整顿存取的环境。这里的"存取"意味着"优秀的教师与优秀的学校能够利用变革教育的技术"。第二,"建构"指的是教会学生通过自身的体验与能力去发现问题、解决问题,而不是满足于语词的灌输。这是学校教育的核心所在。第三,不管儿童的学习风格与智能型态,掌握编码(批判性思维)是大有助益的。[③]

知识习得的成长过程(熟练化)。从教学心理学的研究引出的观点,不仅有助

---

① 山田肖子.知识伦:信息云端化时代的"认知"活动[M].东京:东信堂,2019:7-12.
② 樋口直宏,编著.教育的方法与技术[M].京都:智慧女神书房,2019:151.
③ J. D. Couch, J. Towne. Apple 的数字教育[M].花塚惠,译.神吉出版公司,2019:177-216.

于学校教育课程与教学的改进,而且有助于学习者个体的主体性参与。关于这一点,在认知心理学中有专门探讨学习者个人终身学习过程的研究,谓之"熟练化"的研究领域。美国认知心理学家诺曼(D. A. Norman)阐述了人的知识习得的成长——"熟练化"——的过程,包括 1."积累过程"——人在积累经验中知道的内容(知识结构)之上再添加新的知识。2."结构化过程"——利用集结的知识更替旧有的知识结构。3."调整过程"——顺利地运用结构化了的知识。[①] 这里所谓的"积累"是指学习新东西时的信息收集活动。某种程度的信息一旦集结,就可以组成新的信息块,把新的信息同业已利用的信息与知识链接起来,这就是所谓的"结构化"。"结构化"相当于形成新的概念。一旦拥有了这种概念结构就能够产生有效地利用这种结构的"调整"。另外,获得的信息通常不是最新的,借助这种结构所能进行的调整也是有限的。诺尔曼认为,许多人由此进行旨在重建结构的新的信息积累,尝试新的结构,在这种过程中有效地进行调整,就是熟练化过程。可以说,所谓"熟练"就是相关信息在积累、结构化与调整的循环往复之中,逐步地形成集结信息与结构化的方式、提升调整品质的过程。换言之,儿童习得知识的成长过程,亦即"熟练化",包含了"知识增长的学习"、"知识结构化的学习"、"知识调整的学习"。这样,知识的网络得以拓展,新的链接得以产生,更成熟的知性活动就有了可能。日本心理学家波多野谊余夫(1988)指出,为了形成适应性的熟练,我们需要反思为什么这个步骤是有效的、必须的,并且介绍了四个条件:不断地解决新的问题;积极地展开对话性交互作用;确保求得理解的时间;所属的学习小组重视理解。就是说,能够承担起社会交互作用的重要职能。

教学对于儿童而言,就是学习环境。不过,这不是自然发生的,是以教师的教育目的为背景的。就是说,教师的教育"目的"从某种意义上说发挥着"磁场"的作用,而制约着这个场域的儿童的学习与成长的学习环境,就是课堂教学。在课堂里创造怎样的"磁场",这就是教师怎样发挥专业角色的课题了。

---

① 田爪宏二,编著.教育心理学[M].京都:智慧女神书房,2018:194.

后 记
构 建 理 论 与 实 践 之 间 的 新 型 关 系

我国学校现场的教学心理学研究长期以来处于边缘化的状态。"教育理论"与"教育实践"往往是"自说自话",两者之间并未形成协同与交融的状态。按照佐藤学的分析,在教育理论与教育实践之间事实上存在着三种关系。[①] 认清种种的关系状态,构建理论与实践之间的新型关系,是保障 21 世纪教育获得成功的一个支撑。

第一,"理论的实践化"——教育实践被视为科学原理与技术的运用。旧有的师范教育体制就是以这种"工具理性"为基础,构成了基于"科学技术的合理运用"的理论与实践的关系。

第二,"实践的典型化"——寻求基于"实践的典型化"的理论建构,摸索尊重教育实践者的创造性与主体性的教育实践与教学心理学的关系。"实践的典型化"或"实践的理论化"的方略,确实体现了教师研究的一种范式。教师通过自他经验的典型化,构成以自他的实践为基础的言说与逻辑,而这种言说与逻辑是作为人人共享的技术加以推广的。然而这种范式或许有助于作为一种运动的组织,但从寻求教育价值的多样化、多元化的角度看,这种"优秀实践"推广的有效性是值得怀疑的,因为这种范式无异于排斥了批判性、反思性地探讨"何谓有效的教学"。在教育实践中普及这种原理与技术的可靠性的内在逻辑并未得到推敲的"优秀的实践",亦即把"优秀实践"等同于普适化的原理与技术来看待,终究是一

[①] 佐伯胖,等.在心理学与教育实践之间[M].东京:东京大学出版会,2013:22-31.

种"理论的实践化"的关系。而把特定的"优秀实践"加以特权化,无异于剥夺了教师实践的多样性与独特性。寻求"实践的典型化"的研究是以组织运动来作为改进教育实践的一种方略为前提的,而这种"运动"是同尊重每一个具体的实践的差异性与多样化的方向背道而驰的。片面突出多样的教育实践中的共同性,只能加剧教师工作的划一化的倾向。

第三,"实践中的理论"——这种立场的特征在于把教育实践视为师生内化了的"理论"的产物。所有的活动是活动主体内化了的理论的践行;所有的实践是理论的实践。持这种立场的研究者是以"活动科学"的取向,寻求"实践性认识论"的建构。这种认识论促进了 20 世纪 80 年代以来教育心理学与教育实践的新型关系的建构。其代表者就是以斯坦福大学的李·舒尔曼(L.Shulman)为中心展开的教师知识与思维的研究。李·舒尔曼批判了以行为主义心理学为基础的分析课堂教学的"过程—产出研究"(process-produce research),这种研究无视 3C——"教学内容"(content)、"认知"(cognition)与"境脉"(context)。他强调的 3C 是以认知心理学的发展为基础的,尔后涌现了一系列以教师的知识与思维为对象展开的教育心理学研究,诸如课堂的复杂境脉与境脉中师生的问题解决过程的分析研究(M.Lampert);以深层地规约教师活动的信念为对象的研究(P.Peterson);以叙事方式表达教师经验的研究(J.Clandinin),等等。这些都是基于教师的实践来阐明李·舒尔曼提示的内化于实践的理论功能的尝试。

在我国教育界,教育理论与教育实践之间存在着巨大的鸿沟,要跨越第一种与第二种关系,达成"实践中的理论"的第三种境界,尚需各方积累体现自身特色与实力的"干货",也需双方之间展开密切的对话与沟通。一方面,教学心理学者的作用在于,通过心理学命题的"超越神话化"的作业,把一线教师从心理学神话的束缚中解放出来,并同创造教育实践的一线教师建立起新型的协同关系,通过"向实践学习"——从课堂的事件与来自教师的经验的学习,来推进自身的理论性研究与言说性实践,求得教学心理学研究本身的重建。另一方面,教师的责任在于教育实践的创造。教师直面课堂中需要做出实践性解决的问题,这些问题具有多重性——一个问题有无数的正解；一种问题的解决，在其背后纠缠着更多更复杂的问题。一线教师叙述教育实践的作业无非是一种参与"无休止地叙述其故事"的作业，也是凝练教师自身的实践知识的过程。倾听一线教师的声音，有助于教学心理学进入学校教育实践的最前线。

亚里士多德（Aristotle）有句名言："教育的根是苦涩的，果实却是甘甜的"。努力促进教育理论与教育实践之间的协同与交融，应当成为新世纪学校变革的原动力。

谢 辞

　　本书在执笔之际,引用或参考了众多日本的教学心理学与学习心理学教科书研究成果。在相关资料的收集过程中得到钟舞美(SHO MAMI)女士的大力帮助,本书的责任编辑华东师范大学出版社教育心理分社彭呈军社长和审读编辑朱小钗也为本书的出版付出了莫大的辛劳。在此谨向他们致以衷心的谢意。